U0455468

兰州大学教材建设基金资助

影视中的
近代中国
与 世 界

陈 丹　编著

社会科学文献出版社

SOCIAL SCIENCES ACADEMIC PRESS (CHINA)

目　录

一　选题的源起

本书为通识课"影视中的近代中国与世界"的配套教材。该课程的设置源于笔者在大学学习期间听过的一门课程。这门课程大致叫作"影视中的台湾历史",它以影视作品为导入点,去讲解相关的台湾历史。这门课中引用的影视作品思想深刻,教师就相关问题引导学生进行讨论,学生获得深刻印象的同时,也能开动脑筋,培养、锻炼思考问题、分析问题和解决问题的能力。后来在加州大学伯克利分校进行访学的时候,也有一个哲学系的老师开设了一门"影视中的现代中国",基本模式也大致如此。教师在每节课都会以影视作品为引子,引导学生就影视剧中的相关问题进行思考。

这样的一些课程对于笔者开设"影视中的近代中国与世界"课程有很重要的参考借鉴意义。开设这门课程,是基于以下几点考虑。其一,在现代条件下,人们接触和吸收知识的模式发生了巨大改变。随着科技的发展,人们现今主要借助电视、电脑、手机等中介,通过大量图片、视频资料来获取信息。而且,这些图片、视频资料往往会形成一些形象记忆,这种记忆比文字记忆要更加深刻,难以忘记。结合这样的认知模式,若以影视作品为切入点,引导学生学习相关知识,可能会产生非常好的学习效果。其二,将"冷冰冰"的文字与"活生生"的画面结合起来。中国近代历史离我们现今生活的年代比较近,关于其研究也在逐渐深入。同时,关于这一时段的历史,还有丰富的影视作品存在。人们对于相关影视作品兴趣还十分浓厚。有些观众纯粹出于娱乐的目的去看这些影视作品,也有许多观众在看了影视作品之后,会思考其中的问题,会寻找历史的真相,会寻求解答。这时候,如果有专业教师的引导,可能对观众提高对于相关影视作品的认识具有一定的积极促进作用。其三,将专业研究与通识教育结合起来。历史学者在进行相关学术研究的时候,往往有一个比较重要的特点,就是其论文或者论著非常专业,以至于无法引起大众的兴趣。历史学者如何把自己象牙塔式的研究与普通大众的接受程度结合起来,这是一个很有意思的问题。这门课针对的是非历史专业的大学生,试图尝试如何把专业性的学术研究与非专业者的相关学习结合起来,以达到通识教育的目的。

二 课程的设置和主要内容

本门课程及其配套教材主要面对的是非历史专业的大学生,以理工科的学生为主。这些学生中,有一些具有非常丰富的史学相关知识,但大部分同学相关史学知识比较欠缺。针对这样的受众群体,本门课将授课者的专业知识和授课对象的接受程度结合起来,根据受众知识水平会进行相关调整。

本课程及其配套教材以中国近代历史,尤其是近代中外关系史为主要着眼点,选取相关影视作品,并以其为引子和切入点,讲解相关的重点专业知识。中国近代史的起止时间是从 1840 年鸦片战争到 1949 年新中国成立。中国近代史,是一部屈辱史,充满了深重的灾难,处处说明了落后就要挨打的道理;它也是一部探索史,中国人民探索救国之路,实现自由、民主、富强;同时,它也是一部斗争史,中华民族抵抗侵略,打倒帝国主义以实现民族解放,打倒封建主义以实现人民富强。这段历史可分为两个阶段。从 1840 年鸦片战争到 1919 年五四运动前夕,是旧民主主义革命阶段;从 1919 年五四运动到 1949 年中华人民共和国成立前夕，是新民主主义革命阶段，历经清王朝晚期、中华民国临时政府时期、北洋军阀时期和国民政府时期，是中国半殖民地半封建社会逐渐形成到瓦解的历史。这段历史中，中国与世界发生不可隔断的联系。甚至可以说，整个近代史，外国在其中的作用无法忽视。这种现象在中国以前的历史当中是没有的。中国从此与世界密不可分。外国的力量逐渐介入到中国历史的各个方面，甚至可以说深刻影响了中国历史的走向。本门课程将以这个视角为出发点去认识中国近代史，选取相关的影视作品，并主要从近代中外关系史的角度去讲解相关知识点。需要说明的是，本课影视作品的选取原则主要是根据每讲重点需要讲解的知识点，影视只是每讲内容的引子或者导入部分，而不是整门课的核心内容。

整个课程分为以下几讲内容：（1）影视中的鸦片战争；（2）影视中的圆明园；（3）影视中的慈禧与近代中国；（4）影视中的甲午战争；（5）影视中的辛亥革命；（6）影视中的末代皇帝；（7）影视中的巴黎和会；（8）影视中的抗日战争等。

三 授课方式

本教材的授课方式与传统的课程有所区别，是针对学生的特点来制定的。相对于文字和声音，视觉信息可能更能吸引人的注意力，而且更有助于记忆。因此，本门课程主要借用影视及图像等手段，去帮助学生更深入地了解中国近代历史、近代中外关系史。授课中，以影视素材为切入点，来讲述中国近代史、近代中外关系史。每一讲的课程都会有1~2个主要素材，可能会辅助其他片段。

本课程注意加入新的教学方法，比如说对分课堂、"三明治"、PBL教学法等。这些新式教学法，往往在授课人数比较少的情况下效果比较好，对于人数较多的班级的教学可能不是特别适用。但无论如何，课堂中希望能尽量发挥学生的参与性，诱导学生积极进行思考，分析和解决问题，而不是满堂只有老师一个人唱独角戏。

　　授课之前，布置学生提前观看相关视频，以减少课上观看视频的时间，从而更充分有效地利用课堂时间。同时由于课堂容量有限，相关背景知识和文献资料无法在上课时涵盖进去，都放入教材中，以作为课堂内容的有效补充和扩展。

影视中的鸦片战争

一 鸦片战争简介

道光二十年（1840），英国政府以林则徐虎门销烟为由，向古老封建的中国发动了一次侵略战争。由于这次战争是因鸦片引起的，所以历史上把它称为鸦片战争（The Opium War），即第一次鸦片战争（The First Anglo-Chinese War）。它标志着中国近代史的开端。

鸦片战争时期，大量鸦片烟充斥于中国，存放鸦片烟的仓库中鸦片堆积如山，货架的大小和人的大小形成强烈对比，从中真的可以体会到"浩如烟海"是什么含义。至今，还流传下来许多中国人吸食鸦片的照片。许多照片中，吸食鸦片者表情并非痛苦，而是很享受，有些人甚至摆出姿势显得很时尚。在烟馆中，一排中国人躺在床上吸食鸦片，这是在教科书中经常会出现的经典图片，这些人在镜头里展现了吸食鸦片的一般景象：吞云吐雾，醉生梦死。

当时中国吸食鸦片的人非常多。在很多相关影视剧中都有吸食鸦片的镜头。吸食鸦片人多到什么样的地步呢？有一则史料表明，吸食鸦片的人多到"粤中鸦片烟满地，虽乞儿亦啖之。""啖"，就是吃的意思。即使没钱的乞丐，也会想尽各种办法去吸鸦片，其人数之多就可想而知了。鸦片给中国带来巨大影响，中国的历史就由这小小的东西而改变了轨迹。

在中国后来的历史发展中，一个人的行为产生了很大影响作用。他就是林则徐。林则徐虎门销烟之后，义律写了一份关于中国禁烟的报告交给英政府。其后，英国政府派远征军到中国。当时英国攻击中国用的大炮，相比于现在的大炮，会显得拙劣不堪，但是相比于当时清朝的大炮，它却有着很大的优势。它有轮子，能够移动，而且能够调节发射的角度；而清政府当时应战英方的大炮是固定在炮台上的，射程不远，而且准确率很低。

面对英军来犯，清政府在御敌的同时，也尝试用谈判解决问题。有一幅图片，展示了当时中英双方谈判的场景。看看这个场景中的清政府代表，可以从他们的身体姿态中解读他们谈判时候的心态。谈判的时候，这些中国人的姿态是正襟危坐，双手交叉放在胸前，一副满不在乎的样子，高傲的心态似乎依旧存在。当时虽然中国失败了，但是我们看看琦善等人的姿态，从中似乎可以体会到，当时中国人并不认为自己有多落后，他们以为这只是野蛮人的偶然胜利而已。

二 有关鸦片战争的影视作品

（一）《林则徐》（电影）

这部电影由郑君里、岑范导演，叶元、吕宕编剧，黄绍芬、曹威业、周诗穆摄影，赵丹领衔主演，海燕电影制片厂于 1959 年摄制。该片是历史人物传记片，也是新中国电影中的经典性作品，同时还是在美国上映的中国第一部彩色故事片。

1959 年是中华人民共和国成立 10 周年。对于新中国来说，10 周年是非常具有历史意义的一个节点，要好好庆祝。所以拍摄的这部电影也具有非常重要的特点，其一是新中国的第一部彩色电影，其二是在美国上映。

电影在创作过程中，将民族的特点融入进去，这是该电影能在艺术上获得成功、受到民众欢迎的一个重要原因。电影的海报上，林则徐拿着望远镜，穿着斗篷，风尘仆仆的样子。这是林则徐的经典形象。电影中赵丹饰演林则徐给人一种正气凛然的感觉。从电影在船上拍摄的一个镜头中，可以观察中国人和外国人的布局。中国人站在高台上，而外国人则在台下。中国人俯视外国人，高高在上，而外国人则仰视林则徐，突出了林则徐的高大。

这部影片在塑造人物时，着意于意境的创造，在意境中烘托人物的感情，使影片有一种雄浑壮阔的风格。编导者对浩瀚的史料进行了精心的选择、剪裁与提炼，反映了鸦片战争前后朝野上下广阔的历史画面，同时，塑造了林则徐这一个"民沾其惠""夷畏其威"，充满爱国主义精神的英雄形象。影片饱有一种含蓄、和谐、疏密得当的意境及鲜活、洗练、韵味悠长的抒情色彩。

（二）《林则徐》（18 集电视剧）

这部电视剧的制片人为张德新，编剧为郑怀兴，导演为宋昭，徐正运扮演林则徐，由中央电视台、福建电视台、福建华兴信托投资公司、林则徐基金会联合摄制，于 1997 年献映。开拍之前，该剧制片人张德新首先邀请文学界、史学界专家，集中研讨，修改剧本。该剧全面吸收了史学界近年来关于鸦片战争和林则徐的研究成果，深刻剖析了这场战争的前因后果，忠于历史又不拘泥于历史。"全剧以深沉的理性思考和史诗般的笔触，以林则徐禁烟为主线，突出表现以他为代表的仁人志士为了国家、民族的利益，临危受命，义无反顾地与外国侵略者和清皇朝腐败势力展开斗争，表现了林则徐作为'放眼世界第一人'、最早提出了'师夷长技以制夷'的远见卓识。全剧情节丰富，风格凝重，并将时代悲剧与历史回归相结合，具有深沉的历史感和强烈的艺术震撼力。"①

---

① 张英惠：《18 集电视剧〈林则徐〉制片人张德新访谈录》，《中国电视》1997 年第 7 期。

林则徐为福建人。这部电视剧中塑造的林则徐形象，与同名的电影相比，给人的感觉不再是单一的，而是趋向多元化。

（三）《鸦片战争演义》（26 集电视剧）

又名《鸦片战争风云》，是 1997 年由广东省主要影视制作部门制作的 26 集电视剧，作为香港回归的献礼。领衔主演为李保田（饰演道光皇帝）、许还山（饰演林则徐）。其主要内容是通过塑造经典的艺术形象，揭露清政府的腐败无能，颂扬中华民族誓死反帝反侵略的爱国精神，揭示出中国在鸦片战争中失败的内在原因。

主要欣赏其中的两个片段。

片段赏析 1：魏源、林则徐对于世界的认识。在这个片段中，林则徐对于世界地图是怎么评论的？他说世界这么大。林则徐本来认为中国在世界的中心，而实际上中国在地图的东方。他又问：英国又在什么地方呢？广州呢？从这个片段中，我们认识到，作为开眼看世界的第一个人，林则徐一开始的认识也是有局限性的，但是他能够在当时的情势下积极学习，改变自己对于世界的认识。

片段赏析 2：林则徐写给义律的信。关注点有：林则徐对于中英贸易的认识，对于洋人的称谓。林则徐是怎样认识中英贸易的？他认为中国人需要外国的商品吗？如果英国人没有中国人的商品会怎么样呢？林则徐称呼洋人为"夷人"，好的洋人就是"良夷"，坏的外国人就是"奸夷"。

关于林则徐对外商以及外贸的认识，在其《谕各国夷人呈缴烟土稿》中有比较好的展现。[①] 从中选出几个句子进行重点解读。

---

① 全文见本讲扩展阅读。

况茶叶大黄，外夷若不得此，即无以为命，乃听尔年年贩运出洋，绝不靳惜，恩莫大焉。

若追究该夷人积年贩卖之罪，即已不可姑容。惟念究系远人，从前尚未知有此严禁，今与明申约法，不忍不教而诛。

闻该夷平日重一信字，果如本大臣所谕，已来者尽数呈缴，未来者断绝不来，是能悔罪畏刑，尚可不追既往。本大臣即当会同督抚两院，奏恳大皇帝格外施恩，不特宽免前愆，并请酌予赏犒，以奖其悔惧之心。此后照常贸易，既不失为良夷，且正经买卖，尽可获利致富，岂不体面。

上述几段中，需要重点注意以下几个字词。

"谕"：从上至下的文书，上级给下级的命令。一个谕字，反映了当时中国人对待外国人的心态。这个时期的中国人，他们对于外国人的心态，还是高高在上的。

"茶叶"：在对外贸易中，茶叶一直占据出口的大宗。文中的"大黄"，是一种中草药。它的作用是促进人的新陈代谢。大黄，"草本植物，叶子大，花小，淡黄色。块有苦味，可做泻药"。这种药材是当时中国的主要出口商品之一。"外夷若不得此，即无以为命"，外国人如果得不到这两样商品，就没法活下去。文中"命"的意思，不是命令，而是生命。"乃听尔年年贩运出洋"，其中"听"，任凭的意思，整句话的意思是任凭你们每年将这些商品贩运到外国去。"绝不靳惜，恩莫大焉"，"靳"，读 jìn，"吝惜"的意思，整句意为：一点都不吝惜，对你们的恩情是多么大啊！

"远人"：文中的远人带有何种感情色彩，是褒义的还是贬义的？中国有句古话：有朋自远方来，不亦乐乎？而这里的"远人"是带有贬义色彩的，为什么这样说呢？我们以后的内容会对其进行解释。

"信"：当时人一般认为英国人还是比较讲"信用"的。于是用此来晓之以理、动之以情。如果英国人按照中国的要求，缴纳鸦片，而且不再贩卖，那么林则徐会请皇帝开恩，宽恕以往的罪行，而且还有犒赏。此后，外国人照常跟中国进行正常贸易，那么就是"良夷"，做正经买卖，还能获利，岂不是很体面！

这里，为什么林则徐将外国人称为"夷"，我们后面将会对此进行解释。

（四）《鸦片战争》（电影）

这部电影的编剧是朱苏进、倪震、宗福先、麦天枢。由著名导演谢晋执导，其主要演员及所饰演角色为：鲍国安饰林则徐、姜华饰关天培、李维新饰邓廷桢、李士龙饰韩总兵、苏民饰道光皇帝、林连昆饰琦善、鲍伯·派克饰颠地、威廉士·西蒙饰义律。

该影片获得 1997 年第十七届中国电影金鸡奖最佳故事片奖、最佳男配角奖（林连昆）、最佳摄影奖（侯咏）、最佳录音奖（来启箴、王学义）、最佳道具奖（张先春）；1997 年中国电影华表奖优秀故事片奖；1998 年第二十一届大众电影百花奖最佳故事片奖。

这部影片取景逼真，观众的感受也更加真实。比如摄制方购买退役的旧军舰以打造英方的侵略舰；英国议会辩论的场景在牛津大学拍摄，动用了众多的外国演员，其中不乏教授、讲师，创下了电影史之最。这部大制作、大手笔的影片，在世界许多地方展映。在中国国内展映时的海报是横幅的，用中英文书写的影片名"鸦片战争"位于海报左下角，我们从而认识了鸦片战争的英语说法，即"Opium War"。海报的正中间是鲍国安饰演的林则徐的大头照，这个形象在画面中所占比例较大，此外还有琦善、颠地、妓女蓉儿、关天培等人的头像，大小不一，错落有致，这些形象在海报中出现，都具有一定的含义。

该影片在日本的海报除了改成竖幅外，与上述海报的形式相似，林则徐还是居于中间，在海报的下面 1/3 处，分别用中文、英文和日文写出了影片的名字，其中日文的标题最大，即"阿片戦争"（あへんせんそう）。中国在爆发鸦片战争的时候，日本对这场战争十分关注。当时的日本和中国一样，都是闭关锁国的状态，而中国的国力要比日本强大得多。中英之间交战的整个过程，通过风说书的形式传到日本，同时日本也通过各种书籍了解鸦片战争的相关情况。日本人还就鸦片战争写了《海外新话》《海外新话拾遗》等小说，此外还有研究鸦片战争的历史著作，如日本著名的历史学家斋藤竹堂的《鸦片始末》、佐藤信渊的《海陆战防录》等。① 正是鸦片战争吸引了西方的大部分力量，使得日本能够偷安；同时，这场战争促使日本反省，他们吸取了中国的经验教训，积极谋求改革。鸦片战争的刺激，对于当时的日本而言是非常大的，他们吸取了中国的经验教训，采取了不同的开国方式，并积极谋求维新改革。150 多年后，日本对于中国拍摄的这部关于《鸦片战争》的影片也同样予以密切关注，由文部省选定并在日本国内放映。

这部影片，以文学化的视角呈现鸦片战争的历史，加深了我们对于鸦片战争的认识和思考，可以从中学到很多哲理。

在观看该影片过程中，需要关注以下几个情节。

情节 1：英国女孩与中国男子的辫子。当时男性将头顶的头发剃掉，后面的头发编成辫子。清初颁布"剃发令"，是让被征服者表示臣服的一种手段，目的是为了削弱其反抗意识，巩固清朝统治，实行"留发不留头，留头不留发"的政策。而汉族有"身体发肤，受之父母"的传统，因而清初的"剃发令"引起了强烈的反抗，清政府随之进行血腥镇压。有没有辫子成为是否臣服清朝统治的一个标志。由于历史的原因，辫子问题在有清一代都很敏感。清初颁布"剃发令"的同时，还颁布了"易服令"，"发"和"服"的改变具有不寻常的意义。1895 年 12 月孙中山"剪辫易服"就寓意着他要反抗清政府，进行革命。清朝男性的发型经过变化，到了晚清时候，辫子就演变成了影片中见到的样子。这个辫子在英

---

① 王晓秋：《近代中日启示录》，北京出版社，1987，第 1～44 页。

文中称为 "pigtail"（猪尾巴）；日本人将拖着长尾巴的中国人叫作"支那猪"。尽管是猪尾巴，但是能剪掉吗？答案是否定的，因为剪掉发辫，是表示反抗清政府的一种典型举动，若被政府发现，有杀头的危险。影片中有一个叫"何善之"的角色，在海外漂泊时把头发剪掉了，要回国时，被迫戴上假发。一个英国女孩觉得他戴上辫子特别可笑，因而取笑他的假发。而当官府发现何善之戴着假发后，等待他的将是什么可想而知。

情节 2：歌妓与外国人。歌妓在社会中地位低下，有些歌妓卖艺不卖身，而影片中的歌妓受到鸦片烟的影响，还是卖身了。这也就罢了，但假如碰到卖身的对象是外国人，怎么办？这种卖身对象的区别，又反映了当时中国人的什么思想？

情节 3：林则徐获取国外信息。林则徐通过何善之了解外国的情况，让他读外文中对于林则徐的描写，其中有一段文字指出："钦差大臣林则徐，祖籍福建，家族穷苦，二十岁成为举人，二十七岁考中进士，为官至今，在盐政、海运、治河等多方面政绩昭著，深受皇帝信任。此人杀伐决断，心深不可测。"林则徐听后，问何善之："洋人的消息一向这么迅速吗？"何善之解释说，洋人认为，谁知道消息越早，谁挣钱就越多。林则徐听后，总结说："知己知彼，百战不殆。"他仍旧在用中国经典的话语进行总结。

情节 4：官府问罪行商。鸦片流入中国，钦差大臣林则徐将何敬容等行商捉拿问罪，林则徐指出行商"富可敌国"，不仅要没收他们的家产，还要他们的脑袋，且询问他们与官府中的何人勾结，并让行商传谕洋商，让他们呈缴鸦片。何敬容后来对颠地等洋商说："老夫的性命不保，你们的黄金日子也到头了。"他的儿子何善之将其翻译为："my days are numbered, so are your golden days."洋商经过投票，拒绝交出鸦片，并写了一份"禀帖"交给行商，转交给官府。林则徐看到这个禀帖后，决定封仓。鸦片在中国泛滥，清政府没有直接捉拿外国人，而是在衙门里对一群行商进行审讯，这是为什么？洋商用禀帖的形式向清政府表达意见，这又说明了什么？

　　情节 5：林则徐对于中外餐具的认识。影片中，林则徐让何善之穿上西装，用外国餐具吃饭，何善之拿上刀叉，演示使用方法。林则徐问随从林生有什么感受，对方说：麻烦，多费一只手；林则徐接着说：中国的餐具，举一反三，变化无穷。到了影片的末尾，林则徐对于餐具又有新的评价，这个时候他的观点变化了，认为连餐具都用铁器的国家，不可小觑。

　　情节 6：英国女王对远征中国的解说。女王认为，她如果是林则徐，也会焚毁鸦片，但是现在不是鸦片的问题，也不是少数几个贸易商的生命或财产受到威胁和侵害的问题，如果其他各国仿照中国的做法，拒绝自由贸易，英帝国在一年内就将不复存在；英国必须给中国教训，让其知道"自由贸易"的原则，这才是出征的真正原因。女王认为，英国有义务开辟远东的贸易市场，她不希望这件事由其他国家来完成。女王说，谁掌握了中国，谁就拥有了整个东方。

　　情节 7：英国议会就派远征军问题的辩论。首先发言的两个议员不赞成派兵。一个说，中国人口非常多，有四亿，如果欧洲有这么多人，早就分裂成为数百个国家了，但中国却一直处于一个皇帝的统治下，而且说同一种语言，这难道不令人害怕吗？而且这已经有五千年的历史了。他认为，英国人应该同中国人贸易，而不是打仗。另一个议员身份也很尊贵，他说，中国有两个有着奇怪名字的人，一个是孔子，一个是庄子，他们生活在两千多年前的中国，比亚里士多德和柏拉图还要早，而且他们的思想比亚里士多德和柏拉图的更加深奥，英国人得花许多时间才能明白他们的思想，才能了解中国；中国北方有一堵长达几千英里的长城，南方有长达几千英里的大运河。该议员说："我们也许可以打败他们，但是我们却永远无法征服他们。"他说，他此生有一个重大的心愿，就是到中国游历，但是他宁愿游过去，而不是坐英国的军舰过去。其后颠地进入议会开始游说议员。颠地一开始出场的时候，因为他的身份卑贱，议员们议论纷纷，不想听他说话。为了让议员能听自己讲话，颠地首先打出感情牌，提到他们在中国所受到的待遇，他说自己的女儿因生病而无法同来，而且有可能两人再也无法见面。颠地向在座的议员倾诉说，在华英国人和英国的权益被侵犯了，他们指望英国派军队去救助他们，因此英国驻华代表义律写了一封信，已经转交给了首相。颠地接着说，还有三件礼物要送给议会。于是颠地拿出三个宝贝，以其为例向各个议员介绍中国。第一件是青铜器，造于两千多年前，上面的神圣花纹表现了中国人最高的理想，青铜是当时世界上最坚固的金属，那时的中国人称他们为"汉代"；第二件是由一整块玉石雕刻而成的精美玉壶，它是唐代制作的，那时的中国繁荣鼎盛，其经济实力非常强大；第三件是一个精美的陶瓷花瓶，它的形象就像现在的中国那样，华丽、高傲，瞧不起周围的一切，甚至瞧不起青铜器和玉器，但是它内心中除了虚荣之外，什么都没有，这个陶瓷花瓶，只要轻轻一碰就会粉碎。颠地用一根手指把花瓶推到地上，它的确摔得粉碎，然后颠地接着说，这就是当今的中国：清朝表面上高傲、自大，却不堪一击。其后议会进行投票，以271票比262票的微小差距，决定派远征军到中国。

情节 8：琦善与英人谈判。这部影片中对琦善这个角色的塑造比较人性化，而林连昆因饰演琦善还获得了最佳配角奖。影片中，琦善先是把巴麦尊给皇帝的上书交给皇帝，皇帝就此问道："巴麦尊是什么人？"在朝堂上，道光皇帝说："那英吉利不过是一个弹丸小岛，做大清的属国都不配，怎么敢随便地给朕上书？"一位大臣说："依臣所见，对英夷不能姑息，天朝化外子民众多，什么法兰西、米利坚，都学这样，那还了得，应当迎头痛击，驱逐出海，才为上策。"皇帝和大臣的这种天威天朝意识表现得十分明显。琦善则对他们描述了自己亲眼所见的英国军舰的情况："那英人船坚炮利，霸居海上，奴才在大沽口亲眼看见了……那英人的战船舰炮，为奴才生平所未见，那战船航行在海上，它竟比烈马还快，那舰炮，分上下三层，发炮时，如雷霆万钧。"琦善的描述展现了他认识出现的变化，其夸张的表情和言辞让人印象深刻。然而，琦善的天朝意识是否发生了改变呢？在他与义律等人谈判中，琦善的天朝意识被充分地表露出来。谈判本是兵临城下的求和，但是琦善却不说求和，而说了一个很有意思的词"赐和"，而英国人也不管对方怎么说，只要能获得实际利益就好。其后，琦善又给英方提供许多生活用品，并告诉对方，他们此后就是天朝的客人了，一切饮食都由清政府款待。这种款待英国人的做法，是一时迫于无奈，还是有成例呢？这也是本讲要涉及的内容。

此外，电影中还展现了铁刀砍杀洋人的场面，展现了冷兵器对抗热兵器时的悲哀，清政府武器水平的落后也在影片中表露无遗。

当然电影用文学化的手法展现历史情景，情节不尽是真实的，但这部电影反映出当时人的思想和心态。由其作为引导，我们可以思考的问题是：第一，影片怎样展现英国的强大及中国的落后？第二，影片中如何体现了清政府的封闭意识、自大意识？第三，影片中对中国人思想的转变是如何呈现的？中国人当时如同井底之蛙，最终在东西方的碰撞下，不得不摒弃传统的华夷世界观。

三 本讲重要知识点

本部分结合电影的内容，对相关重要知识点进行讲解。

（一）林则徐的禁烟外交

1. 打击与保护

林则徐主张打击非法贸易，保护合法贸易。这对于当时的整体形势而言，应该说是合理的。非法的贸易，例如鸦片走私等，必须予以禁绝，而中外贸易中合法的部分，就应当予以保护。然而，现实情况中，这个政策却受到了扭曲。外国人来中国做正经贸易，无法牟利，而只有走私才有利可图。所以这个政策得不到外国人的喜欢。同时，许多中国人认为这个政策不好，因为他们认为中国不需要任何外国人的商品，应该断绝同外国人的一切贸易，把外国人赶出中国。

林则徐的《谕各国夷人呈缴烟土稿》体现了即使是林则徐，其认识也有一定的局限性，他也认为外国人之所以大规模地进口茶叶、大黄，是因为他们如果得不到这两样商品，就无法存活下去了。当时中国人认为外国人茹毛饮血，吃东西容易导致消化不良，所以需要中国的茶和大黄帮助他们新陈代谢。而中国任凭他们购买这样的商品，对此一点也不吝惜，林则徐认为这是"恩莫大焉"，从这样的文字中，可以体会到林则徐对于天朝"地大物博"的自豪，对于化外小民的优越心态，天朝至高的意识也表露无遗。此外，林则徐认为外国人是"远人"，不知道中国的法度和文明，需要对他们进行教育，若外国人能悔罪畏刑，就是"良夷"，否则就是"奸夷"。

2. 学习西方

林则徐虽然有传统的天朝意识、夷夏观念，但他超越常人之处在于，他能够认识到自己的不足，积极了解西方的信息。魏源在《圣武记》中记载："林则徐自去岁去粤，日日使人刺探西事，翻译西书，又购其新闻纸。"这里面的"日日"说明了林则徐学习或者打探西方信息的积极性，每天都这样做而且是到了广州就开始这样。"新闻纸"是什么呢？顾名思义，也就是我们今天所说的报纸。这个词是借用了日语的说法，日语"新闻"（しんぶん），也就是报纸的意思。

　　林则徐被称为"开眼看世界第一人"。魏源、林则徐等这批开眼看世界的人，主张"师夷长技以制夷"，然而向西方学习不是目的，目的在于"制夷"。在林则徐的经典画像中，他身着斗篷，风尘仆仆，拿着望远镜，想看清楚外面的世界。

（二）英方为侵华制造外交口实

1. 英国侵华三部曲

　　英国侵华的三部曲就是：商品、鸦片、大炮。刚开始，英国想通过正常的贸易来从中国获利，但是经过一段时间的尝试之后，发现中国人对外国的商品并不是很感兴趣，反而外国人对于中国的丝绸、茶叶等商品非常感兴趣，中外贸易中，大量外国的钱财流入中国，对于英国来讲，贸易处于逆差的地位。英国积极地从事中英贸易，最后贸易反而是逆差，这与他们的想象以及目的是不符的。为了扭转贸易的这种局面，他们在想办法。其后他们发现，有一种商品中国人很喜欢，而且拒绝不了。这件商品就是鸦片。大批的鸦片走私到中国，导致中国白银大量外流。鸦片不仅对中国经济产生巨大影响，而且导致民众沉迷鸦片，体质衰弱，同时还带来一系列的社会、经济问题。总之，鸦片成为中国的巨大祸害。针对这一情况，清政府采取应对措施，其中一种做法就是严禁鸦片。眼看这牟利的事情不能做下去了，英国进行了三部曲的最后一步，用武力来迫使中国答应他们的要求。

2. 英国议会的讨论

　　面对中国的禁烟，在派远征军到中国之前，英国议会曾经召开会议。会议的起因是义律有关中国禁烟的报告。报告中提到英国商人的货物被清政府焚毁。讨论的焦点是商人的损失由谁赔付的问题。在禁烟运动中，英国商人的大量鸦片被焚毁，商人的这些损失该由谁来赔付呢？英国政府吗？英政府并不愿意出这么多钱。最理想的赔付对象就是中国人。议员们于是对此进行投票，最终以微小的差距（271∶262）通过了派远征军到中国去的动议。于是，对中国历史产生重要影响的英国

"东方远征军"开往中国。

对于英方发动战争的原因，除了义律的报告——要求中国赔付英国商人的损失外，更重要的是中英双方当时在经济、文化、外交等方面的冲突，英国全球扩展贸易市场的策略，必然会导致中英之间的战争。中国以前凭借自然的屏障，偏安于世界一角，活在自己"天圆地方"的"天下"里。随着科技的发展，西方生产力发展，要求开拓全球市场的同时，其相应的交通能力也大大增强，客观上导致了他们有能力走得更远，可以打破自然界创造的天然屏障。海洋和距离已经不再是东西方交往的障碍，因为这些障碍都由科技的发展导致交通运输条件的改善而予以克服。于是英国在经济发展的内在需求下，在交通运输条件发展的客观条件下，到东方去叩门。而中国偏安一隅的形势也被打破。

（三）道光皇帝的外交方针

1. "上不可以失国体，下不可以开边衅"

面对英国的来袭，中方采取什么对策呢？其基本方针是什么呢？此时清政府的皇帝是道光皇帝。这位皇帝面对不知道从何处冒出来的"红毛鬼"，制定了一套应对的方针："上不可以失国体，下不可以开边衅。"意思是，一方面，中国是天朝上国，对这些蛮夷小国，自然应该有大国的威严；而另一方面，有威严的同时，还是要以和为贵，不能做得太过分，导致两国开战总是不好的，也就是底线是不能开战。

2. 林则徐等的治罪

既然制定了应对方针，挑起边衅的林则徐就是违反了皇帝制定的方针，影片中，道光帝痛心疾首地说："林则徐……误国误朕误天下。"1840年9月末，道光帝下旨，斥责林则徐等人：禁烟效果没有达到，还引得英军来犯，导致清政府靡饷劳师，这都是林则徐处理事情不妥当导致的。于是将林则徐等人"交部严加议处"。

3. 琦善与《穿鼻草约》

琦善接替林则徐继续跟英国人打交道。琦善同英国人进行谈判。关于谈判的场景，有一幅图片，可以从中观察中英双方谈判者的面相。从图中可以看到，似乎中国仍旧保留有大国的威仪，而英国使臣则身体前倾，做出有求于中国的姿态。琦善与英国人签订了《穿鼻草约》，割让香港给英国人。这个条约尤其是割地让皇帝十分生气，琦善成为出气对象。为此，琦善被撤职拿办，被判"斩监候"。"斩监候"也就是死缓。琦善从此背上了历史的骂名。蒋廷黻对琦善进行研究认为："琦善与鸦片战争的关系，在军事方面，无可称赞，亦无可责备。在外交方面，他实在是远超时人，因为他审察中外强弱的形势和权衡利害的轻重，远在时人之上。虽然，琦善在中国历史上的地位不能算重要。宣宗以后又赦免了他，使他作了一任陕甘总督，一任云贵总督。他既知中国不如英国之强，他应该提倡自强，如同治时代的奕訢、文祥及曾左李诸人，但他对于国家的自强，竟不提及。林则徐虽同有此病，但林于中外的形势实不及琦善那样的明白。"① 茅海建在《天朝的崩溃》一书中，开篇即对琦善做了评论，他不同意蒋廷黻把琦善描绘成"远超时人"的外交家，但也认为琦善的历史骂名是不合理的，琦善的妥协是因为他完全按照道光帝的决策行事，因此，妥协的责任应该由道光皇帝承担。②

1842 年 8 月中英双方派出代表，在英国舰艇上签订了《南京条约》，通过条约，英国获得了其一直梦寐以求的各项特权。其一，开放五口通商。中外贸易由一口扩展至五口，即由广州扩展至广州、福州、厦门、宁波、上海。其二，规定由领事管理外商事宜，具有协定关税的职能。公文往来方面也做了具体的规定，将"照会"确定为中外交往的主要文书，试图打破天朝高高在上的意识。其三，割让香港

① 蒋廷黻：《琦善与鸦片战争》，《清华学报》1931 年第 3 期。
② 茅海建：《天朝的崩溃——鸦片战争再研究》，生活·读书·新知三联书店，1995，第15 页。

一岛给英国。英国从此在远东获得一个优良的港口，便于以此为据点继续扩大侵略。其四，获得大量的赔款。其中不仅包括鸦片烟赔款600万元，还包括商欠费300万元，水路军费1200万元，共计2100万元。条约中明文规定废止行商，且规定了中方具体的赔付时间和逾期惩罚措施。

1843年10月8日，中英双方又签订了《五口通商附粘善后条款》，其中有一条规定："向来各外国商人止准在广州一港口贸易，上年在江南曾经议明，如蒙大皇帝恩准西洋各外国商人一体赴福州、厦门、宁波、上海四港口贸易，英国毫无靳惜，但各国既与英人无异，设将来大皇帝有新恩施及各国，亦应准英人一体均沾，用示平允；但英人及各国均不得借由此条，任意妄有请求，以昭信守。"英国据此获得了片面最惠国待遇。其后，美国和法国纷纷与清政府签订了《中美望厦条约》（1844年7月3日）和《中法黄埔条约》（1844年10月24日），以条约的形式规定中外双方的权利和义务。这些条约一起形成了一个不平等条约体系。

（四）晚清中国人的自我意识及世界意识的转变

1. 起源

晚清中国人的自我意识及世界意识，起源于当时中国人对于一个概念的认识："天下"。什么是天下？在中国人的眼中，"天下"也就意味着整个世界。世界是什么样的？当时由于没有先进的科技和相关知识，人们对于世界的认识只能来源于对自然界的朴素认识和直观感受。当时人的直观感受就是"天圆地方"。

在"天圆地方"的示意图上，可以看到天是圆的，地是方的，太阳、月亮都是东升西落。而在"天地图"上，可以看到黄色几字形代表的是黄河，图上另外一条河流就是长江，还可以看到西南有横断山脉，东边是海，南边也是海，西边和北边都被框起来，出不去，天像一个大的帐篷顶，罩在四方的土地上。"天地图"上还能看到天上的星宿。图上还标明了天干地支。十天干，十二地支。地支与十二生肖相对应。天干地支在古代具有重要的计时意义。

这种"天圆地方"的概念，也反映到了中国人的日常生活中。在建筑中最有代表性的就是天坛。天坛是明、清两代皇帝"祭天""祈谷"的场所。在天坛整个的布局中，北边是圆形的，南边是方形的。坛域北呈圆形，南为方形，寓意"天圆地方"。其中祈年殿是一个圆形的建筑，对应"天圆地方"中的"天圆"，而地坛是方形，对应"天圆地方"中的"地方"。

基于"天圆地方"这种对于世界的认识，古代中国人认为天圆地方，中国位于正中，故称中国。英文写作 middle kingdom，或者 middle nation。这种认为自己是中心国家的认识，与朴素的直观感受相结合，同时也反映了一种文化心理和心态，即认为自己的文化最优秀，处于世界的中心地位。

既然自己处于中心，那么周边的民族国家与自己是什么关系呢？依据它们与中国距离的远近，形成五个同心圆，分别是甸、侯、宾、要、荒。这就是"五服"。距离中心近的，受中国影响大一些，因而文明一些，经济发达一些。而最远的是"荒"，这个地方的经济不发达，吃不饱、穿不暖，文化也是野蛮的。我们回想起前面提到的林则徐称呼英国人为"远人"，此时我们就可以解释"远人"为什么是贬义的了，因为像"荒"这样的地方一样，其文化野蛮，经济不发达。这样的人想与中国进行贸易，谈不好就想用野蛮的方式攻打中国。真是野蛮人的表现！

以上是从距离的远近来区分不同的地方与中国的关系，也就是"五服"概念的含义。还有一个是根据四个方向的不同，对于四周的民族也有不同的称呼。

中国人将自己称作华夏，而四周的民族另有称呼：北边的被称为"狄"；西边的，喜欢骑马，被称为"戎"；东边的被称为"夷"；南边的叫作"蛮"。

晚清中国人一般称外国人为"夷"或者"蛮夷"。因为外国人多从东南海上过来。不管是"狄""戎""蛮""夷",都是与华夏不同的,它们在文化、经济方面都有一定的差异,或者说比华夏地区落后,于是有"夷夏之辨",而这个词就都带有一定的贬义。用"夷"或者"蛮夷"称呼外国人,代表了当时中国人对外国人存有一定程度的蔑视心理,认为他们都是野蛮人。

当中国人称呼外国人为野蛮人的时候,外国人对中国人的印象也不好,他们也不甘示弱,反过来也称中国人为野蛮人,用的词是"savages",或者"barbarians"。这里很有意思。所以我们在影片《鸦片战争》中看到颠地等人说"These savages never treat us fairly"。

2. 表现

(1)宗藩体系的运作

在西方国家打开中国国门之前,中国长期用宗藩体系来处理中国与周边国家的关系。对于周边的国家而言,中国是宗主国,而周边依附于中国的国家,被称为藩属国。二者之间有相应的权利和义务。宗主国需要保护藩属国,对其进行册封;藩属国是宗主国的屏障,要对其称臣,定期朝贡。朝贡和遣使册封是宗藩体系下两个比较重要的礼节和活动。藩属国中,比较重要的有朝鲜、琉球、越南等。

在行朝贡礼节时,这些国家需要按照中国政府规定的时间(称之为"贡期")、规定的路线(称之为"贡道"),带着特产(称之为"方物")来中国朝拜皇帝,中国有一个专门接待他们的地方,叫作"会同四译馆",这些外国使臣待在里面等候,其吃穿用度由中国政府负责,同时没有任意外出的自由。此后,使臣要到礼部大堂恭递表文(也就是国书)。在大堂的"黄案"前,使臣跪下举"表",礼部侍郎接过来,放置于案上,然后使臣对着案子行三跪九叩礼节。这就是呈递国书的整个程序。此后皇帝接受使臣的觐见,使臣行三跪九叩礼。觐见结束后,皇帝赐宴,吃不完的还需要打包带走。对于使臣的觐见,皇帝会颁布敕谕,并予以丰厚的"回赐"。

在行册封礼时,中国政府会派正副两名使臣,使臣先在礼部大堂举行仪式,接受皇帝的敕谕和象征使臣权力的"节",然后领着人马前往接受册封的国家。抵达后，在宫殿的南面设置香案，使臣把敕谕和节放置于香案上，受册封的国王带领群臣施行三跪九叩礼，接着使臣宣读敕谕，然后由副使交给国王，其后国王和群臣需要再次行三跪九叩礼，仪式就完成了。

（2）应对西方的举措

这种天下意识的表现之二是应对西方的举措。事例是马戛尔尼使团访华。马戛尔尼使团访华指的是乾隆五十八年（1793），英政府想通过与清王朝谈判，开拓中国市场，同时搜集情报，于是派乔治·马戛尔尼（George Macartney，1737～1806）等人访问中国。

英国使团1792年从英国的朴茨茅斯港出发，1793年到达中国。用了将近一年的时间。这个时候中国的皇帝是乾隆皇帝。乾隆皇帝时期，清政府已经发展到了一个巅峰状态，出现了康乾盛世。乾隆在位60年，其间，中国经济达到了占世界1/3的水平，中国人口也占世界的1/3。当时的中国空前富足，乾隆成了无冕的世界之王。马戛尔尼使团来华时，乾隆正好要过他83岁的寿辰，这时，一队从没见过的人马来到中国，皇帝的第一反应是他们是来朝贡的，是给自己祝寿的。于是皇帝特别高兴，心想，从那么远的地方跑来一群人给自己祝寿，这说明皇帝的威名是多么厉害啊！乾隆给马戛尔尼使团以很高的待遇，而马戛尔尼等人也隐藏了来华的真实目的。使团到岸时，受到了隆重的欢迎，清政府给使团插上"贡使"的旗帜。使团在北京的住处规格也很高。他们还有幸参观了圆明园。而此时的圆明园正极尽繁华与富丽，这一参观给使臣们留下深刻的印象。中国有句老话叫作"不怕贼偷就怕贼惦记"，使团对圆明园的深刻印象也让他们给欧洲带去一个美丽的梦，60多年后终于"美梦"成真。

马戛尔尼等人虽然隐藏了来华的真实目的，但是慢慢地不得不表露出来，并向当时接待他们的和珅表明，希望他能给皇帝说说。而和珅很聪明，故意躲闪。但英方还是想办法把自己的愿望让皇帝知道了。皇帝知道英方的真实意图之后，对英方不再客气了，并催促他们在觐见之后赶紧回国。双方觐见的时候，涉及觐见的礼节问题，是单膝下跪，或者吻手礼，还是鞠躬礼，还是三跪九叩礼？是按照英方的习惯，还是按照中国的习惯呢？双方就礼节问题争论了几个回合，都不愿意退让。在其中的一个觐见场合里，使团副使的儿子小斯当东觐见皇帝采用的是单膝下跪礼节。但是，据文献记载，在正式觐见皇帝的场合，英方还是施行的三跪九叩礼节。觐见结束之后，英国使团就被清政府遣送回国了。

由于中英两国政治、经济结构的截然不同，而双方政府为了维护本国的社会制度和历史传统，在各自的立场上采取了互不相让的抗争。因此，在这次外交活动中，双方的冲突便不可避免地爆发了，并由此导致马戛尔尼使团此次访华的失败。马戛尔尼使团是清朝时到达中国的第一个英国外交使团，是在清政府统治时期中英之间最重要的一次早期交往，是中西关系史上的重大事件。

这次中英的碰撞，反映出了此时中国应对西方时出现的问题。其一，礼节方面。中西接触时，是根据宗藩体系当中的觐见礼节，还是根据西方外交礼仪下的觐见礼节，这是早期碰撞时中外双方纠结的一个重要问题。当时的中国仍旧是以"宗藩"礼节来应对西方的。同时，对于西方人送来的礼物，中国称之为"贡品"，这也是宗藩体系下思想意识的体现。这些礼物中有先进的武器，它们没有得到中国方面的重视，而是被放在了圆明园的库房中。如果这些武器得到重视，中国后来再面对西方时的武力应该不会那么不堪一击。其二，通商方面。清朝晚期，与外国通商的口岸限制于广州一口。同时官员们也不愿意跟"野蛮"的外国人打交道，他们通过"行商"管理外商。外国人如果想与清政府交涉，需要写一个文书叫作"禀帖"。行商在中外贸易中作用非常大，形成了十三行制度。在影片《鸦片战争》中，林则徐在大堂上拿问行商，并称行商富可敌国，这都暗示了行商所具有的权利和义务。行商的权力是垄断外贸。外商的进口和出口，都由行商来经理，在这样的情况之下，随着中外贸易的发展，行商获利越来越多，的确达到了富甲天下的地步。同时行商也承担了相应的义务。义务之一是要收税。税收的项目包括船钞、货税和规礼。船钞是按船只的大小征收的税款；货税是按货物价值征收的税款；规礼则是行商任意索需的，以用于打点通商过程中的各个环节。义务之二是照管外商。外商在商馆中不能任意行动，其日常所需由行商供给。如果外商有事与清政府交涉，需要行商帮他们代递"禀帖"。义务之三是担保外商。行商充当外商的保商，以担保他们不做违法事情。如果外商做了非法勾当，清政府首先责难的就是行商。所以在电影《鸦片战争》中，跪在大堂上的都是一些行商。

3. 结果

在中国人的这种自我意识和世界意识之下，且由于自然环境和科技条件等因素的影响，中国一直偏安一隅，认为周边民族国家都向化天朝。当中国人继续做着天下都向化天朝的美梦时，对于外部发生的事情不闻不问，闭目塞听。而随着科技的进步，外面的世界正在急剧发展，中国却停滞不前，于是最后的结果就是落后挨打。从1840年开始，西方一而再再而三地通过武力的方式侵略中国，让中国在痛苦中反省。

4. 转变

鸦片战争前后，林则徐、魏源等人开始积极学习西方的知识，提出"师夷长技以制夷"的口号。世界地图开始进入中国人的视野。人们开始改变旧有的观念，认识世界，认识地球。

当然，旧有的积习不是那么容易改变的。近代化的进程非常缓慢。在此过程中，出现了洋务派和顽固派，他们互相争斗。洋务派提倡洋为中用……顽固派固守祖宗成法，不愿做出改变，而且攻击那些试图改变的人。

顽固派与洋务派的争论之一是关于修建铁路。铁路在现代社会生活中的作用非同小可，有铁路的地方，交通运输就很方便，经济等也随之发展。铁路一开始在中国出现的时候，顽固派坚决反对。他们提出各种理由，比如铁路震动祖坟，会让祖先不得安宁。当时反抗修建铁路甚至到了愚蠢的程度，当洋人修好铁路之后，当地的士绅将铁路买过来，然后挖毁。

　　对于派留学生出洋学习这件事情，顽固派也尽力攻击。晚清对于出国是个什么态度呢？第一批留美幼童派出国外，那些幼童却并不觉得很高兴，和父母分别的时候，类似于生离死别的情景。其后，这些幼童在美国学习，融入当地的社会中，参加当地的体育运动，且产生了不小的影响。国内的顽固派却再也看不下去了，说这些幼童不好好学习，而学乱七八糟的东西；说他们受到毒害，不忠不孝，妄图以夷变夏。留美幼童的思想和行为的确发生了比较大的变化。很多人把辫子剪掉了，穿上了西式衣服。在顽固派的攻击之下，同时受到美国排华的影响，这些留美幼童在没有完成学业的情况下被政府召回。

　　当时人对于出洋的反感，还体现在他们对于派驻外使臣的事情上。清政府派驻外国的第一个使臣，应该是开天辟地的第一人，非常的荣耀。可是情形却不是这样。郭嵩焘作为清政府派驻外国的第一任使臣，受到了"众矢之的"的待遇。人们作文讽刺他的这种行为："出乎其类，拔乎其萃，不见容尧舜之世；未能事人，焉能事鬼，何必去父母之邦。"并叹息道："文章学问，世之凤麟，此次出山，真为可惜。"人们都认为郭嵩焘的才能举世无双，这样的才能不留在国内好好地服务，却要到外国去与洋鬼子打交道，实在是太可惜了。

　　中国人的这种天朝意识、夷夏观念是慢慢改变的。从 1840 年鸦片战争以来的历次战败，以及随之签订的不平等条约，逐渐侵蚀着中国人对于自我和世界的意识。尤其是 1894 年甲午战争，日本打败中国，民族危机空前严重，救国救亡的意识空前高涨。在此过程中，中国国内的变革也在逐步演进：由学习西方的器物，提出"中体西用"，慢慢改变祖宗成法，学习西方的制度。到了后来，走向了另外一个极端，对于西方的东西趋之若鹜，言必称希腊。甚至到了什么东西都是西方的好。可见在中国近代历史中，中国人的民族自信心由一开始的极度膨胀（认为自己是世界的中心，是天朝上国）到后来的消失殆尽。

四　本讲扩展阅读

（一）《著各国商人呈缴鸦片谕稿及义律复禀》（1839 年 3 月 18 日，道光十九年二月二九日）①

原文如下。

> 谨将臣林则徐示谕各国夷商，呈缴鸦片，取具永不贩卖甘结谕稿，并噗咭唎国领事义律两次复案，敬谨缮录，恭呈御览。
>
> 谕各国夷人知悉：
>
> 照得夷船到广通商，获利甚厚，不论所带何货无不全销，欲置何货，无不立办。是以从前来船，每岁不及数十只，近年来至一百数十只之多。我大皇帝一视同仁，准尔贸易，尔才沾得此利，倘一封港，尔各国何利可图。况茶叶大黄，外夷若不得此，即无以为命，乃听尔年年贩运出洋，绝不靳惜，恩莫大焉。尔等感恩即须畏法，利己不可害人，何得将尔国不食之鸦片烟带来内地，骗人财而害人命乎？查尔等以此物蛊惑华民，已历数十年，所得不义之财，不可胜计，此人心所共愤，亦天理所难容。从前天朝例禁尚宽，各口犹可偷漏，今大皇帝闻而震怒，必尽除之而后已。所有内地民人贩鸦片开烟馆者，立即正法，吸食者亦议死罪。尔等来至天朝地方，即应与内地民人同遵法度。本大臣家居闽海，于外夷一切伎俩，早皆深悉其详，是以特蒙大皇帝颁给平定外域屡次立功之钦差大臣关防，前来查办。若追究该夷人积年贩卖之罪，即已不可姑容。惟念究系远人，从前尚未知有此严禁，今与明申约法，不忍不教而诛。

---

① 中国第一历史档案馆编：《鸦片战争档案史料》，上海人民出版社，1987，第 1 册，第 513～515 页。

查尔等现泊伶仃等洋之趸船①，存贮鸦片甚多，意欲私行食卖。独不思海口如此严拿，岂复有人敢为护送，而各省亦皆严拿，更有何处敢与销售。此时鸦片禁止不行，人人知为鸩毒，何苦贮在夷趸，久碇②大洋，不独徒费工资，恐风火更不可测也。合行谕饬。谕到该夷商等，速即遵照，将趸船鸦片尽数缴官。由洋商查明，共缴若干箱，造具清册，呈官点验，收明毁化，以绝其害，不得丝毫藏匿。一面出具夷字汉字合同甘结，声明嗣后来船永远不敢夹带鸦片，如有带来，一经查出，货尽没官，人即正法字样。闻该夷平日重一信字，果如本大臣所谕，已来者尽数呈缴，未来者断③绝不来，是能悔罪畏刑，尚可不追既往。本大臣即当会同督抚两院，奏恳大皇帝格外施恩，不特宽免前愆④，并请酌予赏犒，以奖其悔惧之心。此后照常贸易，既不失为良夷，且正经买卖，尽可获利致富，岂不体面。倘执迷不悟，犹思捏禀售私，或托名水手带来与尔无涉，或诡称带回该国投入海中；或乘间而赴他省觅售；或搪塞而缴十之一二，是皆有心违抗，怙恶不悛。虽以天朝柔远绥怀，亦不能任其蔑玩，应即遵照新例，一体从重惩创。

此次本大臣自京面承圣谕，法在必行，且既带此关防，得以便宜行事，非寻常查办他务可比。若鸦片一日未绝，本大臣一日不回，誓与此事相始终，断无中止之理。（朱批：览及此，朕心深为感动。卿之忠君爱国，皎然于域中化外矣。）况察看内地民情，皆动公愤，倘该夷不知改悔，惟利是图，非但水陆官兵军威壮盛，即号召民间丁壮，已足制其命而有余。而且暂则封舱，久则封港，更何难绝其交通。我中原数万里版舆，百产丰盈，并不借资夷货，恐

---

① 趸船（dǔn chuán），埠头兼货栈的大船，无动力装置，固定停泊于岸旁，供别的船停靠、装卸、囤积货物或旅客上下，来往停驻。
② 碇（dìng），停泊。
③ 原文为"渐绝"，此处根据文意以及其他文本，改为"断绝"。
④ 愆（qiān），罪过，过失。

尔各国生计，从此休矣。尔等远出经商，岂尚不知劳逸之殊形，与众寡之异势哉。

至夷馆中惯贩鸦片之奸夷，本大臣早已备记其名，而不卖鸦片之良夷，亦不可不为剖白。有能指出奸夷，责令呈缴鸦片，并首先具结者，即是良夷，本大臣必先优加奖赏。祸福荣辱，惟其自取。今令洋商伍绍荣等到馆开导，限三日内回禀，一面取具切实甘结，听候会同督抚，示期收缴。毋得观望诿延，后悔无及。特谕。

附录义律两次复禀

［一］嘆咭唎国领事义律具禀钦差大人，为恭敬遵谕禀复事

转奉钧谕，肃奉大皇帝特命，示令远职即将本嘆国人等经手之鸦片悉数清缴，一俟大人派委官宪，立即呈送如数查收也。义律一奉此谕，不得不遵，自必刻即认真一体顺照。缘此，恭维禀请明示，现今装载鸦片之嘆国各船，应赴何处缴出。至所载鸦片若干，缮写清单，求俟远职一经查明，当即呈阅也。谨此禀赴大人台前，查察施行。

［二］嘆咭唎国领事义律敬禀钦差大人，为遵谕呈单事

昨因谨奉大人钧谕即经远职持掌国主所赐权柄，示令本国人等，即将嘆咭唎人所有之鸦片，如数缴呈远职也。现经远职查明，所呈共有二万零二百八十三箱，恭候明示查收。

缘此。谨禀赴大人台前，查察施行。

道光十九年三月十九日奉朱批：览。钦此。

（二）《江宁条约》（1842 年 8 月 29 日，道光二十二年七月二十四日，南京）①

原文如下。

---

① 王铁崖编《中外旧约章汇编》，生活·读书·新知三联书店，1957，第 1 册，第 30~33 页。

　　兹因大清大皇帝，大英君主，欲以近来之不和之端解释，息止肇衅，为此议定设立永久和约。是以大清大皇帝特派钦差便宜行事大臣太子少保镇守广东广州将军宗室耆英，头品顶戴花翎前阁督部堂乍浦副都统红带子伊里布；大英伊耳兰等国君主特派全权公使大臣英国所属印度等处三等将军世袭男爵行商朴鼎查；公同各将所奉之上谕便宜行事及敕赐全权之命互相较阅，俱属善当，即便议拟各条，陈列于左：

　　一、嗣后大清大皇帝、大英国君主永存平和，所属华英人民彼此友睦，各住他国者必受该国保佑身家全安。

　　一、自今以后，大皇帝恩准英国人民带同所属家眷，寄居大清沿海之广州、福州、厦门、宁波、上海等五处港口，贸易通商无碍；且大英国君主派设领事、管事等官住该五处城邑，专理商贾事宜，与各该地方官公文往来；令英人按照下条开叙之列，清楚交纳货税、钞饷等费。

　　一、因大英商船远路涉洋，往往有损坏须修补者，自应给予沿海一处，以便修船及存守所用物料。今大皇帝准将香港一岛给予大英国君主暨嗣后世袭主位者常远据守主掌，任便立法治理。

　　一、因大清钦差大宪等于道光十九年二月间经将大英国领事官及民人等强留粤省，吓以死罪，索出鸦片以为赎命，今大皇帝准以洋银六百万圆偿补原价。

　　一、凡大英商民在粤贸易，向例全归额设行商，亦称公行者承办，今大皇帝准以嗣后不必仍照向例，乃凡有英商等赴各该口贸易者，勿论与何商交易，均听其便；且向例额设行商等内有累欠英商甚多无措清还者，今酌定洋银三百万圆，作为商欠之数，准明由中国官为偿还。

　　一、因大清钦命大臣等向大英官民人等不公强办，致须拨发军士讨求伸理，今酌定水陆军费洋银一千二百万圆，大皇帝准为偿补，惟自道光二十一年六月十五日以后，英国因赎各城收过银两之数，大英全权公使大臣为君主准可，按数扣除。

一、以上三条酌定银数共二千一百万圆应如何分期交清开列于左：

此时交银六百万圆；

癸卯年六月间交银三百万圆，十二月间交银三百万圆，共银六百万圆；

甲辰年六月间交银二百五十万圆，十二月间交银二百五十万圆，共银五百万圆；

乙巳年六月间交银二百万圆，十二月间交银二百万圆，共银四百万圆；

自壬寅年起至乙巳年止，四年共交银二千一百万圆。

倘有按期未能交足之数，则酌定每年每百圆加息五圆。

一、凡系大英国人，无论本国、属国军民等，今在中国所管辖各地方被禁者，大清大皇帝准即释放。

一、凡系中国人，前在英人所据之邑居住者，或与英人有来往者，或有跟随及伺候英国官人者，均由大皇帝俯降御旨，誊录天下，恩准全然免罪；且凡系中国人，为英国事被拿监禁受难者，亦加恩释放。

一、前第二条内言明开关俾英国商民居住通商之广州等五处，应纳进口、出口货税、饷费，均宜秉公议定则例，由部颁发晓示，以便英商按例交纳；今又议定，英国货物自在某港按例纳税后，即准由中国商人遍运天下，而路所经过税关不得加重税例，只可按估价则例若干，每两加税不过分。

一、议定英国住中国之总管大员，与大清大臣无论京内、京外者，有文书来往，用照会字样；英国属员，用申陈字样；大臣批覆用札行字样；两国属员往来，必当平行照会。若两国商贾上达官宪，不在议内，仍用禀明字样为著。

一、俟奉大清大皇帝允准和约各条施行，并以此时准交之六百万圆交清，大英水陆军士当即退出江宁、京口等处江面，并不再行拦阻中国各省商贾贸易。至镇海之招宝山，亦将退让。惟有定海县之舟山海岛、厦门厅之古浪屿小岛，仍归英兵暂为驻守；迨及所议洋银全数交清，而前议各海口均已开辟俾英人通商后，即将驻守二处军士退出，不复占据。

一、以上各条均关议和要约，应候大臣等分别奏明大清大皇帝、大英君主各用硃、亲笔批准后，即速行相交，俾两国分执一册，以昭信守；惟两国相离遥远，不得一旦而到，是以另缮二册，先由大清钦差便宜行事大臣等、大英钦奉全权公使大臣各为君上定事，盖用关防印信，各执一册为据，俾即日按照和约开载之条，施行妥办无碍矣。要至和约者。

道光二十二年七月二十四日即英国记年之一千八百四十二年八月二十九日由江宁省会行大英君主汗华囒船上铃关防。

附注：

本条约见"海关中外条约"，卷1，页351—356；又见"道光条约"，卷1，页34—37。英文本见"海关中外条约"，与汉文本载在同页上。

本条约原无名称，通常称为"江宁条约"或"南京条约"；据"道光条约"，又称为"白门条约"。

本条约于1843年6月26日在香港交换批准。

| 第二讲 |

影视中的圆明园

一　圆明园简介

提起圆明园，没有哪个中国人不知道。在中国，圆明园无人不知无人不晓。而圆明园的悲惨经历，也为所有中国人所铭记，成为我们永远的伤口、永远的痛。

如今我们能看到的圆明园，只剩下残垣断壁，但即使是这些遗迹，也具有无穷的魅力。那么，它没被毁之前究竟是怎样的美轮美奂呢？它从何时开始修建？规模究竟有多大？

圆明园是我国园林艺术的瑰宝，有"万园之园"的美称，什么样式的园林这里都有。的确，如果今天的圆明园还和160年前一样，这座超巨型园林就是当之无愧的"世界园林之王"了。它原为清代举世无双的皇家御苑。从1709年开始营建，至1809年建成，历时一个世纪。此后的嘉庆、道光、咸丰三代屡有修缮扩建，历时150多年。人们习惯上所称的圆明园，实际上是由圆明、长春、绮春（后改名"万春"）三园组成，总面积达347公顷。

从清康熙四十八年（1709），一直到1772年，圆明园才基本建成。它起初是康熙赐给尚未即位的雍正的园林，用于打发空闲。1722年雍正即位后，拓展圆明园，在园南新建了长春园，并在东南邻并入了万春园，圆明三园的格局基本形成。

嘉庆年间，绮春园进行了修缮和拓建，成为主要园居场所之一。道光年间，国力日衰，财力不足，道光皇帝宁愿撤除了万寿、香山、玉泉"三山"的陈设，罢弃了热河避暑与木兰围猎，但仍对圆明三园有所改建。

圆明园于1860年遭英法联军焚毁，文物被掠夺的数量粗略统计约有150万件，上至先秦时代的青铜礼器，下至唐、宋、元、明历代名人书画和各种奇珍异宝。1900年八国联军侵占北京，西郊皇家园林再遭劫难。在抗战时期，又遭到不同程度破坏。

遭焚毁后的圆明园遗址在新中国成立后开始被保护起来，1956年北京市园林局开始采取植树保护措施，1976年圆明园遗址成立了专营机构。1988年6月29日，圆明园遗址向社会开放。

圆明园的盛衰见证了有清一代的历史，在清朝盛极一时的时候，圆明园也到达了它的巅峰，下面介绍圆明园的著名七景。

其一，鸿慈永祜。祜，福分的意思。鸿慈永祜，意为"洪恩浩大，永享安福"。它又称安佑宫，是乾隆时期在圆明园修建的一座皇家祖祠，位于圆明园内西北角，圆明园四十景之一。它仿照景山寿皇殿而建，气势恢宏雄伟，规格高于圆明园的正殿正大光明殿，是圆明园内规模最大、规格最高的建筑。它是奉祀康熙、雍正的地方，殿内正中为康熙帝神像，东为雍正帝，西为乾隆帝。殿门前为两道琉璃牌坊，各有华表一对。现今北京大学校园中竖立的华表即为此处的华表。

其二，澹泊宁静。澹，意为恬静、安然的样子。俗称田子房，是圆明园四十景之一。位于后湖水面以北，舍卫城西南。该处景观在雍正初年就已经建成。这座宫殿的外形像一个汉字"田"的形状。"田"字意为耕地，由于这座宫殿的田字外形具有一定的象征意义，因此，皇帝每年都要在此举行犁田仪式。这一景区周边环境幽美，田字形的建筑造型独特，清朝许多皇帝都很喜欢这个地方。

其三，万方安和。它位于圆明园的"九州清晏"景区，是圆明园最具特色的园林建筑之一。它立于湖水之中，在卍字形状的基座上，宫殿从十字轴心向四翼伸展，呈逆时针回旋状。这样的形状，与《明堂阴阳录》中的"周圜行水，左旋以象天"记载吻合，因此，其是以"天"为意象，暗含国家统一、天下太平的意思。宫殿建于雍正五年（1727），初名万字房，是雍正最喜欢居住的地方。在汉白玉的基座上，建有 33 间相连的殿宇，其中，交叉十字廊各 5 间，合起来共有 9 间；四周拐角各有 6 间，一共有 24 间，这是一种中 9 外 6 的格局。9 为极阳之数字，象乾，寓意为天，而 6 为纯阴之数字，象坤，寓意为地。因此这个卍字房，蕴含了阴阳和合、四方宁静、国泰民安等寓意，将风水、哲学、政治和文化等观念融合在一起。居中的殿内设有皇帝宝座，上方悬挂雍正亲笔题写的"万方安和"。西路是一室内戏台，其设计十分巧妙，西北殿的唱戏者与坐在正西的殿内观戏的皇帝之间一水相隔。万字房的东南为一临水码头，可供皇帝划船到此地。整个建筑在通风、保暖和采光等方面都有独到之处，冬暖夏凉，四季皆宜。万字房丰富了我国传统建筑形制的多样性，其卍字形状在我国历代皇家园林中是极为罕见的。它的独特建筑形式，表明了圆明园是中国五千年园林建筑艺术的精华所在，而且也是圆明园为"万园之园"的一个缩影。

其四，镂月开云。原名牡丹台，位于后湖东岸，西邻九州清晏，南为勤政亲贤，是一处被山水环抱的园中之园，为圆明园四十景之一。正殿为三间，以香楠木构成，殿前种植牡丹数百株。康熙六十一年（1722），康熙受皇四子胤禛的邀请来圆明园的牡丹台观赏牡丹，不仅皇四子随伺左右，而且 12 岁的皇孙弘历也出现在园中，祖孙三人在牡丹台会聚一堂，弘历的聪慧好学、沉着稳重给康熙留下了深刻的印象，于是康熙把弘历带回宫中抚养。乾隆（弘历）后来一直对祖孙三人会聚于牡丹台的情景念念不忘，乾隆九年（1744）将牡丹台改为镂月开云，以纪念康熙六十一年祖孙三代在此聚会赏花的往事。

其五，方外观。它位于圆明园之长春园西洋景区谐奇趣东面，建于乾隆二十四年（1759），为意大利传教士郎世宁与法国神父蒋友仁设计，仿造西班牙伊斯兰阿尔罕伯拉王宫的狮子院，综合了意大利巴洛克和法国洛可可建筑风格，主体建筑坐北朝南，砖石结构。方外观上下两层，东西两侧有半环形楼梯通往二层。"方外观"是乾隆的容妃（也称香妃）做礼拜的地方。容妃是维吾尔族人，由于她的家庭在配合清军平定叛军中立有大功，进京领受封爵，她也入宫被封为"容妃"。容妃备受乾隆皇帝宠爱。为了取得她的欢心，也为了尊重其宗教习惯，乾隆特意把方外观专门辟为容妃做礼拜的场所。方外观室内放置了伊斯兰教白色大理石碑文两块，碑文为阿拉伯文字，其意思分别是"奥斯曼爱真主，真主爱奥斯曼"和"阿里爱真主，真主爱阿里"。乾隆还派了四人陪同容妃做礼拜。

其六，海晏堂。"海晏"的意思是四海平静无波纹，比喻天下太平。有"河清海晏，国泰民安""河清海晏，时和岁丰"这样的说法，同时也有"正当海晏河清日，便是修文偃武时"这样的表述，可见"海晏"一词的寓意。它位于方外观的东面，是长春园西洋楼建筑群中最大的一组建筑，建成于乾隆二十四年（1759）。海晏堂正门朝西，两层十一开间，对称构图。门前左右各有弧形台阶数十级，沿台阶可由一层直接上到二层。海晏堂前的水池呈菱形，池左右呈"八"字形排列着12座人身兽首青铜雕像，每尊雕像手捧玉笏（古代大臣上朝拿着的手板，用玉、象牙或竹片制成，上面可以记事），形态各异。北面从内到外，依次排列的是丑牛、卯兔、巳蛇、未羊、酉鸡、亥猪，南面从内到外，依次排列的是子鼠、寅虎、辰龙、午马、申猴、戌狗。这些铜像轮流从口中喷水一个时辰，也就是两个小时。到了正午时分，12个铜像一起喷射泉水，人们根据喷水的动物就可以知道大概的时间，因而俗称"水力钟"。海晏堂本是借鉴西式喷泉建筑而修建的。在西方，喷泉雕像一般为裸体人身雕像，但是在当时的中国社会，裸体人雕像不符合中国的礼法，于是用十二生肖作为喷泉雕像，将中国传统文化与西式建筑巧妙结合起来，是中西方文化融合的一个成功典范。海晏堂不仅外部设计巧妙，而且内部也十分讲究。堂内挂有乾隆御书"海晏堂"楠木金字横匾，内部设有宝座。海晏堂后面是一座"工"字形平台楼，它是供给附近喷泉的主要蓄水楼，其中还有水车房。在海晏堂刚建成时是机械提水，后来年久损坏，又无人维修，只得改为人工打水。

其七，万花阵。它是圆明园内仿照欧洲迷宫而建造的一座大规模的中西结合花园，建于乾隆年间，位于谐奇趣正北方的中轴线上。其中央设有一座亭子，四周布置了若干堵一米多高的矮墙，矮墙的外围四面设门，入门后，若想到达中央的小亭，需要经过一番曲折盘旋，就像进入迷宫一样，而且矮墙上带有卍字花纹，墙顶上有植物装饰，因而称作"万花阵"。皇帝坐在阵中心的亭子里，宫女们手持黄色彩绸扎成的莲花灯，从入口处进入，东奔西走，你追我赶，谁先到达中间的亭子便有赏赐；花灯在黑夜中闪烁，仿佛夜晚的繁星一般，加上宫女的欢声笑语，形成一幅热闹非凡的图景。

雨果对于圆明园的美轮美奂有过描述，认为"圆明园在幻想艺术中的地位就如同巴特农神庙在理想艺术中的地位"，它就像同时是诗人的建筑师"建造一千零一夜的一千零一个梦"，还要加上"一座座花园、一方方水池、一眼眼喷泉，加上成群的天鹅、朱鹭和孔雀"。这么美丽的圆明园为什么会被毁掉呢？为了打击、震慑清政府？被外国人垂涎之后，外国人为了掩盖抢夺的行径？还是因为中国落后就要挨打？

二　有关圆明园的影视作品

(一)《圆明园》(电影)

《圆明园》这部由北京科学教育电影制片厂出品的大型纪录片，由薛继军担任总导演，金铁木执导，刘俊清、哈日巴拉等人主演，于2006年9月在中国上映。它是一种全新的纪录片形式，运用了故事片的拍摄方法，有演员、有台词、有大量的战争场面。影片的前半段以宫廷画师郎世宁的讲述来展开故事，后半段则以英法联军的一个随军牧师来描述圆明园被焚毁的过程。它是迄今为止投资最大的一部纪录片，总投入1000多万元人民币。电影中纯电脑创作的镜头超过40分钟，是中国电影史上第一部使用数字中间片的电影。

导演金铁木表示："故事片所具有的人物、故事、悬念和视觉奇观，这部影片都应该有。这应该是《圆明园》的定位：像故事片一样的纪录片；像纪录片一样的故事片！'非牛非马'，'四不像'！宗旨只有一个：好看！"有人评价说："《圆明园》应该是中国纪录片产业化过程的一个开始，同时体现了开始阶段的一部分成果。导演的定位是把《圆明园》当作像故事片一样的纪录片和像纪录片一样的故事片。"

可以用两条线索来回顾整部电影。第一条线索：各位皇帝的历史；第二条线索：外国人的记录。

首先从第一条线索来回顾整部影片。康熙时期，祖孙三人相会于牡丹台，以这个园子为起点，圆明园开始扩建。雍正登基后，为了纪念祖孙三人相会的情景，将牡丹园扩建。扩建中，这个皇帝特有的建筑才华得以展现。有个雷氏家族由于修补战争中损毁的紫禁城而被皇帝赏识，他们主要负责圆明园的工程。在乾隆时期，因为皇帝拥有极大的财富，圆明园的扩建达到一个鼎盛阶段。西洋园艺也被引入圆明园。乾隆帝时，西洋人马戛尔尼来华，见证了圆明园的美轮美奂，从此圆明园在西方人的印象中就如同梦幻一般。清帝国从乾隆开始便走下坡路。到了咸丰时期，颐和园经历了英法联军焚烧，走向了末路。

影片中有些场景让人很受触动。其中之一就是皇子用功的场景。皇子每天天不亮就起床开始学习，上午是文化课时间，要学习满语、汉语、蒙语。下午是军事训练时间。一年不分寒暑，只能休息5天时间。皇帝的辛劳也是值得一提的。雍正皇帝每天只睡4个小时，在1000多位大小官员上呈的奏折上批语，每年只有在生日那天才休息。同时，清朝的自大，也让我们有了深刻的认识。表现在：其一，对待科技的态度。康熙皇帝对科技还比较重视，他知道用望远镜。但是整个清朝却以为望远镜是皇帝的玩意而已。乾隆对马戛尔尼送来的先进武器没有任何研究，而是丢在圆明园的库房之中。圆明园虽然在大水法中用到了机械提水，但是乾隆嫌其声音太吵而改为人工打水。其二，对待外国人的态度。在康熙时期，外国人为了讨好皇帝，想尽各种办法。郎世宁用西洋绘画方法给小孩画了一张肖像画，送给皇帝，希望皇帝喜欢，但是皇帝却说，小孩的脸上怎么能有阴影呢？为此，郎世宁用了7年时间学习毛笔作画，最后终于学成了。郎世宁在给皇帝画画的时候，要蹲在地上，而且身边还有一个大太监监视着。这些都表现了郎世宁等外国人为了讨好皇帝而奴颜婢膝，他们是皇帝的仆人。

再从第二条线索来回顾影片，整部影片主要根据外国人的记录来展开，这些外国人包括：郎世宁、王致诚、麦基、雨果。片头引用了雨果的话来形容圆明园的美丽，其后引用郎世宁的信件等资料来回顾圆明园的修建历史。王致诚极度向西方推崇吹嘘圆明园，在他的笔下，中国式成了时尚的标志。麦基是随军牧师，他笔下记录了英法联军的进攻以及圆明园的被焚毁。于是整部影片，我们可以用这样的英文题目：The Old Summer Palace in Foreign Eyes。

（二）《火烧圆明园》（电影）

《火烧圆明园》是由新昆仑影业有限公司、中国电影合作制片公司联合出品，由李翰祥执导，刘晓庆、梁家辉、陈烨、张铁林等主演，中国内地和香港电影工作者共同创作，于 2003 年 9 月上映。

三　本讲重要知识点

下面结合电影的内容，对相关知识点进行重点讲解。

（一）外国人来华的原因

要将来华外国人进行分类，可以根据不同的标准进行划分。标准之一是可以按国籍分，分为英国人、法国人、美国人、德国人、俄国人、日本人等。这是一种分法，此外还可以根据外国人来华的原因和目的来进行划分。来华外国人有哪些原因或者目的呢？其中有贸易、传教、侵略、管理侨民、参与清政府事务，以及其他原因（游历）。外国商人来华主要是为了做生意，而传教士来华是为了传教；有些外国人来华主要就是为了同中国开战；还有些外国人，因为在中国生活的外国人比较多，为了保护他们，而被外国政府派驻到中国担任领事或者大使、公使等；在清政府的改革过程中，有些外国人被清政府聘请过来，参与清政府的事务；还有其他原因来中国的，比如说来中国旅游，那个时候叫游历，当然还有一些人借此来侦察中国。

（二）不同外国人的不同作用

下面着重描述几类外国人来华的作用。

1. 商人

外国商人来华的主要目的是经商，这其中不乏正经的商人，也有许多奸商。在中国近代历史中，一个臭名昭著的外国商人就是颠地。在谢晋导演的电影《鸦片战争》中，我们对颠地应该有一些认识。他是著名的鸦片商，对于鸦片战争的爆发起到了一定的作用。当然也有正经与中国做生意的外国人。在上一讲提到的林则徐给外国人的文告中，正经做生意的好的外国人，被称为"良夷"，否则就是"奸夷"。

2. 侵略者

从 1840 年开始，中国就不断地遭受外国的侵略。以鸦片战争为开端，外国陆续对中国进行武力征服。这一讲展示的影片中出现了英法联军，两个国家联合对华作战。额尔金、葛罗是侵略军的首脑。到了 1900 年前后，八国联军侵华。八国联军的统帅瓦德西是将军。他率领军队进驻紫禁城，就住在慈禧的仪鸾殿。他与当时的名妓赛金花有各种各样的传闻。

这些侵略者用武力的方式打开中国的国门，迫使清政府与他们签订各种不平等条约，就此取得各种有利于外国人的特权，外国人开始凌驾于中国人之上。

3. 驻华官员

外国政府派驻中国的各种官员，其中主要的是各国大使、公使、领事。这些外国派驻中国的外交官员，代表他们本国政府与清政府打交道，办理中外之间的交涉和交际事务，领事等人还拥有领事裁判权，深入影响了中外之间的事务。

下面以美国驻华公使柔克义、英国公使朱尔典为例来说明这一类人的来华所起到的作用和影响。

柔克义（William Woodville Rockhill，1854－1914），美国早期著名藏学家、汉学家、外交官。1871 年毕业于法国陆军学校，曾在法军服役。1884 年来中国，任美国驻华使馆二等参赞。1885～1888 年任头等参赞，1886～1887 年兼任美国驻朝鲜汉城代办。1888～1889 年及 1891～1892 年两次率领考察队到蒙古和西藏调查。1893 年回美国，就职于国务院，1894 年任第三助理国务卿，1896 年任第一助理国务卿。1899 年就门户开放政策起草致英法等国照会。义和团运动爆发后，以美方特使和全权代表身份出席与清政府的谈判。1901 年 9 月代表美国签署《辛丑条约》。1905～1909 年任美国驻华公使。曾要求清政府接受日俄《朴茨茅斯条约》，把俄国在旅顺的权益转让给日本。曾同清政府谈判修订有关华工的条约，把更苛刻的条件加给中国，并胁迫清政府平息了由此引发的抵制美货运动。1907 年，安排用退还的部分庚子赔款选送中国学生留学美国。1909 年调任美国驻俄罗斯大使，后又任驻土耳其大使。1914 年被袁世凯聘为私人顾问，来华途经檀香山时病逝。柔克义早年曾在法国从事东方文化研究，以西藏为其主攻方向。1888～1889 年，由美国史密森尼学会提供经费，来华赴藏区考察，所经之地有柴达木、昌都、甘孜、康定等，此行著有《喇嘛之国》（*The Land of Lamas*，1891）。1891～1892 年前往蒙藏地区考察，著有《1891－1892 年蒙藏旅行记》（*Dairy of a Journey through Mongolia and Tibet in 1891－ 1892*）。两次考察都没能进入拉萨。1908 年曾在山西五台山会见十三世达赖喇嘛。柔克义熟谙汉藏语，著作较多，较著名的有《拉萨的达赖喇嘛及其对清廷的关系》（*The Dalai Lamas of Lhasa and Their Relations with the Manchu Emperors of China*，1644－1908，1910）、《释迦牟尼传》（*The Life of the Budda*，1884，根据《甘珠尔》《丹珠尔》辑出）等。他是美国近代藏学研究的先驱，他的入藏活动及著述激发了美国人对西藏的关注和考察热情，促进了美国藏学研究的发展。①

朱尔典（John Newell Jordan，1852－1925），英国外交官，生于爱尔兰，为农家子弟，就读于北爱尔兰首府贝尔法斯特的皇后学院，拥有文学硕士学位。清光绪二年（1876）来华，在英国驻华使馆学习汉语。两年后在牛庄、上海、广州、琼州、厦门等地领事馆任翻译、副领事等职务。先在北京领事馆任见习翻译员，曾于各口岸学习领事业务，对中国官场相当了解。1889 年后任英国驻华使馆助理中文秘书、中文秘书、汉文副使、汉务参赞等职务。1896 年出任汉城总领事，1898 年任驻朝鲜代办。1906 年继萨道义出任驻华公使。1911 年成为北京公使团领袖公使。武昌起义后，他策划列强出面干涉革命，邀集美、日、法、德各国军舰十余艘驶入长江进行威胁。后积极支持袁世凯复出。他不断建议英国政府给予袁世凯全力支持。在日本向中国提出二十一条时，袁世凯征询英方的意见，朱尔典建议袁世凯接受日本的要求。华盛顿会议时，中日关于山东问题进行谈判，他是英国两个观察员之一。1920 年退休回国。他在华 40 多年，担任英国驻华公使长达 14 年之久。1925 年去世，享年 73 岁。

4. 受聘于清政府的洋人（洋员）

随着西方打开中国的国门，西方的事物进入中国，清政府试图改革，学习西方，从而改变落后挨打的局面，故而聘请相应的外国人来中国担任顾问。下面主要介绍两个人：赫德和马士。

赫德（Robert Hart，1835－1911），英国人，字鹭宾。1854 年到香港，次年任驻宁波领事馆翻译，后调任粤海关副税务司。1861 年任中国海关代理总税务司。1863 年继李泰国任总税务司。制定并推行由外人管理的海关制度，控制中国的财政收入，借此干预中国的内政、外交。1866 年提出"局外旁观论"，建议清政府按照西方的要求实行改革。1867 年底支持清政府聘任美国人蒲安臣任中国使臣，组成使团出

---

① 钱其琛主编《世界外交大辞典》，世界知识出版社，2005，第 1751 页；高文德主编《中国少数民族史大辞典》，吉林教育出版社，1995，第 2627～2628 页。

访欧美各国。在 1876 年英公使威妥玛与清政府签订《烟台条约》、法国与清政府签订《中法新约》以及 1901 年列强与清政府签订《辛丑条约》中，起穿针引线的作用。1908 年休假离职回国，仍挂总税务司的头衔，至死才卸职。在中国任海关总税务司达 48 年之久。著有《中国论集》《赫德日记》等。

赫德掌控中国海关近半个世纪之久，他是怎样的一个人，他又做了哪些事情呢？从赫德的照片中可以看到，这个人给人的印象是严谨、兢兢业业。赫德信仰上帝，而且很喜欢写日记。根据他的日记，后人进行了整理。中国将这些日记翻译出版，有多个版本。其中一个版本截取的是赫德 1863～1866 年的日记，由中国海关出版社 2005 年出版。下面我们选择其中的几页日记来读一下。

1864 年 6 月 2 日的日记（6 月 1 日太平天国的洪秀全病逝，7 月 19 日天京失守）记载："11 时总办来条要我早些去总理衙门，因为亲王会很早到，在那里接见我。随后立即动身；同成和蔡交谈几分钟，文祥、恒祺、崇纶和董恂进来。他们同我握手——文祥从未如此，以最愉快、最友好的方式接见我。我们只谈了 5 分钟，亲王来到；他立即去花厅 [汉字拼音]，我们被唤到那里去见他。大人极其亲切地接待我，我们以极其友好的方式交谈一小时。他告诉我，要我完全放心——不管出了什么事，都不会责怪我，他对没有将舰队的事交给我管，只能表示遗憾。他问起关税数额，问起李抚台和戈登。然后普鲁士公使李福斯男爵进来；我和恒祺和崇纶向亲王告退，走到我在 1862 年时常住过的房间，一直谈到 3 时，这时文祥办好了德国公使到总理衙门要办的事，走进来。他告诉我公使来到北京时，他说他无权干预丹麦船只在大沽被普鲁士挂帆快速战舰抓获的事；因此，亲王婉辞拒绝接见。男爵于是写信说他能够而且将采取行动，亲王为此约定一天接见。接见时讨论了这个问题——亲王坚持北直隶湾属于领海，他以其四周皆以中国领土为界，出口（宽 180 里）有 90 里在盛京军队管辖之下，另 90 里由山东管辖的事实支持他的看法。男爵最后说，他会在几天内将此事解决。在问题解决以前，亲王将不做回访。我知道英国和美国公使虽然力避介入，但是都认为亲王是对的。我希望他会实现自己的意图，因为它会使中国日益密切同世界的联系，并且受到世界的尊敬（正如它将维护自己的权利，并且能够得到这样的权利）。"① 从这一段可以看到，1864 年 6 月 2 日这一天，赫德见到了总理衙门的一些官员。他们见面的礼节是什么呢？是握手礼节，这是现代文明的标志性礼节。其后提到了李抚台和戈登。这个李抚台就是李鸿章。他和戈登之间有什么事情，会让别人对此进行谈论呢？这在后面的内容中会讲到。这里提到一件事情：丹麦的船只在大沽被普鲁士挂帆快速战舰抓获。丹麦找清政府，要其予以解决。一边是普鲁士，一边是丹麦，都不好惹！清政府这个时候正在为难，赫德为他们出了主意，让他们利用国际法里面提到的领海主权去跟普鲁士交涉。清朝官员们抱着试一试的态度，跟普鲁士交涉，没想到事情真的解决了，普鲁士放了丹麦的船。注意这一页的最后一句：它会使中国日益密切同世界的联系，并且受到世界的尊敬。

再来看看 6 月 26 日的日记："又是很早起床。早餐后恒祺来访。他和通常一样，开始大讲自己在联军进军北京时的作为和受苦的经历，以及别人的缺点和愚蠢言行。他接着开始用非常低的声调和非常神秘的神气谈话，以下面的话作为开场白：说他准备用一种除了最亲密的中国朋友外对谁都不会用的方式告诉我，薛焕会把事情搞糟；虽然董恂是总署中可靠的人，然而文祥现在开始对他说的话只听一半，却接受了薛焕的看法和建议 9/10；不管薛焕当着我们的面怎样笑容可掬，背后谈起我们，却常常叫我们'鬼子'〔汉字拼音〕，做起事来也是一副憎恨和愤懑的样子。如果恒祺说一句反对薛焕办法的话，他立即遭到抨击，说他跟着外国人联盟；正如联军到北京前，亲王对恒祺说过，如果他阻止他们进军，等等，即使受封公爵，也远远不足以奖赏他的功绩；而且一旦亲王阻止了他们进军，把事情办妥，他本人荣耀加身，而人们却异口同

---

① 〔美〕理查德·J. 司马富、〔美〕约翰·K. 费正清、〔美〕凯瑟琳·F. 布鲁纳编《赫德与中国早期现代化——赫德日记（1863－1866）》，陈绛译，中国海关出版社，2005，第 162～163 页。

声说他跟着外国人亦步亦趋。"① 这一段文字给我们展现了总理衙门当中出现的一个小丑的形象。这个人叫作恒祺，他阴阳怪气地给赫德讲述总理衙门里面官员的八卦，从赫德的描述中，我们不难想象出赫德内心对恒祺的评价。

赫德日记的另一个版本——《步入中国清廷仕途——赫德日记（1854－1863）》，中国海关出版社 2003 年版。

再来看看马士。马士（Hosea Ballou Morse，1855－1934），原籍美国，生于加拿大的新斯科舍。1874 年从哈佛大学毕业，在杜德维的推荐下，考入中国海关，他在中国海关任职长达 30 多年，是总税务司赫德的主要助手，作为赫德的亲信，参与了许多机密工作，掌握大量第一手资料。他既是海关的洋员，同时也是著名的历史学家。他根据自己掌握的资料，写成了《中华帝国对外关系史》，全三卷。由于马士曾经在海关中服务，且掌握了大量一手资料，所以他写的这本书对于研究中国近代历史的价值非常大。在这本书中，是如何描述第二次鸦片战争中圆明园被焚毁的呢？他在书中记载："在这两星期当中，联军也调来了他们的援军并完成了他们的装备；在十月五日，他们遂恢复了主动作战。司令官们接到报告说，皇帝正在北京西北约五英里的夏宫圆明园，而僧格林沁同他的军队则驻扎在京城与夏宫之间的海淀。他们沿着京城的东边布阵在北边的一线上，并伸展到西北边以便迎击敌军。他已经后退了，而在六日的傍晚，英军的主力'遂露营在僧格林沁及其军队刚已撤走的土城之内'。法国的陆军和英国的骑兵沿着右边行动，到达了圆明园，孟德邦将军立刻予以占领。园中的殿阁陈满了无价之宝——'在我们的欧洲，没有任何能给予我们那样豪华的观念的，在这几行文字中，要我描写它的华丽景象是不可能的，那些令人炫迷的奇迹，特别使我深刻难忘'。这些宫殿在第一天就被法国军队和一小支英国骑兵掠夺一空；'这种掠夺行为继续了几天之久，而我们的（英国的）官员们，大多数都获得了很多东西，但是下士以及士兵们——驻扎在几英里

---

① 《赫德与中国早期现代化——赫德日记（1863－1866）》，第 185 页。

外的地方——则都没有获得任何东西的机会'。据称，住在附近的中国人也'从宫殿中抢到比两国军队更多的掠夺品'。"① 这一段描述了英法联军的军事活动，以及英法联军抢劫圆明园的情形。圆明园的豪华给英法联军带来强烈刺激，马士用简短的文字对其进行描述："无价之宝"，"令人炫迷的奇迹，特别使我深刻难忘"。联军立刻进行了抢劫，圆明园第一天就被抢夺一空，而且抢夺行为继续了几天。需要引起注意的是最后一句：中国人也参与抢劫。我们所知道的是，英法联军抢夺了很多的奇珍异宝，而在马士的笔下，他提到，当时的中国人也参与了抢劫。

再来看书中的另一段文字："她生于一八三五年十一月，是一个满洲贵族叫叶赫那拉族里的惠征的女儿（按：惠征是安徽、徽宁、池、广、太道。——译者），这个叶赫那拉族在二百五十年前有一个女儿婚配给努尔哈齐皇帝（按：即清太祖）。一八五二年，叶赫那拉氏被列入一批二十八名满洲贵族少女选作咸丰皇帝的妃嫔之中，并且受封'贵人'，那就是第三等妃子的意思。一八五四年八月，她升为'嫔'，那就是第二等妃子的意思；一八五六年四月二十七日，这位'懿'妃（当时是这样称谓的）生了一个儿子，这是皇帝所已有，或以后所将有的唯一的儿子。因此，叶赫那拉氏就升为'贵妃'，那就是第一等妃子的意思，这第一等妃子在品级上仅次于皇后。由于她心思敏慧，这是她精娴中国文学和艺术而养成的，于是她获得了她的皇帝夫君的宠幸；现在又给这位一向无子的皇帝生下一个儿子，她的影响增加了，并且因为皇帝的健康破坏，她就控制了他的一切决定。叶名琛在广州的那种蛮横排外的态度，宗室耆英的革职和处死，以及一八五六年迄一八六〇年清廷采取的全部爱国排外的方针都由于她的影响；她曾握反对过一八六〇年的各项条约；她曾经抗拒过皇帝逃往热河的决定；她在伴随着銮驾，当屈服是唯一可能的办法的当儿，曾经唆使发表了些好战而排外的诏书。她的影响在皇帝垂询政务时占重要的地位，她既然是皇太子的生

① 马士：《中华帝国对外关系史》（第 1 卷），张汇文等译，商务印书馆，1963，第 683 ~ 684 页。

母，那么，一旦皇帝逝世，要妥善地把她摈于摄政之外是不能够的。"①
这一段写的是慈禧，讲述了她的出身、怎么进入皇宫、怎么爬升、她的
特质，以及她生下皇帝唯一的一个儿子。马士分析了慈禧的影响力量很
大的原因以及她对于国家大事的影响，并指出慈禧是排外的，排外的叶
名琛是受到了她的影响。同时，马士认为，将她排斥在摄政之外是不可
能的，因为慈禧是皇帝的生母。

5. 传教士

当西方势力来到东方，传教士也随之而来。他们到达日本传教，发
现日本人很顽固，不那么容易说服他们信仰基督教，但是日本人对中华
的文化却顶礼膜拜。传教士认识到了中国在东方文化圈中的影响力。如
果能说服中国的皇帝信教，那么对于整个东方世界的传教活动，会具有
事半功倍的效果。于是传教士将矛头指向中国。这些传教士中就包括了
影片中提到的郎世宁、王致诚等人。

在北京有一片传教士墓地（今北京行政学院，西城区车公庄大街
路南 6 号院内），埋葬有利玛窦、汤若望、南怀仁、郎世宁等人。

利玛窦（Matteo Ricci，1552－1610），意大利的天主教耶稣会传教
士、学者，明朝万历年间来到中国传教，其原名中文直译为玛提欧·利
奇，利玛窦是他的中文名字，号西泰，又号清泰、西江。生于意大利的
马切拉塔城（Macerata）。曾学法律，1571 年在罗马加入耶稣会，在耶
稣会主办的罗马学院学习哲学和神学，并师从著名数学家克拉维乌斯学
习天算。1577 年参加耶稣会派往印度传教的教团。4 年后被派到中国传
教，于万历十年（1582）七月抵澳门，次年获准入居广东肇庆。万历
十七年（1589）移居韶州，万历二十六年（1598）经由南京到达北京，
因财政问题，两月后返抵南京。万历二十八年（1600）十二月再到北
京，进呈自鸣钟、《万国图志》等物，得明神宗信任，敕居北京。万历
三十八年（1610）在北京病卒。他在中国度过后半生，是第一位阅读
中国文字、对中国典籍进行钻研的西方学者。他传播宗教教义，广交中

———————
① 马士：《中华帝国对外关系史》（第2卷），张汇文等译，商务印书馆，1963，第57～58页。

国官员和社会名流，传播西方天文、数学、地理等科学技术知识。士大夫徐光启、李之藻、杨廷筠等与之交游。他又向欧洲介绍中国，为中西文化交流做出了贡献。其数学著作，有与徐光启合著的《几何原本》；地理学著述有世界地图《坤舆万国全图》；语言学著述有《西字奇迹》（今改名《明末罗马字注音文章》）等。他的著述还对日本和朝鲜认识西方文明产生了重要影响。利玛窦死后被葬于北京西郊的"栅栏儿"，使其成为首位葬于北京的西方传教士。其后又有许多在北京去世的耶稣会士葬于此地。

汤若望（Johann Adam Schall von Bell，1592－1666），德国人，天主教耶稣会修士、神父、天文学家。1592 年出生于德国科隆一个古老的贵族家庭，1611 年加入耶稣会，两年后入罗马学院。1618 年汤若望等传教士起航东渡，1619 年 7 月抵达澳门。天启二年（1622）进入广东，同年正式取名汤若望，字"道未"。1623 年 1 月 25 日到达北京。天启七年（1627），前往西安管理陕西教务。崇祯三年（1630）回北京供职于钦天监。崇祯七年（1634），协助徐光启、李天经编成《崇祯历书》。1644 年，李自成入北京，汤若望留在北京教堂中，守护教堂和历书刻板。清军进入北京，汤若望受命继续修正历法。同年十一月，命掌钦天监。1645 年，以《西洋新法历书》呈给摄政王多尔衮，被封太常寺少卿。顺治八年（1651）后，先后授太仆寺卿、太常寺卿、通政使，并赐号"通玄教师"，康熙帝时为避讳，改为"通微教师"。康熙三年（1664）受杨光先控告入狱。康熙四年，京师地震，免死羁狱，获孝庄太皇太后特旨释放。康熙五年七月十五日（1666 年 8 月 15 日）病死，安葬于北京利玛窦墓左侧。汤若望继承了利玛窦通过科学传教的策略，在明清历法修订以及火炮制造等方面贡献颇多，是中西文化交流史、中国基督教史和中国科技史上的重要人物，是继利玛窦来华之后最重要的耶稣会士之一。

南怀仁（Ferdinand Verbiest，1623－1688），字敦伯，又字勋卿，比利时人，1623 年出生，1641 年入耶稣会，1658 年 7 月抵达澳门，1659 年进入中国内地。在北京受到顺治皇帝接见后，就被派往陕西传教。1660 年 6 月奉诏回京协助汤若望在钦天监修历法。康熙三年（1664）因汤若望案下狱，次年释放。康熙七年（1668）再次被起用，任钦天监监副，后任监正。曾为康熙帝师，教授天文和测量。他精通天文历法、擅长铸炮，三藩之乱时，曾奉命监铸大炮。1688 年 1 月南怀仁在北京逝世，享年 66 岁，卒谥勤敏。著有《康熙永年历法》《坤舆图说》《西方要记》等。

这些传教士为了传教事业来到中国，将西方的科技、天文、地理、历法、艺术、军事等方面的诸多新鲜事物带到中国，主要是对皇帝以及一大批中国的士大夫产生了影响，成为沟通中西文化的重要桥梁。

而在鸦片战争之后，传教士大批来到中国，随着中国民族危机的加深，传教士的影响力也日益扩大，他们传播了西方科技知识，但也带来了很多麻烦。

（1）连绵不绝的教案

传教士大批来到中国，深入中国的民间社会之中，他们的作为时常会导致案件的爆发，成为中外交恶的导火索。下面举两个例子予以说明。事例之一是马神甫事件。《中法黄埔条约》中规定法国可以在中国通商口岸设立天主教进行传教活动，而一些传教士却突破了通商口岸的范围，到其他地方私自传教。1853 年法国天主教神甫马赖非法从广州潜入广西西林县，进行传教活动，其教民中有不法分子作奸犯科、抢掠奸淫，而马赖采取包庇纵容的态度，甚至勾结官府，激起民愤。1856 年 2 月新任知县张鸣凤逮捕马赖等 26 名不法教徒，并处决了马赖和两个首恶的中国教徒。此时英法与清政府进行修约交涉，进展并不顺利，而法国以护教国自居，其皇帝拿破仑三世为了进一步取得教会支持，巩固自己的统治和扩大海外权益，以这件事情为借口，联合英国共同出兵侵华，挑起了第二次鸦片战争。

另一个教案是天津教案。1870 年 5 ~ 6 月，天津一带发生疫病，法国天主教育婴堂所收养的婴孩大批死亡，民间流传教方迷拐人口、挖眼剖心。其后形势发展越来越严峻，民众与教士争斗殴打。法国驻天津领事丰大业携带枪支到三口通商大臣崇厚衙门咆哮，并向崇厚开枪（未中）。丰大业从衙门出来，路上遇到前来维持治安的天津县知县刘杰，再次拔枪射击，打伤刘的家人。民众被激怒，当场打死丰大业，并火烧望海楼，杀死神甫、修女等外国人，还误杀了俄国人。事情发生后，法、英等七国联合向清政府抗议，并调集军队以武力示威。清政府派曾国藩查办案情。曾国藩的处置是，判定 20 人死刑，25 人流放，赔偿抚恤费和财产损失 49 万两，并派崇厚为道歉使，到法国赔礼道歉。曾国藩的判决引起舆论哗然，纷纷谴责曾国藩对外太软弱。李鸿章接替曾国藩办理该案。因俄国只需要经济赔偿，而不需要偿命，故而李鸿章改 20 名死刑为 16 名，4 名缓刑，其余不变。此后在有关教案的中外交涉中，列强认定"强权即公理"。而崇厚在之前曾经受到丰大业的咆哮和枪击威胁，如今却要代表清政府到法国去道歉，这真是莫大的讽刺。

甲午战后爆发的巨野教案是列强利用教案问题进行侵华的新阶段。1897 年 11 月山东巨野县的德国天主教堂遭受乡民袭击，两名传教士被杀。德皇威廉二世命令德国的远东舰队采取积极行动，如果中方不赔巨款并严惩祸首，舰队应立即驶往胶州湾，予以占领。总理衙门与之交涉，但德国寸步不让。最后清政府与德国于 1898 年 3 月签订中德《胶澳租界条约》，惩办山东巡抚李秉衡等人。条约规定：德国租借胶州湾，租期 99 年；租借地周围设中立区，德军可在此范围内自由行动；德国在山东修造 2 条从胶州湾出发到济南的铁路，并拥有铁路沿线 30 里内开矿权利。据此，胶州湾成了德国的租借地，山东成了德国的势力范围。巨野教案后，西方传教士的传教政策更放纵，教会势力迅速扩展，乡民和教会之间的矛盾和冲突更加激烈。

在中国近代史上，教案非常多。北京第一历史档案馆所藏档案中，就有许多相关内容。档案馆的人员将相关档案收集起来，形成六册的《清末教案》。这个"教案"不是我们今天上课用的教案，而是指的由传教士引起或者跟传教相关的案件。之所以有这么多教案，是因为传教士拥有到中国持照游历、传教的权利，而且依据《中法北京条约》，传教士可以"在各省租买田地，建造自便"，传教士于是纷纷涌入内地。

传教士等的游历也就是我们现在所说的旅游。现今到外国旅游，需要持有一种证件，这种证件就是护照。英文是 passport，直译为通关凭证、通关文凭。晚清到中国游历的外国人，也需要持照游历。晚清时候的护照是什么样子？以清朝咸丰四年和光绪二十四年的护照为例，对它们进行一番审视之后，我们可以从这些护照中看到这些护照的特点：持照人只有中文名字，没有规定具体游历的范围，只规定中方的义务（要随时照料保护）而没有规定外国人相应的义务，护照基本没有有效期。

（2）沟通者——传播东西方文化

传教士是西方文化的代表。他们在西方文化中成长起来，来到中国后，生活在中国，于是成为沟通中西文化的使者。

传教士在把西方文化引入中国的一个比较重要的例子是创办近代报纸。《中外新报》是宁波最早的中文报纸，由美国传教士玛高温创办，从 1854 年办至 1861 年。该报 1858 年改版为日刊，从改版后的第一号可以窥探这份报纸的形式和内容。这份报纸的外观像一本线状书。封面上题有报纸的名字和发行的时间，分别标上了中西历。里面的内容是用文言文写的，这让人不禁十分佩服这些传教士的中文功底。其改版后的第一号（1858 年 12 月 19 日发行）写明了办报的宗旨："窃思《中外新报》所以广见闻、寓劝戒，故序事必求实际，持论务期公平，使阅者有以兴起其好善恶恶之心。然一人之耳目有限，报内如有记载失实者，愿翻越之诸君子明以教我。又或里巷中有事欲载报内，可至鄙寓商酌补入，无非人求多闻、事求实迹之意。览者愿之。"这一期报纸的"上海"这个栏目中，提到鸦片烟的销售问题："中国钦差桂良等至上海与外国钦差会议，英钦差埃及耳议定鸦片一物各码头公然发售，每箱起税银三十元，明年将立为定例（吸卖鸦片，中国向有例禁，今则著为定例，与前大相反矣）。并使花旗钦差同允是议，其意盖欲花旗人相辅而行耳。今花旗人皆不悦是议。因鸦片本出自天竺，天竺为英之属国，英之所以利其土者，以其地可产鸦片，于英大有利耳。若我花旗本不产鸦片，即商人为是业者，亦甚属寥寥。中国禁与不禁，于花旗无关紧要，何必与我花旗同允是议，以立为定例耶。噫！鸦片本害人之物，中国向有例禁，人尚吸食贩卖，若立为定例，则贩卖者公然无阻，吸食者群相效尤。小则殒身殒命，大则败俗伤风，其流毒伊于胡底耶！"该传教士对于鸦片烟是什么态度，从这段文字中，我们可以窥探一二。该传教士认为鸦片毒害非常大，会危及人的性命，而且会伤风败俗。他认为美国人没有必要与英国人一起同意鸦片贸易合法化。

传教士把近代报刊这些新事物引入中国，对于传播信息、宣传思想等具有重要意义。同时，他们还把西方文化中的其他方面传入中国。在影片《圆明园》中，传教士郎世宁和王致诚是沟通中西文化的典型代表。

郎世宁（1688 - 1766），原名朱塞佩·伽斯底里奥内（Giuseppe Castiglione），1688 年生于意大利米兰，19 岁进入热那亚耶稣会。当时的欧洲知识分子对中国文化极为向往，郎世宁这个名字就是他来到中国后根据儒家学说的特点为自己取的。东西航路开通之后，欧洲天主教怀有极大的热情到东方传教，他们陆续到中国，但中国此时是一个儒家文化极度发达的国家，无法接受基督教，于是传教士带着西方的科学和艺术觐见中国的皇帝，他们的传教士身份被忽略，成为传播西方科学艺术的使者。康熙五十四年（1715），郎世宁觐见康熙皇帝，他的绘画才能得到康熙皇帝的赏识，被招入皇家绘画的如意馆，成为宫廷画师，一直为皇室服务了五十多年，历经康熙、雍正、乾隆三朝。为迎合每位皇帝的喜好，郎世宁不断地调整自己的画技。刚入宫的郎世宁用欧洲的技法作画，并没有得到皇帝的认可。为此，郎世宁开始学习毛笔作画，探索如何将西方画法与中国画结合起来。中国画讲究意境，重笔墨、情趣、功力，其绘画视角是能包罗万象的散点透视。他开始用植物颜料和矿物颜料，在纸卷上进行艰难的技法练习，用了相当长的时间，终于掌握了中国画的要领。当时中国的宫廷画师仍旧依照古法作画，而郎世宁认为西方的焦点透视更适合表现具体的空间感，郎世宁还协助年希尧出版了叙述欧洲焦点透视画法的著作《视学》。雍正年间，郎世宁尝试对西方的油画技法进行改良，以迎合中国皇帝的审美要求，并学习中国的传统美学观念，创作出中西合璧的新画风。其后，郎世宁获得皇帝的同意，向中国宫廷画家传授欧洲油画技艺。雍正二年（1724），皇帝开始大规模修建圆明园，这给郎世宁提供了一个施展才华的绝好机会，他画了许多作品装饰殿堂。《聚瑞图》、《嵩献英芝图》和《百骏图》等画作就是这一时期的作品。雍正皇帝对这位西方画师的作品很满意。乾隆年间，皇帝十分喜好诗文书画，也很重视宫廷绘画的发展，常观看郎世宁作画，与其接触颇多，二人关系密切。在郎世宁 70 岁时，乾隆皇帝还给他举办了隆重的生日庆典。皇帝也会拿郎世宁逗趣。一次，乾隆见妃嫔环绕左右，郎世宁感到局促不安，就问他："卿看她们之中谁最美？"郎世宁回答："皇帝的妃嫔个个都美。"乾隆又追问："昨天那几个妃嫔中，卿最欣赏谁？""微臣当时正在数宫殿上的瓷瓦，没看她们。""那瓷瓦有多少块？"郎世宁回答："30 块。"皇上命太监去数，果然不错。此后皇帝不再打趣郎世宁了。乾隆要郎世宁负责修建圆明园的西式园林，把西方的喷泉等引入中国。郎世宁还为铜版画《乾隆平定准部回部战图》绘图稿。1766 年，郎世宁在北京逝世，葬在欧洲传教士墓地内，乾隆皇帝亲笔撰写墓志铭。北京故宫博物院专家聂崇正这样描述郎世宁在沟通中西文化中所做出的贡献：郎世宁所涉及的艺术门类，范围相当广泛，他几乎将当时欧洲主要的艺术品种及方法都传到了中国（唯独在雕塑艺术上似乎没有什么反映），并使之在中国开花结果。清代宫廷绘画的典型风格，就是在郎世宁传来的欧洲画风影响下形成的。

王致诚来中国的时间比郎世宁晚。王致诚（Jean Denis Attiret，1702 – 1768）法国人，出身于画家家庭，从小受艺术熏陶。天主教耶稣会传教士。清乾隆三年（1738）由欧洲耶稣会法兰西传道部派遣来华，到达北京，向乾隆进献所画《三王来朝耶稣图》，受到赏识，充宫廷画师。他刚开始用西洋技法绘画，不得皇帝欣赏，后学习中国绘法，参酌中西技巧，得到皇帝的认可。善画马和人物，作品有《十骏图》等，并曾与郎世宁等一起起草《乾隆平定准部回部战图》底稿，送至法国制成铜版画。此外，他还担任了圆明园西洋风格建筑物的设计和施工。于 1768 年在北京逝世。

在传教士的影响下，西方的科技、艺术、军事、天文、地理、卫生、历法等方面的知识传入中国。关于这方面的研究著作已经很多了，其中可以参看王尔敏的《近代上海科技先驱之仁济医院与格致书院》（广西师范大学出版社，2011）。

（3）观察（记录）者——见证中国历史

这些来到中国的西方人，将中西文化进行对比，对当时中国的格局（经济、政治、文化、社会等）都有所观察和记录，成为我们现在了解中国近代历史的重要资料来源。

纪录片《圆明园》，通过对郎世宁的描述，我们知道以下事实：他是三朝元老（康熙、雍正、乾隆）。他曾给雍正和乾隆画像，作八匹骏马图。雍正在中国历史上是一个非常严酷的皇帝，郎世宁笔下，雍正也会为了兄弟如此伤心。对于雍正的死因，有各种猜测。有说雍正是被血滴子杀死的，死的时候没有头颅；也有说是被仇人杀死的。雍正到底是怎么死的呢？根据郎世宁的记录，雍正因为积劳成疾，到了晚年十分依赖丹药。史家根据宫廷档案记录分析，雍正是因丹药中毒而死。郎世宁记录了乾隆登基时候的样子，他说乾隆十分从容，与雍正相比，乾隆总是很从容，他似乎就是为统治这个帝国而出生的。乾隆选嫔妃郎世宁也见识到了，而且为此还露出了奇特的笑容。此外，郎世宁督造大水法的修建，并见证竣工时皇帝带领妃嫔参观的情景。

王致诚则见证了圆明园的况世奇景，他把自己的感受写信寄往欧洲。王致诚记录道："中国皇帝的离宫，无论在设计和施工方面，都极宏伟和美丽。我的眼睛从来不曾看到过，任何与它相类似的东西。中国人在建筑方面表现出来的千变万化、复杂多端，令人难以置信。我惟有钦佩他们的天才。我不得不承认，和他们比较，我们又单调，又缺乏生气"，"大清皇帝的离宫中充满了中国、印度以及欧洲的各种珍宝"。王致诚的信在欧洲引起了很大反响，各国皇室开始竞相模仿圆明园。在欧洲（特别是英、法），皇室和贵族以拥有中国的东西而自豪，中国样式成了时尚的标志。他还见证了圆明园中小城的生活场景，体会到了皇家生活的无奈。

第二次鸦片战争中，英国随军牧师麦吉（Robert John L. M'Ghee），全程跟随英军，经历了整个战役，他从一位牧师的角度对战争做了详细记录，于 1862 年回到英国整理出版——《我们如何进入北京：1860 年在中国战役的记述》（*How We Got To Pekin：A Narrative of The Campaign in China of 1860*）。在这位牧师的笔下，我们可以读到：大沽口是怎样在不到一天的时间里就陷落了；面临西方的进攻，清军采取了自杀式的攻击；联军进入夏宫的感受；英法联军抢劫圆明园的狂喜；同时，牧师暗示了联军还企图抢劫北京。

再来看看存在英国图书馆（British Library）的关于中国人日常生活的画作。其情景包括：（a）写状子。当时并不是所有的中国人都会写字，但是如果要打官司，需要别人代笔写状子。（b）做帽子的。手工帽子，晚清时期是受到外国冲击的一个行业。（c）造纸。（d）补锅。这个行业已经消失了，现在没有人补锅，破了买新的。（e）囚徒。书面上有"永无赦日"几个字。

四　本讲扩展阅读

（一）《雨果就英法联军"远征"中国给巴特勒上尉的信》①

原文如下：

先生，您征求我对远征中国的意见。您认为这次远征是体面的，出色的。多谢您对我的想法予以重视。在您看来，打着维多利亚女王和拿破仑皇帝双重旗号对中国的远征，是由法国和英国共同分享的光荣，而您想知道，我对英法的这个胜利会给予多少赞誉。

既然您想了解我的看法，那就请往下读吧：

在世界的某个角落，有一个世界奇迹。这个奇迹叫圆明园。艺术有两个来源：一是理想，理想产生欧洲艺术；一是幻想，幻想产

---

① 〔法〕贝尔纳·布里赛：《1860 圆明园大劫难》，高发明、丽泉、李鸿飞译，上海远东出版社，2015，第 576～578 页。

生东方艺术。圆明园在幻想艺术中的地位就如同巴特农神庙在理想艺术中的地位。一个几乎是超人的民族的想象力所能产生的成就仅在于此。和巴特农神庙不一样，这不是一件稀有的、独一无二的作品；这是幻想的某种规模巨大的典范，如果幻想能有一个典范的话。请您想象有一座言语无法形容的建筑，某种恍若月宫的建筑，这就是圆明园。请您用大理石，用玉石，用青铜，用瓷器建造一个梦，用雪松做它的屋架，给它上上下下缀满宝石，披上绸缎，这儿盖神殿，那儿建后宫、造城楼，里面放上神像，放上异兽，饰以琉璃，饰以珐琅，饰以黄金，饰以脂粉，请同是诗人的建筑师建造一千零一夜的一千零一个梦，再添上一座座花园、一方方水池、一眼眼喷泉，加上成群的天鹅、朱鹭和孔雀。总而言之，请假设人类幻想的某种令人眼花缭乱的洞府，其外貌是神庙，是宫殿，那就是这座名园。为了创建圆明园，曾经耗费了两代人的长期劳动。这座大得犹如一座城市的建筑物是世世代代的结晶，为谁而建？为了各国人民。因为，岁月创造的一切都是属于人类的。过去的艺术家、诗人、哲学家都知道圆明园，伏尔泰就谈起过圆明园。人们常说：希腊有巴特农神庙，埃及有金字塔，罗马有斗兽场，巴黎有圣母院，而东方有圆明园。要是说，大家没有看见过它，但大家梦见过它。这是某种令人惊骇而不知名的杰作，在不可名状的晨曦中依稀可见，宛如在欧洲文明的地平线上瞥见的亚洲文明的剪影。

这个奇迹已经消失了。

有一天，两个强盗闯进了圆明园。一个强盗洗劫，另一个强盗放火。似乎得胜之后，便可以动手行窃了。对圆明园进行了大规模的劫掠，赃物由两个胜利者均分。我们看到，这整个事件还与额尔金的名字有关，这名字又使人不能不忆起巴特农神庙。从前对巴特农神庙怎么干，现在对圆明园也怎么干，只是更彻底，更漂亮，以至于荡然无存。我们所有大教堂的财宝加在一起，也许还抵不上东方这座了不起的富丽堂皇的博物馆。那儿不仅仅有艺术珍品，还有大堆的金银制品。丰功伟绩！收获巨大！两个胜利者，一个塞满了腰包，见此情形，另一个装满了箱箧。他们手挽手，笑嘻嘻地回到了欧洲。这就是这两个强盗的故事。

我们欧洲人是文明人，中国人在我们眼中是野蛮人。这就是文明对野蛮所干的事情。

将受到历史制裁的这两个强盗，一个叫法兰西，另一个叫英吉利。不过，我要抗议，感谢您给了我这样一个抗议的机会。治人者的罪行不是治于人者的过错；政府有时会是强盗，而人民永远也不会是强盗。

法兰西帝国吞下了这次胜利的一半赃物，今天，帝国居然还天真地以为自己就是真正的物主，把圆明园富丽堂皇的破烂拿来展出。我希望有朝一日，解放了的干干净净的法兰西会把这份战利品归还给被掠夺的中国。

现在，我证实，发生了一次偷窃，有两名窃贼。

先生，以上就是我对远征中国的全部赞誉。

维克多·雨果
1861 年 11 月 25 日于高城居

［见 1984 年 2 月 26 日《人民日报》，原题为《文明与野蛮——雨果谴责英法联军焚毁圆明园的一封信》，程曾厚译自雨果《言行录（流亡中）1852－1870》］

（二）《续增条约》（1860 年 10 月 25 日，咸丰十年九月十二日，北京）①

原文如下：

今大清国皇帝、大法国大皇帝切愿将两国不协之处调和，以复

---

① 王铁崖编《中外旧约章汇编》，三联书店，1957，第 1 册，第 146～148 页。

旧好，是以大清国大皇帝特派钦差大臣和硕恭亲王奕訢；大法国大皇帝特派内阁大学士世袭男爵葛罗为钦差全权大臣便宜行事；彼此既将所奉便宜行事之上谕及钦奉全权之诏敕公同较阅查核，俱属妥当后，即将所立条款开列于左：

第一款　大法国钦差大臣于己未年五月进京换约，行至大沽，该处武弁拦阻前进，大清国大皇帝甚为悔惜。

第二款　大法国钦差大臣进京换约时，或于途次，或在京师，大清官员俱以相宜钦差之优礼接待，俾得任便称其职守。

第三款　从换和约之日起，咸丰八年在天津所定之和约暨遗补之款，除现在所改之款外，即日均应一一施行。

第四款　己未年在天津所定遗补第四款内载，中国赔补军需银二百万两，兹以删去；今复议定，赔补银共捌百万两。在此数内，已收到去岁粤海关缴银三十三万三千三百三十三两零。其余银两，宜在中国各海关每年收税银若干，按五分之一扣归。其交银之时，系三个月交一次，首次宜于咸丰十年八月十七日起而于十一月二十日止。但所交之银，或纹银，或洋银俱可，其银应交大法国驻扎中国之钦差大臣，或所派之员亦可，但限定于十月十八日在津郡一盘现交银五十万两。将来大法国驻扎中国钦差大臣暨中国大臣各派委员，会议定立如何交收银两，如何立定收单等事，再为妥定。

第五款　中国今所赔补之银本系为军需，又为法国商人及其所保护者在广东省城所有行内物件被百姓或烧、或劫。将来大法国将此赔补之银，均公允分摊与被累之法国人；其银扣一百万两，派与法国民人及其所保护者，为补其害，或慰其苦，其余皆抵军费。

第六款　应如道光二十六年正月二十五日上谕，即晓示天下黎民，任各处军民人等传习天主教、会合讲道、建堂礼拜，且将滥行查拿者，予以应得处分。又将前谋害奉天主教者之时所充之天主堂、学堂、茔坟、田土、房廊等件应赔还，交法国驻扎京师之钦差大臣，转交该处奉教之人，并任法国传教士在各省租买田地，建造自便。

第七款 从两国大臣画押盖印之日起，直隶省之天津府克日通商，与别口无异，再此续约均应自画押之日为始，立即施行，毋庸俟奉两国御笔批准，犹如各字样列载天津和约内，一律遵守如此。大法国水、陆二军，俟在天津收银五十万两，方能退出天津，屯占大沽、烟台二口，待至中国将所赔之银全数交清后，所有法国武弁占踞中国各地方均应退出境界。然任水、陆各大将军于天津扎兵过冬，而俟所定赔补之现银给清后，则撤大军退出津郡。

第八款 戊午年所定原约互换之日，所有法国屯于舟山之军立当出境，续约条所定应缴银五十万两缴清之日，除统兵官暂驻天津过冬谅不便即行撤兵外，应如第七款内所言，即驻津各军亦应离城，退至大沽炮台、登州、北海、广东省城各等处驻扎，俟续约所定赔补款八百万两全数缴清，以上各驻军再当扫数撤归。

第九款 亦戊午年定约互换以后，大清大皇帝允于即日降谕各省督抚大吏，以凡有华民情甘出口，或在法国所属各处、或在外洋别地承工，俱准与法民立约为凭，无论单身，或愿携家眷，一并赴通商各口，下法国船只，毫无禁阻。该省大吏亦宜时与大法钦差大臣查照各口情形，会定章程，为保全前项华工之意。

第十款 戊午年所定之和约第二十二款内有错载之字样，即系凡船在一百五十吨以上者，每吨钞银五钱，现在议定，凡船在一百五十吨以上者，每吨钞银四钱，不及一百五十吨者，每吨纳银一钱，嗣后大法国船只进口，俱按现在议定之数输纳。

右续约于京师妥定，华、法两国钦差全权大臣各画押盖印，于降生一千八百六十年十月二十五日，即咸丰十年九月十二日。

附注

本条款见'咸丰条约'，卷9，页5–8。法文本见'海关中外条约'，卷1，页885–890。

本条款系在北京签订，通常称为《北京条约》。

| 第三讲 |

影视中的慈禧与近代中国

一　辛酉政变与慈禧掌权

慈禧作为近代历史上的一个著名女性，掌控中国的政权将近半个世纪之久。在一个男权主义的社会中，慈禧作为一个女性是如何掌权的？又是如何统治中国的？

首先来了解一下相关的历史情况。

（一）女性临朝的历史

中国历史上，女性掌控政权，本是并不多见的事情。

我们一起来回顾中国历史上女性临朝执政的例子。在汉代有吕后。

吕后（前241－前180），名雉，字娥姁，汉高祖刘邦皇后，惠帝刘盈之母。秦代单父（今山东单县）人。公元前202年，刘邦称帝，封吕雉为皇后，她是刘邦平定天下的得力助手。刘邦死后，她被尊为皇太后，是中国历史上有记载的第一位皇后和皇太后，也是秦始皇统一中国，实行皇帝制度之后，第一个临朝称制的女性，掌握汉朝政权15年，表现出非凡的政治才干和高超的政治手腕。尽管她没有像唐代武则天那样登基称帝，但她掌握了实际的政治权力，开汉代外戚专权的先河。吕雉推行约法省禁、与民生息的政策，缓和内外矛盾，刺激生产发展，增强了汉王朝的国力，为其后的文景之治打下了很好的基础，被司马迁列入记录皇帝政事的本纪，后来班固作汉书仍然沿用。司马迁在《史记·吕后本纪》中称赞她："孝惠皇帝、高后之时，黎民得离战乱之苦，君臣俱欲休息乎无为，故惠帝垂拱，高后女主称制，政不出户，天下晏然；刑罚罕用，罪人是稀；民务稼穑，衣食滋殖。"

从吕后的画像中，大略可以窥见这位女性英气十足、有魄力有干劲。同时，从这些掌权的女性来看，颜值高还是一个比较重要的条件。

唐代武则天称帝，也是女性临朝的著名案例之一。武则天（624－705），名武曌，并州文水（今山西文水县东）人，中国历史上唯一改朝易姓的正统女皇帝，"则天"是其尊号，全称为"则天大圣皇帝"，她是即位年龄最大（67岁即位）、寿命最长的皇帝之一（终年82岁）。出生在贵族之家，父亲武士彟本为木材商，后来追随唐高祖反隋，成为唐朝的开国元勋；母亲杨氏具有皇室血统，系隋朝宗室宰相杨士达后代。这样的家庭背景，对武则天其后的人生有重大影响。14岁入后宫成为唐太宗的才人（级别最低的嫔妃），唐太宗赐号"武媚"，在宫中默默无闻地生活了12年，其后唐太宗驾崩，按照当时的制度，她和其他嫔妃一起被遣入寺庙为尼。一次偶然的机会，她遇到唐高宗，这位即位不久的皇帝立刻被武则天迷住。于是，再次入宫，被封为"昭仪"，其地位远在"才人"之上。父子二人纳同一女人为妃，这种情况在唐朝并不以为怪，在宋代以后则是无法想象的。武则天得到唐高宗宠爱，655年立为皇后，高宗多病，武则天乘机参与朝政，674年高宗为"天皇"，则天称为"天后"，并称"二圣"。683年，高宗去世，唐中宗即位，武则天临朝称制，次年废中宗立睿宗，继续以皇太后身份临朝称制。690年正式称帝，国号"周"，改名为"曌"。武则天认为自己好像日、月一样崇高，挂于天空之上。武则天在位期间，以武氏为重臣，在抑制旧门阀及李唐皇族的同时，提高庶族地主地位，大力发展科举制，首创科举中的"殿试"，特开"武举"，发明科举考试中的"糊名"（密封卷），大力选拔人才。在这一时期，社会经济明显发展，人口明显增加，她对边防的巩固与开拓也有很大贡献，如设置北庭都护府和恢复安西四镇等。同时，武则天开告密之风，滥用酷吏，严刑峻法，宠信小人；大兴土木，耗费民力。神龙元年（705）正月，武则天重病，宰相张柬之发动兵变，迫使武氏退位，史称"神龙革命"。唐中宗恢复唐朝，同年十一月，武则天去世。后改称"则天大圣皇后"，以皇后身份葬入乾陵，留下无字碑。

武则天颇具才华，是铁腕政治家，也是诗人和书法家。《如意娘》是武则天的代表作："看朱成碧思纷纷，憔悴支离为忆君。不信比来常下泪，开箱验取石榴裙。"首句"看朱成碧思纷纷"有人认为是武则天的创意，但实际上也有来源，即梁王僧孺诗"谁知心眼乱，看朱忽成碧"。"看朱成碧"在此处有两层意思，一层是说自己因为整日相思过度，迷迷糊糊地居然把红色看成绿色，"朱"与"绿"二者颜色差别多么大啊，居然能看错，说明了她因相思和孤寂而极度痛苦神伤。第二层意思是说自己看着花红日渐褪去，自身的青春也日渐老去，然而等到花儿凋谢，只剩下一树寒碧，却不见情人过来让自己脱离相思之苦海。此句以"朱""碧"两种冷暖色调的强烈反差，折射出了强烈的感情对比。昔日温情脉脉，如今眼前凄凉，让她痛苦不堪，于是"思纷纷"。为什么"思纷纷"呢？原来"憔悴支离为忆君"，都是因为思念而心神恍惚，憔悴不堪。后一句则写道，如果你不相信我因对你的思念而日日流泪，那么请打开我的箱子，看看我的石榴裙上留下的斑斑泪迹吧。这首诗总体来看明朗直白而又曲折有致，对后世影响很大，如李白诗中有"催弦拂柱与君饮，看朱成碧颜始红"（《前有一樽酒行》），辛弃疾词中有"倚栏看碧成朱，等闲褪了香袍粉"（《水龙吟》）。看朱成碧和看碧成朱，成为唐宋人常用的成语。①

我们现在所用的"垂帘"二字，最早见于《旧唐书·高宗本纪》："上每视朝，天后（武则天）垂帘于御座后，政事大小皆预闻之。"

看看武则天的画像，是个美人。

再看看清代。清代女性，与我们的主题相关的有两位——孝庄、孝

---

① 胡晓明主编《历代女性诗词鉴赏词典》，上海辞书出版社，2016，第43~44页。

钦。孝庄，为皇太极妃，蒙古族人，享年 75 岁，死后谥号为孝庄文皇后；孝钦，为咸丰妃，满族人，享年 75 岁，死后谥号为孝钦显皇后。

这两位女性都有辅佐幼主的历程，都有机会垂帘，而二者的表现很不相同。

孝庄文皇后（1613 – 1687），博尔济吉特氏，名布木布泰，清太宗爱新觉罗·皇太极之妃，孝端文皇后的侄女。蒙古科尔沁部（在今通辽）贝勒宰桑之次女。1625 年嫁给努尔哈赤第八子皇太极为侧福晋。1636 年，皇太极在盛京称帝，受封为永福宫庄妃。1639 年，生皇九子福临。1643 年皇太极崩，福临即位后，年号顺治，与其姑孝端文皇后两宫并尊，称圣母皇太后。后上尊号为昭圣慈寿皇太后。顺治十三年（1656）尊为昭圣慈寿恭简安懿章庆皇太后。顺治十八年（1661）福临死后，第三子玄烨即位（年号康熙），尊其为太皇太后。康熙二十六年（1687）去世，享年 75 岁。雍正三年（1725）葬河北清东陵之昭西陵。

她是中国历史上有名的贤后，培养和辅佐了顺治、康熙两代皇帝，是清朝初期杰出的女政治家。1643 年皇太极去世时，并未指定继承人，此时福临仅仅 6 岁。当时有几派势力争夺皇位，其中最重要的有皇太极长子豪格和皇太极十四弟多尔衮。孝庄为了能让自己的儿子登基，想尽办法，其中包括拉拢具有势力的代善一派支持自己的儿子福临。同时孝庄也获得了多尔衮的支持。当然孝庄与多尔衮之间有许多故事，二者的关系甚至被纳入到清代十大谜题之中。最后，福临在孝庄的帮助下登上皇位，面对幼子，孝庄有机会垂帘，但是她却从未这样做过。顺治帝（福临）很想有一番作为，但是在与朝中反对汉化的勋旧大臣斗争中无法获胜，后英年早逝。孝庄皇太后利用她超人的智慧和极高的声望，使得政权平稳过渡，1661 年 8 岁的玄烨登基，为康熙帝。孝庄继续教导康熙成长，等鳌拜集团铲除后，孝庄放手让玄烨管理政事。对祖母的教诲，玄烨非常重视，重大事情无不事先征求意见，然后予以施行。孝庄生活简朴，从不奢华，用自己的积蓄赈济灾民，全力配合支持玄烨的事业。于是清王朝逐渐由动乱走向稳定，经济也逐渐繁荣起来，为平定三藩之乱、统一台湾和边疆用兵等打下良好的物质基础。孝庄政治才华卓越，一生经历清初三朝，那时正是由乱到治的关键时期。她全力辅佐皇帝，调和宫廷内部矛盾，对稳定清初政治和社会，促进国家统一做出了重大贡献。清初的几位皇帝对于孝庄的功劳十分感念，于是屡次给孝庄增加尊号。康熙元年（1662）加上尊号为昭圣慈寿恭简安懿章庆敦惠太皇太后。康熙四年（1665）尊其为昭圣慈寿恭简安懿章庆敦惠温庄太皇太后。康熙六年（1667）尊其为昭圣慈寿恭简安懿章庆敦惠温庄康和太皇太后。康熙十五年（1676）尊其为昭圣慈寿恭简安懿章庆敦惠温庄康和仁宣太皇太后。康熙二十年（1681）尊其为昭圣慈寿恭简安懿章庆敦惠温庄康和仁宣弘靖太皇太后。1687年孝庄去世。康熙二十七年（1688）上谥号为孝庄仁宣诚宪恭懿翊天启圣文皇后。乾隆元年（1736）上谥号为孝庄仁宣诚宪恭懿至德纯徽翊天启圣文皇后。皇帝们用这么多美好的词去描述孝庄，可见她在这些皇帝心中的形象，她对于清初政局的影响。通过孝庄的画像，可以看到她的形象是端庄娴静，一派国母的风范。

孝钦就是慈禧。慈禧太后（1835 – 1908），即孝钦显皇后，又称西太后、那拉太后，姓叶赫那拉，咸丰帝妃，同治帝生母，是同治、光绪两朝的实际统治者。1835年生，其父亲惠征任安徽宁池太广道道员。1852年入宫，封兰贵人，后封为懿嫔；1856年生下咸丰唯一的儿子爱新觉罗·载淳，晋封懿妃，次年晋封懿贵妃；第二次鸦片战争时期，英法联军攻占圆明园，慈禧随咸丰帝一起逃往热河，留恭亲王奕訢在北京与外国人周旋。1861年咸丰帝驾崩后，与孝贞显皇后（慈安）两宫并尊，称圣母皇太后，又称西太后，上徽号慈禧皇太后；后联合慈安太后、恭亲王奕訢发动辛酉政变，铲除肃顺等顾命八大臣，夺取了政权，于是开始实行垂帘听政，形成"二宫垂帘，亲王议政"的格局。1873年同治帝亲政，两宫太后卷帘。1875年同治帝崩逝，选爱新觉罗·载湉继承皇位，年号光绪，两宫再度垂帘听政；1881年慈安太后去世，1884年慈禧因"甲申易枢"罢免了恭亲王，于是开始独掌大权；1889年归政于光绪，退隐颐和园；1898年戊戌变法，其后慈禧发动戊戌政变，将所有变法措施基本推翻，并囚光绪帝，再度训政；义和团运动时期，企图利用义和团与外国人一战，后八国联军侵华，《辛丑条约》签订，慈禧发布上谕决定实行清末新政。1906 年，清政府宣布预备立宪。1908 年，光绪帝驾崩，慈禧选择三岁的溥仪作为新帝，不久便去世。从慈禧的作为中，可见她极力掌控政权，多次垂帘听政。从慈禧的画像和照片中，可以窥见慈禧的样貌，而根据她年老的样貌，可以复原其年轻时的样子，的确是美人，同时这个女性权力欲很强，也很有魄力和才干。

下面再来具体谈谈慈禧能够登上政治舞台的关键一幕——辛酉政变的相关问题。

（二）辛酉政变及其原因

1. "辛酉政变"的含义

慈禧能登上中国的政治舞台，与一场政变密切相关，那就是辛酉政变。辛酉政变是咸丰十一年（1861）咸丰帝病死后，慈禧太后联合恭亲王奕䜣等人发动的一次宫廷政变，以打倒顾命八大臣势力，掌握清朝朝政。

1860 年英法联军进攻北京，焚烧圆明园，咸丰皇帝带着皇族大臣等"北狩"热河。清政府中央权力由载垣、端华、肃顺等把持，恭亲王奕䜣、大学士桂良等人奉旨留北京与英法议和。1861 年 8 月，咸丰帝在承德避暑山庄病逝，6 岁的儿子载淳继位，同时命世袭怡亲王载垣、世袭郑亲王端华、户部尚书肃顺等八人为"赞襄政务王大臣"，总摄朝政，辅弼皇太子载淳。载淳登基后，改年号为"祺祥"。咸丰的皇后钮祜禄氏晋封为母后皇太后，后加"慈安"的徽号；载淳生母叶赫那拉氏晋封为圣母皇太后，后加"慈禧"的徽号。两宫太后与八位顾命大臣产生严重矛盾，她们联合恭亲王奕䜣等人，拉拢手握兵权的胜保等人，密谋铲除肃顺等赞襄政务王大臣。奕䜣以吊丧为名到热河与两宫太后密谋后，先行回京布置一切。御史董元醇上折奏请"皇太后权理朝政并另简亲王辅政"，两宫召集肃顺等人讨论，双方争执激烈。10 月下旬，咸丰帝灵柩从承德运往北京，两宫太后和小皇帝先行抵京。两宫与奕訢联合密谋。后来大学士贾桢上奏"请皇太后亲操政权"。两宫于是以他的奏请为由，宣示诛杀肃顺等人的上谕，捕杀肃顺等三人，并将其余五人革职拿办，改皇帝年号为"同治"。因 1861 年是农历辛酉年，于是史称"辛酉政变"，又称"祺祥政变""北京政变"，从此慈禧掌握政权长达半个世纪之久。

2. 政变的远因

政变之所以能够顺利的发动，有诸多原因。首先来看看政变发生的远因。咸丰重用载垣、端华、肃顺等人。载垣是世袭怡亲王；端华是世袭郑亲王；肃顺是端华之弟。这些人被越级升迁，协助办理军国大事。有两个比较重要的案子。其一，戊午科场案。八旗子弟平龄素娴曲词，常走票演戏，后应咸丰八年（1858，是年为戊午年）顺天乡试，名列前十名。京师舆论大哗，传言"优伶亦得中魁矣"。御史弹劾此事，咸丰帝命端华、载垣、肃顺查办。在审理过程中，又查出主考官内阁大学士柏葰（jùn）的家人受刑部主事罗鸿禩（sì）嘱托，撤换试卷，取中其弟罗鸿绎的舞弊情节。柏葰，蒙古旗人，在朝为官 32 年，是朝中资望很深的老臣。端华、肃顺等人一查到底，将柏葰等与此案有牵连者全部逮捕入狱。虽然满朝文武大臣为柏葰求情，咸丰帝也有宽免之意，肃顺却力主杀柏葰。经过肃顺等人力争，咸丰帝颁发上谕，内有柏葰"情有可原，法难宽宥。言念及此，不禁垂泪"的话。柏葰终以科场舞弊之罪被押赴北京南城的菜市口刑场。行刑之日，肃顺亲自担任监斩官。临刑前，他见柏葰刑车到了，还向前寒暄说："七哥来得早啊！"随即凛然升座，催促用刑。其二，钞票舞弊案。太平天国起义爆发后，由于军费开支猛增，咸丰三年（1853）时，户部仅存银 22 万余两。为了解决财政危机，清廷采取了诸如加捐加税、开征厘金、盐斤加价等措施，其中最为恶劣的做法即是滥发纸币、鼓铸大钱。由于清廷在发行纸币、鼓铸大钱之时，没有必要的白银储备，因而造成这些货币信用低下，民间普遍不愿使用。清政府设立宝钞处及官钱局强制发行。其间，许多商人与户部官员相勾结，从中舞弊贪污。时任户部尚书的肃顺下令查账，结果查出数桩贪污案，清廷的一些重要官员皆牵涉其中。此次户部舞弊案尚未查清之际，户部突然失火，这很可能是有人欲借此毁灭相关的账目、以图自保的人为纵火，肃顺因而更加快了审查的速度，加强了审问的力度。

在处理军国大事的时候，肃顺等人专权跋扈，铲除异己，扩张势力，遭到很多人的忌恨，埋下了仇恨的种子，这就成为政变的远因。

3. 政变的近因

第二次鸦片战争爆发后，在清廷中出现了三次争论：第一次争论，是否要逃往热河。咸丰和战不定。载垣、肃顺等主和，主张逃亡；主战派主张与外国人开战。最终结局是肃顺等一派胜利。而武将僧格林沁、胜保等人本来准备好跟外国人大干一场，建立军功，也只得偃旗息鼓，心中对肃顺等人心怀不满。被独自留在北京同洋人周旋的奕訢此时也对肃顺等人不满，他在北京与外国人谈判的同时进行结党，并结好洋人。第二次争论，《北京条约》签订后是否返京。围绕这个问题的争论，最后还是以肃顺等人胜利告终。从咸丰十年九月十一日（1860 年 10 月 24日）《北京条约》换约到咸丰十一年七月十七日（1861 年 8 月 22 日）咸丰病逝，行辕一直没有还京。第三次争论，咸丰死后是否实行"垂帘听政"。咸丰死后，只有一子载淳，继承帝位。此时载淳只有 6 岁，皇帝任命载垣、端华、肃顺等八大臣辅政，里面没有奕訢，引起奕訢不满。此时形成两个政治中心，一个在热河，以肃顺为首，一个在北京，以奕訢为首。慈禧等人利用"垂帘"打击赞襄政务王大臣。这一派阵容强大：慈禧，在热河与肃顺等结仇，此时 27 岁；慈安，与肃顺等关系紧张，此时 25 岁；奕訢，咸丰异母弟，热河避难时被独自留北京周旋，心存怨恨、不满；奕譞（xuān），咸丰异母弟，慈禧的妹夫；胜保，严厉攻击端华、肃顺，成为"垂帘"的强大武力支柱，与奕訢关系密切。此阵营中还有一个小人物：曹毓瑛。他得到肃顺倾心委任，但是知道肃顺结怨太多，于是将热河行宫机密告知两宫，说肃顺等人密谋杀两宫。于是慈禧召见奕譞，奕譞推荐奕訢，慈禧与奕訢密谋。奕訢先行回北京，布置一切。其后大臣奏请垂帘，于是朝廷发布上谕捉拿肃顺等人。改年号"祺祥"为"同治",会议"垂帘章程"。从咸丰去世到实现垂帘,一共103天。这就是辛酉政变。

(三) 慈禧逐渐掌握权势

1. 慈禧与奕訢的较量

斗倒了八位辅政大臣之后,慈禧垂帘,奕訢被封为议政王。两宫垂帘、亲王辅政得以实现。奕訢创设总理各国事务衙门,与外国人关系密切,其后成为首席军机大臣,将军机处与总理衙门重合起来。

奕訢的权势上升很快,于是慈禧开始想办法对付奕訢。同治四年(1865),蔡寿祺弹劾奕訢,奕訢被罢免议政王。但是他仍旧具有很大的影响力,军机、夷务实权在握。1884年中法战争中,北宁等地的失守导致中国国内舆论大哗,慈禧借用此机会,免去奕訢的一切职务。奕訢从此一蹶不振。

2. 帝、后两党的争斗

慈禧与奕訢的争斗以慈禧的胜利告终,而慈禧旁边,还有一种势力是可以与之相抗衡的。那就是以皇帝为核心形成的一派力量。随着皇帝日益长大,帝后争斗登上舞台。同治时期,一开始因为皇帝年幼,于是两宫垂帘,亲王秉政。慈禧借着皇帝年幼,可以不归政。等到皇帝十七岁,开始掌权亲政,可是发现皇太后党羽遍布周围,束手束脚。同治皇帝最后病重逝世。这一轮的帝后争斗,以慈禧的胜利告终。国不可一日无君。同治去世之后,谁来继位呢?因为同治无子,于是慈禧选奕譞的长子四岁的载湉为继任的皇帝,为什么选载湉呢?其原因有以下三点:(1)载湉、载淳同辈,慈禧仍可保持皇太后身份;(2)载湉年幼,仍需皇太后临朝执政;(3)载湉系至亲,关系密切,便于慈禧控制。

这样的小孩是无法参与政事的,于是听任太后垂帘。但光绪皇帝也会一天天长大,当他长大亲自掌权之后,发现自己是个傀儡皇帝。在他身边的后党势力非常强大,而且比同治皇帝时候的情形还要严重。光绪皇帝想有一番作为,试图通过维新运动改变傀儡地位。1898年6月11

日开始，实行戊戌维新，发布多条诏令。光绪在其间也会请示慈禧的态度。但维新派操之过急，有些措施实在太激进了，当时的社会适应不了。慈禧再也不能坐视不理，开始有所行动：免去翁同龢；新任命二品大员需向慈禧谢恩；任命荣禄为直隶总督，控制京畿。光绪也有所反击，惩罚执行命令不利的官员，表彰不畏强横、敢于上书的礼部主事王照，将阻挠礼部主事王照上书的六人革职，将谭嗣同、刘光第、杨锐、林旭擢升为军机章京，参与新政，让他们负责处理有关新政的奏章，并草拟谕旨。旧式官僚于是惶恐不安。慈禧最后终于发动政变：囚光绪皇帝于中南海瀛台，杀维新人士。后来慈禧屡次想废掉光绪皇帝，另立新皇帝，但是受到外国阻挠。其后在义和团运动时期，甚至因为在此问题上与外国产生矛盾而试图借用义和团力量把外国人赶出去，但最终失败，与列强签订《辛丑条约》，提出"量中华之物力，结与国之欢心"。1908 年光绪和慈禧相继去世，光绪皇帝先离世，慈禧为清朝选定了下一任皇帝。至此二人的争斗谢幕，慈禧仍旧走在了最后。

从慈禧的一生中，可以看出她对外的态度是强硬的，而随着清朝变革的逐渐发展，慈禧也开始转变态度，慢慢接受西洋事物。她身边有一个从法国回来的女官，叫德龄，慈禧经常叫她穿着法国时装。有时候会在宫廷里用留声机放西洋乐曲，跳西洋舞蹈，请西方杂技团来宫内表演杂技。现存慈禧照片中，有一张慈禧和外国公使夫人的合影，以表示中西和善。

二　有关慈禧的影视作品

关于慈禧的影视作品非常多，结合本课程的内容，选取下面几个予以讲解。

(一)《火烧圆明园》(电影)

《火烧圆明园》这部电影的基本信息在圆明园那一讲中已经予以介

绍过。它是中国内地和中国香港联合摄制的一部片子，由李翰祥执导，
主演有刘晓庆、梁家辉、陈烨、张铁林等，上映的时间是 2003 年 9 月。

这部影片中，重点关注的一段内容是慈禧参与有关是否要逃往热河
的朝廷内部讨论的情景。当时英法联军已经攻下大沽炮台，逼近北京。
对于该采取何种对策，当时清政府内部存在争论。咸丰皇帝先是与慈禧
在一起商谈，慈禧建议咸丰把恭亲王叫来问一问。于是咸丰把恭亲王奕
訢叫来商议，慈禧回到里屋，躲到帘子后面，听二人对话。奕訢描述了
洋人提出的无理要求。其后咸丰把肃顺等人叫过来商议。肃顺等人建议
皇帝到避暑山庄去，以狩猎的名义躲避风险。奕訢认为这样做不妥，但
肃顺还在强辩。面对这样的情形，慈禧一甩帘子，从里间走出，义正词
严地表达了自己的观点："避就是逃，逃就是避，是一而二、二而一的
事，加在一起就是逃避"。肃顺认为慈禧从里面走出来议事不成体统，
而慈禧就顺着"不成体统"反问肃顺："这成何体统？"从她的言论之
中，可以看到她对于当时清政府的军事力量十分了解，甚至比肃顺等人
还要清楚。慈禧主张利用当时的 3 万 9 千人马，对外号称 10 万军队，
与外国相对抗，而不赞同肃顺等人提出来的以逃避的方式解决问题。在
这一次慈禧与肃顺等人的正面交锋之中，可以看到慈禧的确是思维敏
捷，条理清晰，有勇有谋，具有很高的政治能力。而刘晓庆的演技也把
慈禧的这种特点刻画得十分到位。

（二）《垂帘听政》（电影）

这部电影是《火烧圆明园》的姊妹篇，同时拍摄的内容剪辑成了
两个片子。同样是李翰祥执导，刘晓庆、梁家辉、陈烨、张铁林等主
演，上映的时间是 2003 年 9 月。

影片对辛酉政变发生的整个过程有详尽的描述，从中可以体会到慈
禧的垂帘听政是如何一步一步得以实现的。故事的背景是第二次鸦片战
争时期，英法联军占领圆明园，其后一把火焚毁了圆明园。咸丰已经带
着其皇族和朝廷大臣们到承德避暑山庄"北狩"。不平等条约的签订、

洋人的霸道嚣张气焰，还有万园之园圆明园的被劫掠和焚烧，这一系列的事情，让这个登基十年的皇帝疲惫不堪。咸丰寄情于酒色，整日与丽妃等缠绵厮混，荒废朝政。懿贵妃被冷落在一旁，看着这一切，嫉妒万分，焦虑万分。她和众妃子一起到皇后面前告状，皇后心里自然清楚，对她们予以斥责，同时暗地告诫丽妃，让她谨言慎行，丽妃乖巧听话，在皇后的忠告下开始谨慎行事。在庆祝皇帝大寿的日子，有一场戏剧表演，展现的内容是孙悟空大闹天宫等内容，表演十分精彩。咸丰皇帝带着皇室以及诸臣子观看，突然感觉不适，而且情形越来越糟。在此过程中，慈安的表现是慌乱而无主见，而慈禧的表现是沉着镇定，有勇有谋。咸丰知道自己寿命不长，于是开始安排后事。肃顺劝咸丰效法汉武帝钩弋夫人故事，先杀掉懿贵妃，从而免除将来祸患。咸丰犹豫了，念及他与懿贵妃的情分，并未采纳肃顺的建议。咸丰内心对于整个事情有自己的盘算。他首先任命肃顺等八位为顾命大臣。他们分别是怡亲王载垣、郑亲王端华、额驸景寿、协办大学士户部尚书肃顺、兵部尚书穆荫、吏部左侍郎匡源、礼部右侍郎杜翰、太仆寺卿焦佑瀛。咸丰将太子托孤肃顺等八大臣，令他们辅弼幼主。同时咸丰皇帝赐给皇后一道密诏，若有人对她不敬，可凭这道密诏将其予以制裁。这是针对皇后老实，而懿贵妃跋扈，咸丰皇帝做出的防备之策。同时，咸丰还召见了懿贵妃，召见的时候，本以为会如同肃顺等人说的将其赐死，所以懿贵妃心中也有害怕，但强作镇静，后来皇帝赐给她"同道堂"印，并说肃顺等人太跋扈，需要懿贵妃与皇后同心同德，辅佐幼子，共保江山。在这样的安排中，可以看到小皇帝有八位顾命大臣的辅佐，同时有两宫皇太后的看顾。咸丰之所以没有除掉懿贵妃，一方面是情分的作用，另一方面他也看到皇后老实没有主见，如果没有厉害的角色，他们母子可能会被肃顺等人把持。这样的安排，让肃顺等八位大臣、皇后、懿贵妃之间互相制衡，目的就是确保整个政治平稳运行。影片中，还展现了一个可怕的场景。丽妃为了替皇帝祈福，来神庙中祈求神灵，不料被人从后面偷袭并拖走。在办理丧事期间，乘恭亲王奕訢来吊丧时，两宫与其秘密谋划。此时，肃顺等人已经拟定了新的年号为"祺祥"。"祺祥"语出"不涸不童，诞降祺祥"，所谓"不涸"，即河流通畅；所谓"不童"，即草木繁盛。"不涸不童，诞降祺祥"，呈现的是草木繁盛、欣欣向荣的意境。而且肃顺等人还铸造了钱币"祺祥通宝"。肃顺等人做事麻利、独断专行的特点，在这些事情中更加清楚地表现出来。在奕䜣还未回到北京时，御史董元淳呈上折子奏请"太后垂帘，亲王秉政"。围绕这个折子，肃顺等人和两宫展开了一场好戏。肃顺等人把折子呈给两宫。慈禧看后，心生一计，要"故作不知"，让肃顺等人"拟旨来看"。后来肃顺等人拟旨说董元淳"莠言乱政"。慈禧看了这个拟旨之后，十分生气，把八人叫来问话。于是出现了两派针锋相对的一场戏。两宫和小皇帝一边，顾命八大臣一边。慈禧针对拟旨当中的内容，进行驳斥，而肃顺等人也分毫不让，最后居然说出"让太后看折子本是多余的事"，甚至起身应答，最后把小皇帝吓得尿裤子。而慈安也气得直落泪，哭着说："不像话，不像话，下去！下去！"这一个场景中，肃顺等人把持朝政、专权跋扈的形象表露无遗，慈安的软弱无主见更加清晰地展现出来，而慈禧遇事针锋相对、据理力争，她不甘示弱、好强求胜，对权力有着天生的欲望。刘晓庆把慈禧的这些特点刻画得淋漓尽致。这一场景，将顾命八大臣与两宫太后针锋相对的态势予以很好的展现，为后面政变的发生进行铺垫。双方矛盾愈演愈烈。在咸丰灵柩回京途中，双方都进行了秘密谋划。肃顺等人派遣刺客谋杀慈禧未获成功，而恭亲王则率军出迎，擒拿肃顺等八名"顾命大臣"。其后八位顾命大臣或被杀，或被囚。辛酉政变中，慈禧一派获得胜利，于是开始了两宫垂帘，恭亲王成为议政王和首席军机大臣。影片的末尾，再次出现了丽妃的身影，她已经被做成人彘。慈禧见到丽妃，对其进行百般羞辱，而丽妃反而把慈禧气得咬牙切齿。这一场景体现了慈禧妒忌心强、手段残忍的特点。

（三）《倾国倾城》（电影）

《倾国倾城》由邵氏电影公司出品，导演是李翰祥，主演有狄龙、卢燕、姜大卫、苗天等，上映时间是 1975 年。影片中慈禧的饰演者是卢燕。其中对于李莲英当时在清政府所起的作用有比较深入的刻画。影片一开始讲述了李莲英视察北洋海军之后，回来向慈禧禀告，等候慈禧起床，展现了慈禧生活的奢华以及光绪皇帝被掣肘的情形。这一段有利于我们理解李莲英和慈禧的关系。

慈禧和李莲英的关系究竟是什么样的呢？后人对其十分关注，甚至还有很多联想和揣测。李莲英为何会得到慈禧如此的宠爱呢？李莲英说，他之所以会得到慈禧的宠爱，原因在于："事上以敬，接下以宽，如是有年，未尝稍懈"。他对慈禧是理解的，而且是忠诚的。深宫中的生活惊险而寂寞，李莲英则是慈禧忠实的奴仆，他陪着慈禧做了许多事情，从日常起居到军国大事，都可以看到李莲英的影子。慈禧晚年喜欢照相，从留下的照片中，可以看到李莲英陪伴慈禧的情景。

针对李莲英的作为，联系中国古代历史上的典型事件，于是随之有一个问题，即李莲英是否是太监干政？光绪十二年，李莲英曾巡视北洋。事情是这样的，奕譞要巡视北洋了，为了防备慈禧的猜忌，他主动提出李莲英随其一同巡视。此事后来被御史朱一新弹劾。他认为，一个太监到外边巡视军队，不合礼法，而且有损军威，会引起士兵不满。慈禧问明情况后，下令将朱一新由御史降为主事。光绪十四年（1888）江苏学政王先谦为了严肃纲纪，奏称李莲英太过招摇，因有太后卷帘、皇帝大婚等大事，此奏不了了之，而王先谦却因此得到直言上谏的好名声。光绪二十年（1894）甲午中日战争中，战事节节败退，舆论纷纷，将战败的原因指向朝廷。李莲英成为出气的对象。御史安峻维上奏："谓和议出自皇太后，太监李莲英实左右之，臣未敢深信。何者？皇太后既归政，若仍遇事牵制，将何以上对祖宗，下对天下臣民。至李莲英是何人斯，敢干政事乎？如果属实，律以祖宗法制，岂复可容？"结果被革职发配。可见，当时李莲英的确借着慈禧的势力有了一些干预朝政的行为，也受到官员的弹劾，但是由于慈禧的庇护，最终也没有受到相应的惩罚。

三　本讲重要知识点：印象中的慈禧

慈禧掌控清朝政治的半个世纪，恰恰是中国近代历史水生火热的时期，而慈禧自己也喜好奢华。她非常向往乾隆母亲过寿时的繁华，于是尽量让自己的寿辰达到那样的地步。她的大寿也非常奇特，每逢过寿，就遇上事情。五十大寿，1885 年；六十大寿，1895 年；七十大寿，1905年。分别对应的是中法战争、甲午战争和日俄战争时期。其中甲午战争的失败，大家都将过错归咎到慈禧过寿上，指责她因为自己的寿辰庆典而挪用军费，导致了战败。

慈禧在中国历史上的名声并不好，下面将讲述人们印象中的慈禧。

（一）王国维与《颐和园词》

首先来看看王国维印象中的慈禧。

提到王国维的名字，大家恐怕都有耳闻。

王国维（1877 - 1927），初名国桢，字伯隅、静安，号礼堂、观堂、永观等，谥忠悫。浙江海宁人。自幼接受传统教育，熟悉古代典籍，是清末秀才。曾留学日本东京物理学校，归国后曾任苏州等地师范学堂教习。辛亥革命后，随罗振玉到日本，致力于甲骨文、金文和汉简的研究。1916 年回国。其后曾受聘于北京大学，担任清华研究院国学导师。一度为清废帝溥仪召为南书房行走。1927 年在北京颐和园投湖自杀。他是近代很有影响的大师，在教育学、考古学、史学、文学、哲学、美学等各方面都很有造诣，著作丰富。

王国维对清朝是充满无限感情的，他曾相约清末遗老们一起投河殉清。他写了一首《颐和园词》，以表达自己对于清朝的思念，其中可见他对于慈禧的印象。

我们来一起领略一下这位国学大师笔下的慈禧。① 整个《颐和园词》

---

① 《颐和园词》的全文参见本讲的扩展阅读。

描述了从第二次鸦片战争之后慈禧的历程。其中："万几从此出宫闱""西宫才略称第一""恩泽何曾逮外家""咨谋往往闻温室""八荒重睹中兴年"几句，是对于慈禧才华的肯定，说她没有徇私，在她的治理之下，出现了兴盛的局面。"宣室遗言犹在耳，山河盟誓期终始。寡妇孤儿要易欺，讴歌狱讼终何是……虎鼠龙鱼无定态，唐侯已在虞宾位"这几句是对袁世凯的责骂，斥责他是不守信用的小人，欺负孤儿寡妇。王国维在词的末尾发出了对于当时世态炎凉的感叹，认为世事无常，乾坤颠倒。

王国维是民初有名的遗老。他怀念前朝，希望能够恢复前朝。《颐和园词》中体现了他对于慈禧的评价。整首一共 72 句，每句 14 个字，一共 1008 个字。在其笔下，慈禧的才能、为国操劳、含辛茹苦被反复刻画，他尽力地去净化、美化慈禧，而他也对以下事实刻意遗忘：恭亲王被夺权，甲午战败，囚禁光绪，庚子大乱（王国维没有因此而责备慈禧）。慈禧凶狠祸国等一些事情被王国维刻意遗忘了，整首词中未见对慈禧的负面评价。这是王国维这样的遗老印象中的慈禧。

（二）外国人印象中的慈禧

再来看看外国人印象中的慈禧。首先来看看一个美国女画家印象中的慈禧。美国女画家卡尔（Katharine A. Carl），1904 年 8 月进入清朝宫廷为慈禧太后画像，与慈禧朝夕相处九个月的时间。卡尔之所以能进入清宫为慈禧画像，原因是义和团运动、八国联军侵华之后，为了改变慈禧的负面形象，经过美国驻华大使康格夫人引荐，卡尔进清宫为慈禧太后画像。慈禧声称，若画像成功，她将允许把画像送往美国圣路易斯国际博览会陈列。卡尔后来将自己的亲见亲历，记录在《慈禧写照记》中，于 1915 年出版。书中写道："我看眼前这位皇太后，乃是一位极美丽极和善的妇人，猜度其年龄，至多不过四十岁（其实那时慈禧已年近七旬），而且其性情佳丽姣好，使人一见便生喜悦之情。""慈禧太后身体各部分极为相称，美丽的面容，与其柔嫩修美的手、苗条的身材和乌黑光亮的头发，和谐地组合在一起，相得益彰……嫣然一笑，姿态横生，令人自然欣悦。"

从卡尔的记录中，可以看出卡尔眼中的慈禧是满脸笑容、十分和善的。而在一般外国人的眼中，慈禧则是保守腐朽势力的代表。这种形象的建构与一些写作慈禧传记等书籍的汉学家相关。其中英国人埃德蒙·拜克豪斯（Edmund Trelawny Backhouse，1873－1944）在其书中所描述的慈禧形象对西方影响很大。埃德蒙·拜克豪斯生于1873年，1898年来到北京，是当时北京的英国著名汉学家，精通满、蒙、汉等十余种外语。拜克豪斯凭借自己的才能，担任北京英国大使馆翻译，并很快融入当时北京上流社会，与各国公使接触密切。在戊戌政变期间，因为《泰晤士报》驻远东特派记者莫理循在外地旅行，于是拜克豪斯以莫理循之名，在《泰晤士报》上发表许多电讯。1902年6月，慈禧开始召见外国的一些公使和公使夫人，拜克豪斯因此经常出入皇宫。由于拜克豪斯将在义和团时期遗失的文物归还给慈禧而受到慈禧的嘉奖。从此时起，拜克豪斯与慈禧建立了密切的关系。慈禧去世后，拜克豪斯隐居北京20多年，其后出版了一部回忆录《满洲的衰落》，书中记载了他与慈禧的情史，对一些细节进行了详细描述。此后还出版了几部关于慈禧的传记、回忆录等著作。拜克豪斯在中国生活了许多年，在出版的书中记录了慈禧和太监的故事，很多情节充满了色情，这样的写法，是符合西方人口味的，反映了西方人以"他者"的眼光看待中国的历史，在其中不自觉地会展现自己的影子。

其后拜克豪斯与濮兰德合作，写了许多关于慈禧及晚清史事的著作。由于二者懂华语，而且身在中国，接触过机密文件。因此，他们的著作在一段时期内被认为是权威著作。他们塑造龙后（dragon empress）的形象，将慈禧说成是魔女。后来经过后世史学家的鉴别，证明他们是骗子，很多史实都是伪造的。有关拜克豪斯的著作多被史学家认为是杜撰之作，特别是与慈禧太后的情史更值得怀疑。20世纪70年代，英国历史学家休·特雷费·罗珀经过研究，认为戊戌变法时期，《泰晤士报》关于北京康梁维新以及随后政变的报道，绝大多数是拜克豪斯出于维持生计需要而进行的杜撰。

为了更正西方人眼中的慈禧形象，有些外国学者重新对其进行研究。例如美国传记作家施格里夫（Sterling Seagrave）写了一本书《龙后：中国慈禧太后的传奇》（*Dragon Lady：The Life and Legend of the Last Empress of China*）。在书中，他试图为慈禧翻案，说慈禧没有软禁光绪，义和团时期的所作所为也是迫于顽固派的压力。这样的写法，也是脱离历史事实的，对慈禧太后的形象，有些矫枉过正了。

综上所述，西方人对于慈禧的印象是随时空的改变而改变，并不稳定。

（三）华人集体记忆

华人对于慈禧的记忆则具有非常稳定的特点。晚清时期，无论是变法派还是革命派，都不遗余力地攻击慈禧。

变法派对慈禧的攻击始于戊戌政变后。康梁逃到日本，在日本办报，声称要打倒西太后，说她是篡位者，是中国的女祸："夫褒姒灭周而未尝废其君，武曌废君而未尝亡中国，而那拉氏实兼之，几举四千年文明之中国而尽灭焉，此自生民以来未有此凶祸者也。"（康有为：《致两广总督刘坤一书》。褒姒：bāo，sì。曌：zhào。）这段文字十分犀利，将中国历史上的女祸列举出来，同时认为，慈禧比这些女祸还更厉害，是亡国灭种的罪魁祸首。需要指出的是，变法派在攻击慈禧的同时，整个清政府的声誉也同时受损，这并不是康有为等人想达到的目的，然而这对革命派推翻清政府反而是有利的。

当章太炎转向革命后，他呼应康梁的言论，攻击慈禧："今慈禧与文宗则非正嫡，于今上则非所生，夫为文宗后者则为今上母，不为文宗后者则不为今上母。"这一句章太炎质疑的是慈禧统治的合法性。他还写了一幅脍炙人口的对联讽刺慈禧："今日到南苑，明日到北海，何日再到古长安？叹黎民膏血全枯，只为一人歌庆有；五十割琉球，六十割台湾，而今又割东三省！痛赤县邦圻益蹙，每逢万寿祝疆无。"在这幅对联中,章太炎用了"倒文对"的手法。这种手法是为了强调某种意义,或为了协韵、对仗的需要,把对联中的某些字句颠倒,以产生某种情趣或者强烈的艺术效果。对联中的"庆有""疆无"就是倒文,是"一人有庆""万寿无疆"中部分词语的倒文。这副对联一方面讽刺慈禧到处游玩,一方面借此讽刺慈禧在八国联军侵华时逃到西安的历史。在词中,章太炎用层层递进的手法,讽刺了慈禧每到过生日,必定会导致割地赔款的情况出现。她五十大寿的时候是 1885 年,六十大寿是 1895 年,七十大寿是 1905 年,分别对应中法战争、甲午战争、日俄战争之后清政府割地的惨痛历史。而且顺着祝寿的贺词"万寿无疆"反过来写成"万寿疆无",既符合当时大寿的情景,又符合历史的事实,极具匠心。这首词朗朗上口,被世人传唱,加深了慈禧的负面形象。章太炎在攻击慈禧的同时,宣扬他的排满主张,为清末的革命运动做宣传和铺垫。

华人群体中的负面集体记忆通过大陆的学术研究,互相加强并神话,同时,这种记忆又在坊间的电影小说中予以巩固和流传,而在现实生活中,这种负面的集体记忆不断地浮现。

总体来看,在华人中,不论阶级、团体、背景、信仰有何不同,对于慈禧的记忆是一样的,即华人群体拥有对于慈禧的共同的记忆。

四 本讲扩展阅读

(一)《颐和园词》(王国维)[①]

原文如下:

汉家七叶钟阳九,颒洞风埃昏九有。南国潢池正弄兵,北沽门

---

① 陈永正校注《王国维诗词全编校注》,中山大学出版社,2000,第 91~107 页。

户仍飞牡。①

仓皇万乘向金微，一去宫车不复归。提挈嗣皇绥旧服，万几从此出宫闱。②

东朝渊塞曾无匹，西宫才略称第一。恩泽何曾逮外家，咨谋往往闻温室。③

亲王辅政最称贤，诸将专征捷奏先。迅归欃枪回日月，八荒重睹中兴年。④

联翩方召升朝右，北门独付西平手。因治楼船凿汉池，别营台沼追文囿。⑤

---

① 此四句的意思是：清朝传到第七代正遇上阳九厄运，弥漫无边的风尘使九州都昏暗了。南方又发生了武装叛乱，大沽的门户也被外敌攻破。汉家：汉朝。此指清朝。七叶：七世。清朝自太祖至文宗，共传七世。钟：当，遭逢。阳九为阳数之穷，岁运值之，终有厄会。因此"阳九"指厄运。澒洞（hòng tóng）：弥漫无边，绵延。九有：九州，指中国。"潢池（huáng chí）弄兵"：谓叛乱，造反。北沽：指大沽口。为北方京津之门户。咸丰八年（1858），英法联军攻陷大沽口，进逼北京。飞牡：失去门上的锁钥。此四句说的是，咸丰年间，南方有太平天国之乱，北方有英法帝国主义的入侵。

② 此四句的意思是：王室仓皇出逃到山中，皇帝也一去不返，客死在外。太后扶持着嗣皇，安抚了旧邦，从此走出宫闱，管理朝政。万乘：帝王的车驾。金微：山名，今阿尔泰山。本诗中指热河。英法联军攻北京，咸丰帝仓皇逃奔热河行宫，次年病死。挈：qiè。嗣皇：继承皇位的皇子。指同治帝。绥：安定。旧服：旧日的统治区域。服，指王畿以外的地方。万几：指帝王日常处理的纷繁的政务。四句写咸丰帝死后，两宫太后垂帘听政。

③ 此四句的意思是：东宫太后实在是敦厚无比，西宫太后的才略可称第一。她们并没有特别对外家滥施恩泽，而是经常在温室中向群臣征询谋划。东朝：东宫。指慈安太后。渊塞：笃厚诚实。西宫：指慈禧太后。逮：及。外家：母家。温室：汉宫殿名。《汉书·京房传》："京房奏考功课吏法，上令公卿朝臣，会议温室。"四句赞美太后不让外戚参政，多与大臣商议国事。

④ 此四句的意识是：亲王辅佐治理政事，最被称为贤能；将领们受命专征，很快传来捷报。迅速扫平叛乱，回天转地，全国各地重见中兴之年。亲王：指恭亲王奕䜣。时为议政王。诸将：指的是曾国藩、李鸿章、左宗棠、胡林翼等将领。专征：受命自主征伐。欃枪（chán）枪：彗星。古代认为是妖星，预示战乱。八荒：八方荒远之地，指全国。中兴年：杜甫《喜达行在所》诗："今朝汉社稷，新数中兴年。"四句写慈禧秉政后，重用奕䜣及汉族将领，镇压了太平军、捻军的起义，出现了所谓的"同治中兴"。以上为第一段。追述咸丰朝的历史，歌颂慈禧太后任贤使能，国家重见中兴。

⑤ 此四句的意思是：贤臣们相继提拔到朝中的高位，而军事大权只交给李西平一人。由于要建设水军而开凿昆明湖，再营造楼台池沼要胜过文王的灵囿。方召：方叔和召虎的合称。方、召皆辅助周宣王中兴的贤臣。此处指曾国藩、李鸿章等人。朝右：朝班之右首。指高位。同治年间，曾国藩官至直隶总督，李鸿章接其任又兼北洋大臣，掌管外交、军事、经济大权。北门：喻军事要地或守御重任。西平：即李晨。唐德宗时曾（转下页注）

西直门西柳色青，玉泉山下水流清。新锡山名呼万寿，旧疏河水号昆明。①

昆明万寿佳山水，中间宫殿排云起。拂水回廊千步深，冠山傑阁三层峙。②

隧道盘纡凌紫烟，上方宝殿放祈年。更栽火树千花发，不数明珠彻夜悬。③

是时朝野多丰豫，年年三月迎銮驭。长乐深严苦敝神，甘泉爽垲宜清暑。④

高秋风日过重阳，佳节坤成启未央。丹陛大陈三部伎，玉卮亲

（接上页注⑤）率军讨伐藩镇叛乱，又平朱泚之乱，收复长安，封西平郡王。此指李鸿章。"别"字有挪用军费之意。文囿：指周文王在洛邑筑的园囿，本诗中以指圆明园。四句写慈禧太后重建颐和园。"独付""楼船"之语，暗写其挪用海军经费。

① 此四句的意思是：西直门西种上青青的杨柳，玉泉山下引来清泠的流水。新赐给的山名称为"万寿"，旧时疏凿的湖名叫做"昆明"。西直门：在北京城西北。玉泉山：为西山东麓支脉，清泉密布，故名。昆明湖之水，即自玉泉山引来。锡：意思是"赐"。万寿：山名。在昆明湖北，为西山支脉。元时称瓮山。乾隆十六年（1749）改为万寿山。昆明：昆明湖。元时称瓮山泊，明代称西湖。乾隆十五年用汉武帝在长安凿昆明池练水师之事，改名昆明湖。

② 此四句的意思是：昆明湖、万寿山都是美好的山水，中间的宫殿排云而起。水边是迂回曲折的游廊有千多尺长，建在山顶的殿阁三层耸峙。排云：形容宫殿之高，又为殿名。排云殿在万寿山前山中部，为万寿山的正殿。回廊：殿中的建筑都用游廊相接、曲折幽深。傑：杰。杰阁：高阁。指佛香阁。在排云殿后，八面三层，高41米。可俯瞰颐和园全景。峙：zhì。

③ 此四句的意思是：沿山的石路盘旋而上插入云霄，还有仿效祈年殿形制的佛家宝殿。入夜后繁灯闪耀，如同火树怒放千花，那彻夜悬挂的明珠更是不在话下了。隧道：有石级的山间道路。上方宝殿：指颐和园排云殿上层的佛香阁，阁顶作圆盖形，其制仿效天坛的祈年殿。放（仿）：仿效。火树：形容繁盛的灯火。明珠：指夜明珠。古时传说富贵人家常悬挂明珠以照夜。不数：不足数，不值一提。边注："那拉后于颐和园中树间装设电灯数万盏，诗意指此，然此皆光绪年间事。"以上十二句描写颐和园的环境建筑及装饰。

④ 此四句的意思是：这时候，朝野上下都丰裕安逸，年年三月迎接皇室的车驾。长乐宫太过深严令人劳累，而甘泉宫却高爽，适于避暑。丰豫：富盛安乐。銮驭（yù）：犹言銮驾。指慈禧的车驾。长乐：汉宫名。宫中有临华殿、温室殿、长信宫等。汉太后常居之。因以指清宫中太后的居处。敝神：使人精神疲敝。甘泉：秦、汉宫名。甘泉为汉帝避暑的行宫，因以指颐和园。垲（kǎi）：地势高而干燥。爽垲：高爽。边注："慈禧以宫中不适，每年于三月移驻颐和园避暑。"

举万年觞。①

　　嗣皇上寿称臣子，本朝家法严无比。问膳曾无赐坐时，从游罕
讲家人礼。②

　　东平小女最承恩，远嫁归来奉紫宸。卧起每偕荣寿主，丹青差
喜缪夫人。③

　　尊号珠联十六字，太官加豆依前制。别启琼林贮羡余，更营玉
府搜珍异。④

　　月殿云阶敞上方，宫中习静夜焚香。但祝时平边塞静，千秋万

---

① 此四句的意思是：秋高气爽，风日晴和，又过重阳佳节。正是太后的寿辰，开放未央宫
来庆贺。宫前的台阶上摆出三部乐伎，太后亲举玉杯畅饮万年寿酒。坤成：《易·系辞》：
"乾道成男，坤道成女。"因以坤成谓女子生日。未央：汉宫名。借指颐和园。光绪二十
一年（1895）十月初十，慈禧六十岁寿辰，在颐和园举行庆典。丹陛：指宫殿的台阶。
因以丹朱涂之，故称。伎（jì）：古代称以歌舞为业的女子。三部伎：演奏三部乐的乐伎。
唐玄宗把宫廷乐伎分为三部：堂下立奏者为立部伎，堂上坐奏者为坐部伎，又选坐部伎
教于梨园，为法曲部。卮（zhī）：古代酒器。玉卮：玉杯。觞（shāng）：古代酒器。万年
觞：指寿酒。《清史稿·后妃列传》："是年，太后六十万寿，上请在颐和园受贺。仿康
熙、乾隆间成例，自大内至园，跸路所经，设彩棚经坛，举行庆典。"
② 此四句意思是：皇帝奉觞上寿时，自称臣子，本朝的家法严格无比。皇帝向太后问膳，
也没有赐坐，跟随出游时也很少以家人的礼数相待。嗣皇：指光绪帝。上寿：向人敬酒
祝颂长寿。家法：指祖宗定制。问膳：古礼，父母进食，人子侍侧，问膳食如何。《礼
记·文王世子》："食下，问所膳。"家人礼：指亲属日常之间的较为宽松的礼仪。慈禧对
光绪十分严厉，只讲君臣之礼而不讲母子之礼。边注："太后御膳，皇帝及皇后等侍立于
侧，不赐坐。彻膳，则命帝后等立而食之。"
③ 此四句意思是：东平王的小女儿最受恩泽，远嫁归来后得以在宫中侍值。太后日常卧起
都偕同着荣寿公主，而在书画文墨上则比较喜欢缪夫人。东平：汉光武第八子封东平王。
此指恭亲王奕訢。其女荣寿公主，为慈禧之义女，封为固伦公主。嫁额驸志端，志端卒
后，益得慈禧怜爱，命侍值园中。宸（chén）：北极星所在，后借指帝王所居，又引申为
王位、帝王的代称。紫宸：唐宫殿名，借指颐和园的宫室。缪（miào）夫人：指女画师
缪素筠。曾被召入园以画艺侍奉太后左右，常代慈禧作书画以赐诸大臣。人称缪太太。
以上八句以荣寿公主与光绪帝作对比，以见慈禧之爱恶。
④ 此四句意思是：加给太后的尊号如联珠般十六字，太官还依照定制安排膳食。再开启琼
林贮藏盈余的财物，又营造玉府搜集奇珍异宝。尊号：尊崇帝后的称号。时慈禧太后累
加尊号为"慈禧端佑康颐昭豫庄诚寿恭钦献崇熙"十六字。太官：官名，掌宫廷饮宴宴
会。加豆：豆，为古代食器。加豆，《周礼》中所载的"四豆"的一种，豆中盛有兔、
雁、鱼等肉汁。琼林：唐内库名，以藏贡品财物。羡余：唐以后地方官员以赋税盈余的
名义向朝廷进贡的财物。玉府：《周礼》中所载的官署名，掌管以玉为主的金玉玩好等珍
贵之物。搜：慈禧太后以寿辰为名搜刮了大量财物珍玩，光是荣禄从热河运入京的珍玩
就有180巨车，2万数千具。边注："慈禧好货。晚年设玉器店于北京，凡司道以下官缺
皆可贿买。"

岁未渠央。①

　　五十年间天下母，后来无继前无偶。却因清暇话平生，万事何堪重回首。②

　　忆昔先皇幸朔方，属车恩幸故难量。内批教写清舒馆，小印新镌同道堂。③

　　一朝铸鼎降龙驭，后宫髯绝不能去。北渚何堪帝子愁，南衙复遘丞卿怒。④

　　手夷端肃反京师，永念冲人未有知。为简儒臣严谕教，别求名族正宫闱。⑤

---

① 此四句意思是：仙宫般的云阶月殿如同通向天上，在宫中修心养性晚上焚香，只祝愿时势清平边境无事，千秋万岁永无终止。月殿云阶，指仙境。唐杜牧《七夕》诗："云阶月地一相过，未抵经年别恨多。"上方：指天界。习静：修习安静的心性。未渠（jù巨）央：没有完结。渠，通"遽"。边注："慈禧每于宫中焚香礼斗，祝国内太平。"以上为第二段，写慈禧太后修建颐和园以及在园中行乐的情景。

② 此四句意思是：五十年间为天下的母仪，可以说是后来无继亦无双。在闲暇时谈及平生，真是万事纷繁，不堪回首。五十年：慈禧从咸丰十一年（1861）发动"辛酉政变"，至光绪三十四年（1908）去世，历同治、光绪二朝，掌握国家大权近50年。边注："慈禧每于宫中话丧乱事，时常抑郁。恭亲王女辄宽解之。始悦。"

③ 此四句意思是：想当年先皇巡幸北方，身为妃子乘着属车追随，皇上的恩宠实在难量：在清舒馆中让代写批示，还赐给新刻的"同道堂"小印。朔方：北方。咸丰十年（1860）英法联军进攻北京，咸丰帝仓皇出宫，奔热河。属车：帝王出行时的侍从车，即副车。时慈禧为懿贵妃，故乘属车。内批：宫中的批示，圣旨。清舒馆：宫室名。镌（juān）：镌刻。同道堂：咸丰临终前赐给慈安和慈禧之印，镌有此三字，希望二人志同道合，共扶幼主。慈禧听政时即以此印钤识。

④ 此四句的意思是：一朝皇上铸鼎后乘龙归天，后宫的后妃攀断龙髯不能随去。帝子在北渚遥望无限忧愁，又遭到南衙的权臣不满和反对。铸鼎：《史记·封禅书》："黄帝采首山铜，铸鼎于荆山下，鼎既成，有龙垂胡髯下迎黄帝。黄帝上骑。"因以"铸鼎"为帝王崩逝之典。髯（rán）：胡须。髯绝：《史记·封禅书》载，黄帝乘龙上天时，余小臣不得上龙身，乃持龙髯，而龙髯拔落。诗中用此典，谓臣子不能追随皇帝死去。渚（zhǔ）：水中小块陆地。北渚：《楚辞·九歌·湘夫人》："帝子降兮北渚，目眇眇兮愁予。"北渚，指湖北岸的小洲。帝子，谓湘夫人。此指慈禧。南衙：唐代宰相官署。遘（gòu）：相遇，遇，遭到。丞卿：丞相卿贰，指大臣。咸丰帝死后，协办大学士肃顺等八人为赞襄政务王大臣，对慈禧多有防范。

⑤ 此四句的意思是：亲手铲除端华、肃顺，返回京城后，只担心小皇帝还未有知识，特别选择儒臣严加教导，再寻求名门望族为后，以正宫闱。端肃：指郑亲王端华和肃顺。慈禧与奕訢密谋，利用新皇帝回京之机发动政变，诛杀怡亲王载垣及端华、肃顺三人。史称"祺祥政变"或"辛酉政变"。慈禧自此垂帘听政。冲人：皇帝幼小在位，称冲人。同治帝即位时年仅六岁。简：拣选，选择。儒臣：指同治帝的师傅李鸿藻、翁同龢。"别求"句：同治十一年（1872）九月，立户部尚书崇绮之女阿鲁特氏为皇后。四句写慈禧扶持同治帝。

可怜白日西南驶，一纪恩勤付流水。甲观曾无世嫡孙，后宫并乏才人子。①

提携犹子付黄图，劬苦还如同治初。又见法宫冯玉几，更劳武帐坐珠襦。②

国事中间几翻覆，近年最忆怀来辱。草地间关短毂车，邮亭仓卒芜篓粥。③

上相留都树大牙，东南诸将奉王家。坐令佳气腾金阙，复道都人望翠华。④

自古忠良能活国，于今母子仍玉食。九庙重闻钟鼓声，离宫不改池台色。⑤

---

① 此四句的意思是：可怜的是，年轻的皇帝像白日西斜般逝去，十多年的恩养辛劳都付诸流水，宫中不但没有继世的嫡孙，甚至连妃嫔生的儿子都没有。一纪：十二年。同治在位仅十三年。甲观（guàn 灌）：汉代楼观名。为皇太子所居。世：父子相继为世。才人：妃嫔的称号。四句谓同治帝早死无子。

② 此四句的意思是：提携侄子登上帝位，劳苦得像同治初年。又见嗣皇在法宫中凭着玉几接受遗命，太后更穿着珠襦在武帐中处理政事。犹子：侄子。慈禧立醇亲王奕譞之子载湉继承皇位，是为光绪帝。黄图：大地图，指中国。劬（qú）苦：过分劳苦，勤劳，劳苦，指父母养育子女的辛劳。光绪登位时年仅四岁，尚由慈禧养育。法宫：宫室的正殿，帝王处理政事之所。冯（píng）：同"凭"，凭借，依靠。玉几：玉制的几案。凭玉几，谓继位的帝王依着玉几以听先王的遗命。武帐：置有兵器的帷帐，或谓织有武士像的帷帐。珠襦：缀以珍珠的衣服。四句写光绪帝年幼登位，慈禧仍垂帘听政。

③ 此四句的意思是：国事在这期间有多少翻覆，近年来最忆的是怀来之辱。乘着小车在草原上艰困而行，事出仓促，只能在邮亭中吃些豆粥。怀来：县名。在北京西北。光绪二十六年（1900），八国联军进逼北京，慈禧携光绪帝仓皇出奔西安，三日后始至怀来，才得以梳洗用饭，故深以为耻。间关：曲折艰难。短毂（gǔ）车：一种简陋的小车。芜篓（wú lóu）：亭名。《后汉书·冯异传》："光武自蓟东南驰，至饶阳芜篓亭。天寒烈，众皆饥瘦，异上豆粥。"诗中用此典。李希圣《庚子传信录》载："驾出西直门，暮至贯市。上及太后不食已一日矣，民或献麦云，至以手掬食之，须臾而尽。"

④ 此四句的意思是：宰相留守京城树起大旗，东南诸将也尊奉皇家。致使宫殿上佳气腾起，京城百姓都盼望皇帝返回。上相：指文华阁大学士李鸿章。时庆亲王奕劻留守北京，与李鸿章为全权大臣与各国议和。大牙：主帅的牙旗。东南诸将：指两江总督刘坤一、湖广总督张之洞等人。义和团运动时，刘、张等发动"东南互保"。此时亦表态支持朝廷。坐令：致使。佳气：指郁郁葱葱的气象。金阙：指宫阙。杜甫《北征》诗："佳气向金阙。"翠华：以翠鸟羽毛为饰的旗。指皇帝仪仗。杜甫《北征》诗："都人望翠华。"以上八句写庚子事变经过。

⑤ 此四句的意思是：自古以来，忠良之臣能使国家转危为安，直到今天我们母子还能锦衣玉食。宗庙中重闻钟鼓祭祀之声，离宫中的池台也不改旧时之色。活国：救（转下页注）

一自官家静摄频，含饴无异弄诸孙。但看腰脚今犹健，莫道伤心迹已陈。①

两宫一旦同绵惙，天柱偏先地维折。高武子孙复几人，哀平国统仍三绝。②

是时长乐正弥留，茹痛还为社稷谋。已遣伯禽承大统，更扳公旦觐诸侯。③

别有重臣升御榻，紫枢元老开黄阁。安世忠勤自始终，本初才气尤腾踔。④

（接上页注⑤）国。杜甫《赠崔十三评事公辅》诗："活国名公在。"玉食：精美的饮食。九庙：指帝王的宗庙。祖庙五，亲庙四，共九庙。离宫：指颐和园。

① 此四句的意思是：自从皇帝在园中经常静养，我也含饴弄孙，别无他求自娱晚年。只要现在腰脚还健康，就不去说那伤心的旧事了。官家：指皇帝。静摄：静养。自戊戌政变后，光绪帝长期被幽禁于瀛台。诗言"静摄"，宛转之词。含饴：《东观汉记·明德马皇后传》："穰岁之后，惟予之志。吾但当含饴弄孙，不能复知政事。"意谓含着饴糖逗弄小孙子以自娱，不问政事。光绪无子，诗中的"含饴"，当谓与"静摄"中的皇帝共享安乐。此亦美化慈禧之辞。以上为第三段。以慈禧太后自述的口气，追叙五十年间之事。

② 此四句的意思是：两宫一旦同时逝世，天柱偏偏比地维先折。高帝、武帝的子孙还有几人？哀帝、平帝的国统已三代断绝。两宫：指慈禧太后和光绪帝。绵惙（chuò 辍）：停止，此指死亡。"天柱"句：《淮南子·天文训》："昔者共工与颛顼争为帝，怒而触不周之山，天柱折，地维绝。"这里以天柱指光绪帝，地维指慈禧太后。光绪三十四年（1908）十月二十一日，光绪帝死，次日慈禧亦亡。高武：汉高祖与汉光武帝。此指清朝开国皇帝。哀平：汉哀帝和汉平帝。三绝：《汉书·叙传上》："至于成帝，假借外家。哀、平短祚，国嗣三绝。"汉成帝无子，立定陶恭王康之子欣为嗣，是为哀帝，哀帝复无子，王莽迎立中山王箕子为帝，是为平帝。太皇太后王氏临朝。王莽又毒杀平帝，自立为帝。改国号曰"新"。汉朝成帝以来国统自此断绝。同治、光绪俱无一子，由醇亲王奕譞子载沣之子溥仪入承大统。故亦为"三绝"。

③ 此四句的意思是：这时太后在长乐宫中正处于弥留之际，还忍痛含悲为社稷设想。已经找到伯禽来继承帝位，又请周公出来接见诸侯。长乐：汉宫名。太后所居。茹痛：含痛。伯禽：周公旦长子。此指溥仪。扳（bān）：援，请。公旦：周武王之弟，姬姓，名旦。因采邑在周，称周公。曾助武王灭商。武王死后，成王年幼，周公摄政。诗中指醇亲王载沣。溥仪即位后，载沣任摄政王。

④ 此四句的意思是：更有国家重臣深受礼遇，军机处的元老敞开黄阁。张安世自始至终忠诚勤恳，袁本初的才气更是飞扬难制。升御榻：登上皇帝所坐之榻。喻不平常的礼遇。《北齐书·赵彦深传》："每引见，或升御榻。"紫枢：朝廷中枢部门。此指军机处。安世：张安世。西汉大臣。汉昭帝死，与大将军霍光定策立宣帝，为大司马。此指张之洞。宣统即位后，张之洞为军机大臣。本初：袁绍，字本初。汉末时据有冀、青、幽、并四州，为当时最大的军事割据势力。此指袁世凯。光绪死时，袁为军机大臣。踔（chuō）：高超。

　　复数同时奉话言，诸王刘泽号亲贤。独总百官居冢宰，共扶孺子济艰难。①

　　社稷有灵邦有主，今朝地下告文祖。坐见弥天戢玉棺，独留末命书盟府。②

　　原庙丹青俨若神，镜奁遗物尚如新。那知此日新朝主，便是当时顾命臣。③

　　离宫一闭经三载，绿水青山不曾改。雨洗苍苔石兽闲，风摇朱户铜蠡在。④

　　云韶散乐久无声，甲帐珠簾取次倾。岂谓先朝营楚殿，翻教今日恨尧城。⑤

　　宣室遗言犹在耳，山河盟誓期终始。寡妇孤儿要易欺，讴歌狱

---

① 此四句的意思是：又数到同时遵奉太后遗言的人，在诸王中以刘泽最为亲近和贤能。他一人总领百官居于宰相的地位，共同扶持孺子度过艰难时期。话言：美善之言。此指慈禧太后的遗训。《诗·大雅·抑》："其维哲人，告之话言，顺德之行。"刘泽：汉高祖从祖昆弟，封营陵王。后为琅玡王。吕后死，泽与齐王等共立孝文帝。此指庆亲王奕劻。冢宰：宰相。孺子：溥仪即帝位时年仅四岁，故称。以上十六句写慈禧、光绪之死及立溥仪为帝之事。

② 此四句的意思是：可谓社稷有灵，国家有主，今朝可以祭告文祖于地下了。只见到先帝把弥天之志都带进玉棺中，留下的遗命还记录在盟府里。文祖：始祖。弥天：陆机《吊魏武帝》："违率上以靖寐，戢弥天乎一棺。"李善注："弥天，喻志高远也。"末命：帝王的遗命。盟府：掌管盟书的官府。相传光绪帝有遗命，必杀袁世凯。

③ 此四句的意思是：宗庙中先帝的画像俨然如神，镜奁等遗物依然如新。怎知道今天新朝之主，便是当年的顾命大臣。原庙：在正庙以外另立的宗庙。奁（lián）：女子梳妆用的镜匣，泛指精巧的小匣子。新朝：指民国。顾命臣：帝王临终前托以治国重任的大臣。《书·顾命》："成王将崩，命召公、毕公率诸侯相康王，作《顾命》。"此指袁世凯。

④ 此四句的意思是：离宫一闭之后已历三年，绿水青山也没有改变。大雨冲洗那阻置着的石兽身上的苍苔，冷风摇动着朱门上的铜铺首。离宫：指颐和园。铜蠡（luó 螺）：铜制的螺形铺首，即门上的衔环兽面。

⑤ 此四句的意思是：当年的云韶、散乐久已无声，甲帐珠簾也逐渐损毁。怎想到先朝所营造的宫苑，反而成为后来囚禁尧帝的地方。云韶（sháo）：相传为虞舜乐名。散乐：古代乐舞名。甲帐：《汉武帝故事》载："上以琉璃珠玉、明月夜光杂错天下珍宝为甲帐，次为乙帐。甲以居神，乙以自居。"取次：随便，相继。先朝：指清朝。楚殿：指颐和园。尧城：《史记·五帝本纪》正义引《括地志》："故尧城在濮州鄄城县东北十五里。"相传为舜囚尧之所。以上八句写清亡后颐和园的荒凉景象。

讼终何是。①

深宫母子独凄然，却似滦阳游幸年。昔去会逢天下养，今来劣受厉人怜。②

虎鼠龙鱼无定态，唐侯已在虞宾位。且语王孙慎勿疏，相期黄发终无艾。③

定陵松柏郁青青，应为兴亡一拊膺。却忆年年寒食节，朱侯亲上十三陵。④

---

① 此四句的意思是：宣室中的遗言今犹在耳，本希望山河般的盟誓能善始善终。寡妇孤儿总是容易被欺负的，而人们的歌颂和信任到底是倾向哪边的呢？宣室：汉代未央宫中的殿名。宣室遗言，指光绪帝的遗言。山河盟誓：《汉书·高惠高后文功臣表》："封爵之誓曰：使黄河如带，泰山若厉，国以永存，爰及苗裔。"寡妇孤儿：指隆裕皇太后和宣统。讴歌讼狱：语本《孟子·万章》："尧崩……天下诸侯朝觐者，不之尧之子而之舜；讼狱者，不之尧之子而之舜；讴歌者，不讴歌尧之子而讴歌舜……而居尧之宫，逼尧之子，是篡也，非天与也。"孟子意说，尽管天下的人信任舜，讴歌舜，然而舜毕竟是夺了尧之子的帝位。本诗用此典，亦指斥袁世凯为篡位者。

② 此四句的意思是：深宫中的两母子最是凄凉了，好比当年先帝游幸滦阳的苦况。从前曾受天下人所供养，如今却受着令人痛苦的怜悯。滦（luán）阳：即今河北承德。游幸：指咸丰帝逃奔热河事。厉（lài癞）人怜：《韩非子·奸劫试臣》："谚曰：'厉怜王。'此不恭之言也……故劫杀死亡之君，此其心之忧惧，形之苦痛也。必甚于厉矣。"厉人，麻风病人。厉人怜悯被劫杀的君主，认为他比自己还要可怜。

③ 此四句的意思是：鼠变虎、龙变鱼这些事本无定态，唐侯如今已在宾客的地位。我姑且告诉王孙：千万不要疏失。彼此相期直到年老发白永无终止。虎鼠龙鱼：李白《远别离》诗："君失臣兮龙为鱼，权归臣兮鼠变虎。"唐侯：《新唐书·世系表》："舜封尧子丹朱为唐侯。"此指宣统帝。虞宾位：《书·益稷》："虞宾在位。"孔安国传："丹朱为王者后，故称宾。"此指宣统已退位。黄发：指年老。无艾：无尽。四句写对宣统退位后的期望。

④ 此四句的意思是：定陵中松柏郁郁青青，应为一朝的兴亡感到衰痛。却忆起年年的寒食节时，朱侯亲自到十三陵上拜祭。定陵：清文宗咸丰帝之陵。在今河北遵化昌瑞山平安峪。拊膺（fǔ yīng）：拍胸，表示哀痛或悲愤。朱侯：清朝封明王室之后，奉祀明陵。十三陵：在北京昌平天寿山南麓。明成祖、仁宗、宣宗、英宗、宪宗、孝宗、武宗、世宗、穆宗、神宗、光宗、熹宗、思宗十三个皇帝的陵墓。四句谓明朝之后犹能年年寒食上陵，而溥仪却被迫居于故宫中不能到定陵拜祭。以上为第四段，写慈禧太后去世后国事的变迁，并抒发作者的感慨。

影视中的甲午战争

一　甲午战争简介

当中国在鸦片战争之后被迫打开国门，西方势力逐渐侵入中国时，日本也受到了来自西方的冲击。美国的佩里舰队来到日本，试图打开日本的国门。日本吸收了中国在鸦片战争中战败的教训，未经过战争而直接同美国签订条约，向西方打开国门。此后，在内外因素的交相作用下，日本于1868年开始明治维新，大力发展资本主义，同时进行相应的改革。由于日本是一个岛屿国家，其国家发展受到自然资源的限制；同时，从政治特性来看，日本处于天皇的统治下，军国主义势力强大，有着强烈的向外扩张的欲望。明治维新初期，日本制定了大陆政策，大臣田中义一在奏折中说："明治大帝遗策是第一期征服台湾，第二期征服朝鲜，第三期征服满蒙，第四期征服支那，第五期征服世界。"如果说这些言论只是一个"蓝图"，到了1887年就非常具体了，那时日本政府制定了《清国征讨方略》，决定在1892年前完成对华作战的准备，进攻的方向是朝鲜、辽东半岛、山东半岛、澎湖列岛、台湾、舟山群岛。1894年，这些计划开始实施。

1894年春，朝鲜爆发了东学党起义，以"除暴安良"和"逐灭夷倭"为口号。起义很快蔓延开来，朝鲜政府无力镇压，于是向清政府求援。清政府派军赴朝鲜，日本也同时出兵朝鲜。1894 年 7 月 25 日，日本海军击沉中国运兵船"高升号"，同一天，日本陆军进犯牙山中国驻军，挑起战争。1894 年 8 月 1 日，中日两国同时正式宣战。经过平壤战役、黄海海战、辽东威海战役之后，中国败局已定，北洋舰队全军覆没。在列强的干预下，中日双方在马关举行谈判。1895 年 4 月 17 日，在马关春帆楼，中日双方签订《马关条约》。《马关条约》的主要内容有：第一，中国承认朝鲜"完全独立"；第二，中国割让辽东半岛、台湾全岛及所有附属岛屿和澎湖列岛给日本；第三，赔偿日本军费库平银二亿两；第四，增开沙市、重庆、苏州、杭州为通商口岸，日船可沿内河驶入以上各口；第五，允许日本臣民在中国通商口岸设立工厂，产品运销内地只按进口货纳税，并准在内地设栈寄存。

甲午战争以日本这个小小岛国打败庞大帝国中国告终。甲午战争给中国造成的影响主要有：解除中朝宗藩关系，为日本兼并朝鲜扫清障碍；巨额赔款导致清政府大借外债，进一步受制于人；增开口岸，使中国最富庶的长江流域对帝国主义开放；外国在华投资设厂，阻碍中国生产力发展；中国失去富庶的宝岛台湾和澎湖列岛，刺激列强瓜分中国的野心，列强掀起了瓜分中国的狂潮，给中华民族带来空前严重的民族危机，大大加深了中国社会半殖民地化的程度。与此同时，甲午战争给整个中国社会带来前所未有的震动，给中国国民带来巨大刺激，国内各种势力开始寻找救亡图存的途径。

中国的失利，使日本的国力更为强大。日本通过清政府的赔款获得了巨大财富，一方面用于军事上进一步扩充军备，另一方面财政上也获得资助，得以顺利地由银本位向金本位过渡，日本的工业获得急速增长。甲午战争也就此改变了远东国际格局，日本成为亚洲强国，得以跻身列强之列，促使列强角逐更加激烈。

这场战争，中国称为"甲午战争"，日本称为"日清战争"，而西方国家则称为"第一次中日战争"（the First Sino-Japanese War）。

二 有关甲午战争的影视作品

(一)《甲午风云》(电影)

这部电影是长春电影制片厂出品,由林农执导,李默然、浦克等人主演,于1962年在中国上映。该片着重刻画了邓世昌的英勇形象,讲述了在中日甲午海战中,邓世昌顶住压力,指挥北洋舰队顽强抗击日军,在弹药用尽后,试图以致远号撞沉日舰吉野号,不幸被鱼雷击中,以身殉国。这部片子年代较早,体现了当时的时代特点。

需要重点关注的是其中的一个片段。一个商人打扮的日本人来到海边,要求渔民(父女二人)把他送到威海去,渔民说没有时间,这位商人则许诺给很多银子。于是父亲答应送这位商人到目的地去,同时给自己的女儿使了一个眼色,由女儿划桨,父亲掌舵。其后父女二人并没有把商人送到他想去的目的地,而是滑向了北洋舰队的军舰附近。等到那位商人发觉拿出枪威胁渔民时,渔民把这位商人按到水中,并引来军舰上的水手,把这位商人抓住。后来发现这位商人实际上是日本的密探,正在绘制北洋舰队的相关地图、侦测军队的相关情况。邓世昌把这些情况禀告给了李鸿章,而在场的外籍顾问认为该日本人已经成为美国的外交官,对其制裁需要交给相关的领事处理。最后李鸿章同意将该日本人押送天津,交给美国公使,以符合领事裁判权的规定,避免引起国际争端。这个片段中提到了领事裁判权,那么什么是领事裁判权?为何对于一个间谍要这样进行处置?这样处置,最后该日本人会受到怎样的处罚呢?这是本讲要重点涉及的问题之一。

(二)《甲午大海战》(电影)

这部电影是由冯小宁自编自导,陆毅、夏雨、杨立新、孙海英、龚洁等主演的电影。电影于2012年7月6日在中国上映,获第十五届上海国际电影节电影频道传媒大奖最佳影片奖。

影片运用了穿插讲述的方式，将现实的情景和历史情节结合起来进行叙述，讲述了在福州船政学堂的教育影响下，邓世昌等一批新式海军人才成长起来，其中一部分人还到海外接受新式教育，他们成为北洋舰队中的中高层领导人员。影片用长时段的手法，讲述了北洋海军的形成、甲午海战北洋海军的覆灭，同时还以对比的手法，向观众展现了为何日本在甲午战争中能够打败大清帝国。影片对邓世昌等人的爱国、救国形象进行了深入的刻画，也引导观众们思考：中日在近代同样面临西方的侵略，都试图向着近代化国家发展，但为何一个跻身列强之列，而另一个却日益陷入半殖民地半封建社会的深渊。

三　本讲重要知识点

本部分结合电影中提到的一些内容，对相关知识点进行重点讲解。

（一）领事裁判权含义及其弊端

1. 领事裁判权的由来

（1）中国旧有的对外交往体系。中国旧有的对外交往体系是宗藩体系。在古代中国人的认识中，整个"天下"是天圆地方的，他们的国家位于天下的正中，故称中国。中国用"四夷五服"来看待周边的民族和国家，形成了宗主和藩属的等级序列，并用"宾礼"来处理双方之间的关系。何为宾礼？其有三层含义：为待客之礼；涉及君臣之间、中央与周边少数民族之间、中外之间以及日常生活中人与人之间交往时所遵循的各种礼仪规范；不同时期，其内容和涉及对象亦不尽相同。内容主要有：①诸国朝贡礼。其中有进表、朝觐、颁赏等一系列烦琐礼节。②遣使敕封礼。宗主国对藩属国的国王等有册封的权力。

朝贡和册封是一套非常烦琐的礼节，而这套礼节与中外贸易有一定的关系。因为起初，中国施行的是"贡市一体"，不来朝贡的国家，就不能与中国贸易。后来发展到"贡市分离"，将来华的国家分为"朝贡国"和"互市国"。但不管怎样，中国当时对于贸易的态度都是受到天朝意识、宗藩体系的决定性影响，即认为中国地大物博，不需要与外国互通有无，而外国的政治经济文化等发展水平，使得他们必然要依靠中国的商品才能存活。中国的"互市"是柔远外交的延伸。

在这样的态度之下，清政府不屑于直接同外商打交道，由"行商"负责管理外商。行商具有的权利是垄断外贸。外国人所有商品的进口和出口都由行商来管理。同时行商也负担相应的义务：第一，向外商征收税款，包括船钞、货税、规礼等。第二，照管外商。第三，保商。这些内容我们已经在第一讲中讲过，可以联系前面讲过的内容。

（2）条约体系的建立。在英国通过鸦片战争打败清政府之后，强迫清政府订立条约，其他国家也随之订立条约。此后一旦中外之间有所争端，外方往往以条约的形式规定中外双方的行为。于是逐渐地形成了一个条约体系，以取代中国旧有的宗藩体系。

在旧有的宗藩体系之下，清政府"以商制夷"，并因此形成了行商制度。而在条约体系之下，领事介入到中外通商的各个环节，由此形成领事制度。与此同时，买办的力量也发展起来，成为与其相适应的中外通商的新中介。

（3）条约对领事裁判权的规定。中外签订的一系列不平等条约当中，对于领事的权利有明文的规定。《中英五口通商章程》（1843 年 7 月）中对领事权利的规定是："倘遇有交涉词讼……其英人如何科罪，由英国议定章程法律，发给管事官照办。"《中美望厦条约》（1844 年 7 月 3 日）中相关的规定是："嗣后中国民人与合众国民人有争斗、诉讼、交涉事件，中国民人由中国地方官捕拿审讯，照中国例治罪；合众国民人由领事等官捕拿审讯，照本国例治罪。"其后的中外条约中，还对领事裁判权有进一步的规定。

2. 相关概念

（1）领事的概念（consul）。"领事"一词起源于古代西方侨民管理制度。它的具体含义是指一国政府派驻他国某一地区或城市的外交官员，任务是保护本国与它的侨民的权益和处理侨民事务。领事在鸦片战争之前已有，只是清政府不承认。

《中美望厦条约》中规定："合众国民人既准赴五港口贸易，应须各设领事等官管理本国民人事宜；中国地方官应加款接；遇有交涉事件，或公文往来，或会晤面商，务须两得其平。"此条中规定中外双方的来往公文，要"两得其平"，于是公文的形式由"禀帖"向"照会"转变，而且"照会"成为中外双方文书往来的主要形式。为了保证清政府能够就范，条约还规定外国能在五口驻泊军舰，以在需要的时候进行武力威胁。

领事成为中外官民的新纽带，全面介入中外通商的各个环节。领事的具体职能有以下两个方面。第一，领事报关制度。之前由行商征收的税款是规礼、船钞和货税。规礼已经在条约中明文予以取消。剩下的船钞和货税由领事根据交易的具体情况，向清政府海关报告并缴纳。第二，管理在华外人的人身。这是承接了行商"照管外商"和"保商"的义务，由此发展而来的就是领事裁判权。

（2）领事裁判权的基本含义。领事裁判权，是基于属人原则的管辖权，指一国通过驻外领事等对处于另一国领土内的本国国民根据其本国法律行使司法管辖权的制度。这是一种治外法权。

领事裁判权具体内容包括以下四点。第一，在华外国人之间的民事刑事诉讼，均由各自领事审理，中国政府无权过问。第二，中外之间民事纠纷，外国人呈控于领事，领事需先行调查，予以调解，使不成讼，若调解不成，便由领事和地方官会同审理。后《烟台条约》规定，审理和判决以被告一方的官署为准。第三，中外之间的刑事案件，以被告为何国之人，即归何国官署审理、判决。第四，审判所适用的法律也根据被告的国籍确定，外国人适用该外国之法律，中国人适用中国之法律。

在晚清社会中，外国人之间发生的民事和刑事纠纷，中国政府不予过问。即使是一群外国人和另外一群外国人之间发生了纠纷，中国政府也不得过问，于是由此而推演出以下结论：如果是两个外国在中国的土地上发生了战争，那么中国政府也无权过问。

若是冲突发生在中外民人之间，可先调解，若调解不成，需要进行审理时，中外双方会同审理。被告为哪国之人就由哪国官府审理，依照的法律也为该国相应的法律。如果被告是中国人，那么就由中国的官府审理，并依照中国的法律。可是在很多情况下，被告往往是外国人，而且外国人的国籍不定，可能来自英国、俄国、德国、法国、美国、日本、意大利、奥地利、比利时、荷兰、西班牙等国家，于是中国人就得与这些国家的官府打交道，而且还得研究这些国家相应的法律，以便在官司审理中维护自己的权益。由此可以看出领事裁判权的弊端。

3. 领事裁判权弊端

用一句话总结，领事裁判权的弊端在于行政与司法合一。对于中方而言，领事会偏袒侨民，而中国成为万国法律的博览会，中方无法用相应的法律维权。对于外方而言，外国人由此获得了最大限度的行动自由。外国人在中国犯了法往往是有罪不罚，即使犯了非常严重的罪行，也往往是轻罚了之。

（二）甲午战争前中日双方的不同准备

影片《甲午大海战》从对比的角度，展现了中日两国在发展近代海军中的不同的表现，以及两国在甲午海战之前所做的不同准备。

1. 日本为对华战争所做的准备

日本由于其岛国的特点，在近代化发展过程中军国主义也急速发展，制订了对外扩展的战略，日本不仅要称霸亚洲，还要称霸全世界。为此，日本做了相关的各种准备。

（1）日本国内为扩张所做具体准备。为了对外扩张，日本国内做的具体准备有以下三个方面。

第一，扩军备战。1885年6月，日本政府采纳伊藤博文等建议，一方面继续向朝鲜渗透，另一方面实行一个十年的扩军计划。

扩军备战是需要很多资金的，那么军费来自何处呢？日本当时军费有以下五个来源。①财政收入。到了1890年，日本政府财政收入的

60%用来建立和发展近代化的海陆军。②发行公债。③宫廷经费。1887年3月天皇决定以6年为期，每年从宫廷经费中拨出30万日元，用于军费。④文武百官薪俸。从薪俸中抽出1/10用于军费。⑤贵族和富豪捐款。这些人竞相捐款，也成为日本军费的一个重要来源。从这个军费来源的情况看，当时日本举国一致为了发展近代军备而提供资金。

第二，搜集情报。日本在积极扩军备战的同时，为了在战争中能够知己知彼，从而更从容地赢得战争，日本积极地派间谍到中国刺探情报。间谍对各地的地形地貌、经济、军事等情况进行了详细侦测之后，写出详细的报告，提出有关"征清"的建议和方略。其中参谋本部第二局局长小川又次所写《清国征讨方略》，明确提出了对华作战总体目标是打败北洋舰队，攻占北京，迫使清政府订立城下之盟。

第三，舆论准备。为了给战争寻找合理依据，日本政府为侵华进行了舆论的宣传和准备工作。1890年3月，内阁总理大臣山县有朋在《外交策略论》中指出："仅仅防守主权线，已不足以维护国家之独立，必须进而保卫利益线。"同年9月，山县有朋在施政演说中对"两线说"进行了具体解释："何谓主权线？国家之疆域也。何谓利益线？即同我主权线的安全紧密相关之区域。"

1893年夏，明治天皇批准《战时大本营条例》，标志日本已经完成大陆作战的准备，剩下的只是等待合适的时机。

（2）侵略朝鲜。日本在甲午战争之前，积极向朝鲜扩张。这样做的目的，一方面是为了吞并朝鲜，另外一方面也是为后续的侵华战争做铺垫。

1876年，日本武力胁迫朝鲜签订《江华条约》，借此获得通商租地、领事裁判权、在朝鲜沿海自由航行等权益，于是开始向朝鲜全面渗透，同时与清政府争夺朝鲜宗主权。1882年，朝鲜发生壬午兵变。日本借口本国使馆人员遭受损失，因而大举进兵朝鲜。清政府担心日本乘机控制朝鲜政府，于是派兵迅速平定内乱。而日本以赔偿损失为由，迫使朝鲜政府签订了《仁川条约》，获得汉城驻兵权。1884年，日本趁中法战争之机，策动亲日派发动"甲申政变"，成立傀儡政权。其后朝鲜国王在清军辅助下镇压政变。因事变中朝鲜人、日本人互相残杀，日本就此对清政府进行要挟，派宫内大臣伊藤博文于 1885 年 4 月来华，与清政府签订《中日天津会议专条》（《天津条约》），规定："将来朝鲜若有变乱重大事件，中日两国或一国要派兵，应先互行文知照。"日本由此获得了同等派兵权，为日本出兵朝鲜、挑起战争提供条约依据。

（3）利用国际形势。面对日本的行为，各个列强是什么态度？日本对于国际形势有何判断，又是如何利用各国达成其侵略的目的呢？

当时英、美、法、德相继在朝鲜建立立足点，纷纷强迫朝鲜签订不平等条约，但俄国有独霸之势。为了应对俄国独霸，各国采取纵容日本的政策，以抑制俄国的势头。

对于各国之间的关系以及它们对远东的态度，日本了解得十分清楚。而且日本利用各国的钩心斗角，争取各国对于日本侵略朝鲜、中国采取默许乃至支持的态度。当日本突然袭击英国轮船"高升"号，英国舆论哗然，但是英国政府却曲意袒护日本。这件事情十分明确地说明了以英国为首的西方国家对于日本侵略扩张的态度。

2. 清政府在甲午战争前的相关准备

（1）清朝海军状况。清政府 1888 建成的北洋舰队，号称"远东第一"，到了 1894 年，对于海军的力量，清政府认为高枕无忧。而实际情况是，当时的海军存在以下三方面问题。第一，力量分散。当时清政府的整个海军分成几个部分，分别是北洋、南洋、广东、福建、浙江水师，力量很分散，而且福建水师在马尾海战之后，元气始终未能恢复。一旦与外国开战，这些水师很难在短时间内互相配合、互相援助。第二，舰船和武器质量差。以实力最强的北洋舰队为例，虽有德国制造的定远、镇远等巡洋舰，但多为落后产品，自 1888 年之后再没有添置新的舰船，1891 年之后又不再购置枪炮弹药。第三，缺乏专业的指挥系统和严格的作战训练。

从清军的海军状况来看，整体作战能力呈现下降趋势，虽然一度北洋舰队是远东第一支舰队，但由于整个清政府以及海军总体而言都是不思进取，其战斗力堪忧。

（2）清政府的贪腐与派系党争。与日本政府的积极进取相对比，清政府的总体状态是不思进取，普遍存在贪腐问题，尤其以慈禧太后挪用国防经费修建颐和园为代表。清政府内部由于党派的争斗，面对日本咄咄逼人的态势，呈现出不同的应对态度。其中后党主张对日妥协，以慈禧、奕譞、李鸿章等人为代表；而帝党主张对日作战，以光绪帝、翁同龢等人为代表。帝后两党相争，对中日战局产生重要影响。然而帝党最终无力左右形势。

（3）清政府对国际调停的幻想。与日本认清各国之间的关系，并按照自己的目的利用列强相比，清政府对列强存在一定的幻想。清政府希望能够利用各国制衡日本，利用国际法为自己辩护，但事实证明，这都是空想，最终国际之间的争斗，只能用实力说话。"高升"号事件就是一个很好的例证，在此事件中，国际法根本起不了作用，而清政府试图利用各国制衡日本的做法也成为泡影。

从甲午战前中日的对比可见，日本在战前已经做好了充足的准备，整个战争的形势也向着对日本有利的方向发展。

（三）甲午战争之后不平等条约体系的推进

1. 单一国际秩序格局的形成

（1）甲午战争之前的混合体系。在甲午战争之前，中国与西方列强之间的外交关系，是按照条约体系进行的，中外之间依据一系列的不平等条约，履行自己的权利和义务。而中国与周边国家的关系，仍旧是依据原有的宗藩体系进行。比如说，清政府与越南、朝鲜之间的关系，依旧按照宗藩体系运转，而且清政府试图继续维持宗藩体系。

而从 19 世纪 60 年代开始，法国一步步侵略越南，越南向清政府求援。越南王呈清朝礼部的咨文中写道："窃照下国久赖天朝封殖，豫列职方二百余年，尺土一民，皆天朝隶属……夫以下国仰赖骈蕃，犹高丽也。字小之仁，保属之义，想不忍漠视。况疆土皆其所属，岂忍听人占取，以薄藩篱。"越南翰林院学士阮籍会晤唐廷庚，恳求代禀李鸿章等："现在河内省、海防两处已为法人所占，税饷亦归彼征收，欲与彼战，则力不足，求贵大人代禀李伯相（鸿章）及两广督宪，务必怜恤藩封，设法拯救……事情甚迫，下国王甚忧闷，满朝臣子望天朝拯救，如婴儿之望父母。"从越方的表述中，多次使用"天朝""藩封（篱）"，提及宗藩体系之下宗主国应有保护藩属国的责任和义务，他们急迫地期望清政府能念及双方的宗藩关系，派军队拯救越南。针对越方的请求和遭遇，清政府内部存在两种意见，一种意见以李鸿章等为代表，认为法强我弱，指出清政府应该从实际力量出发、见机行事，主张避战求和；一种意见以左宗棠等为代表，陈述唇亡齿寒的观点，认为中国对越南负有道义，主张对法国采取强硬态度。此时的清政府一方面就越南问题进行外交斡旋交涉，另一方面在国内征询群臣的意见，大多数人主张保护越南，最终，清政府决定派兵出关。其间，法军进犯福州、基隆和马尾，导致福建水师全军覆没，在舆论压力下，清政府于1884年8月26日对法宣战。最终清政府虽然获得镇南关大捷，但是通过外交谈判，中法最终于1885年6月9日签订《中法新约》，于次年签订《中法越南边界通商章程》。通过这些条约，法军从台湾、澎湖撤退；确认越南是法国"保护国"，不再是清朝藩属国；法国获得通商、修筑铁路等权益。

至此，越南被法国侵占，脱离中国的宗藩体系，几乎在同时，英国模仿法国人的做法，侵占缅甸，缅甸也不再是中国的藩属国。于是至此，中国的藩属国只剩下朝鲜一处。保存朝鲜这个藩属国，对于中国的宗藩体系具有十分重要的意义。

（2）甲午战争之后的单一体系。中日甲午战争之后，日本用武力解除了中朝之间的朝贡关系，从根本上摧毁了中国的宗藩体系。1899年中朝之间签订《通商条约：海关税则》，至此，中朝开始以条约关系的形式处理双方的关系。

2. 日本中断清政府建立平等关系的尝试

（1）《中日修好条规》订立。1871年中日双方在平等的基础上签订《中日修好条规》，这是清政府试图订立平等条约的尝试。而实际上，日本凭借这个条约，获得了与清政府对等的地位，为此后日本向朝鲜侵略埋下了伏笔，日本找到了朝鲜问题的突破口。

（2）《马关条约》打破中日平等关系。中日之间通过《中日修好条规》建立的平等关系，被甲午战争之后签订的《马关条约》打破。该条约中规定："中、日两国所有约章，因此次失和，自属废绝。"与此同时，日本通过片面最惠国待遇，获得西方列强已经获得的所有特权，至此跻身世界列强之列。不仅如此，日本还通过《马关条约》等条约将列强获得的权益进一步予以扩展。《马关条约》中新增关于"投资设厂"的规定："第四，日本臣民得在中国通商口岸城邑，任便从事各项工艺制造，又得将各项机器任便装运进口，只交所订进口税。日本臣民在中国制造一切货物，其于内地运送税、内地税、钞课、杂派，以及中国内地沾及寄存栈房之益，即照日本臣民运入中国之货物一体办理，至应享优例豁除，亦莫不相同。嗣后如有因以上加让之事应增章程、条规，即载入本款所称之行船通商条约内。"同时，日本在此后与中方签订的条约中，对于租界权益进行了更加细致的明文规定。在1896订立的《公立文凭》中规定："添设通商口岸，专为日本商民妥定租界，其管理道路以及稽查地面之权，专属该国领事。"1899年的《厦门日本专管租界条款》中规定："租界内所有马路、警察之权，以及界内诸般行政之权，皆由日本政府管理。界内道路、桥梁、沟渠、码头由日本领事设法修造，并由日本领事官管理。"

由此可见，日本成为不平等条约体系中的重要力量，积极拓展列强获得的权益，强化中外之间不平等的性质。而列强对于这个新伙伴则持赞成和欢迎的态度。

3. 《马关条约》反映了国际资本主义的发展变化

（1）帝国主义的特点及其在中国的表现。19世纪最后30年，世界上的主要资本主义国家由自由资本主义向垄断资本主义（帝国主义）过渡。所谓帝国主义，列宁对其给出的定义是："帝国主义是发展到垄断组织和金融资本的统治已经确立、资本输出具有突出意义、国际托拉斯开始瓜分世界、一些最大的资本主义国家已把世界全部领土瓜分完毕这一阶段的资本主义。"帝国主义的对外特征是：经济方面的表现是由商品输出转向资本输出，政治方面的表现是开始瓜分全世界。对于中国而言，甲午战争后签订的《马关条约》非常符合列强侵略的帝国主义特点，即经济方面由商品输出转向资本输出，政治方面出现瓜分中国的狂潮。

（2）对华资本输出。帝国主义在经济方面的特点体现在对华投资的增长。投资主要有以下三类。其一，铁路投资。具体分为：直接投资，即外国以在华开设公司的方式，直接进行铁路的建设和运营；间接投资，即外国以借款的形式投资，借款的对象可以是清朝中央和地方政府等，同时，借款附带有苛刻的条件，往往借此控制相关铁路。其二，矿业投资。矿产等资源是现代化生产过程当中必不可少的原材料，在矿业生产中存在极大的利润，而且直接在中国进行投资设厂，可以规避纳税。其三，工业投资。《马关条约》规定："日本臣民得在中国通商口岸城邑，任便从事各项工艺制造……"本来列强在华投资设厂是非法的，至此，在《马关条约》的规定下，成为合法行为，这顺应了列强对华资本输出的要求，是中外条约的新发展，进一步损害了中国的主权。列强借此可以进一步对中国进行经济掠夺，逐渐脱离中国政府、中国法律的管辖。

（3）瓜分狂潮。随着列强对华侵略的深入，列强纷纷建立其相应的据点，由此发展成租借地，进而形成了由某个特定国家控制的势力范围，从而掀起了瓜分中国的狂潮。租借地和势力范围的区别在于租借地更具有政治、军事的意义，而势力范围则主要具有经济的意义。下面分别就这两种瓜分的形式进行具体论述。

瓜分的形式之一是以租借地的名义进行瓜分。在甲午战争之前，外国在中国的租借地只有被葡萄牙租借的澳门。日本通过甲午战争，迫使清政府签订《马关条约》，规定割让辽东半岛、台湾全岛及其所有附属岛屿和澎湖列岛给日本。虽然其后由于三国干涉还辽，日本的计划有所打乱，但最终还是获得了台湾等地，这大大刺激了其他国家的野心。于是，甲午战争之后，出现了列强纷纷建立租借地的狂潮。1897 年 11

月，山东巨野的德国天主教堂受袭。德皇威廉二世提出赔巨款、惩祸首的要求，否则就要德国在远东的舰队占领胶州湾，并"采取严重报复手段"。总理衙门与德方进行谈判，但德国寸步不让。最终，中德双方于1898年3月签订《胶澳租界条约》，条约规定：德国租借胶州湾，租期99年，在租借地周围设中立区，德国可在其中自由行动。中国允许德国在山东修造从胶州湾到济南的2条铁路，并拥有铁路沿线30里内开矿权利。此外，旅顺和大连成为俄国租借地，英国租借威海卫，法国租借广州湾。

租借地条约是中外条约关系的重要发展。在租借地施行的是属地管辖权，租借地成为列强侵华的基地。租借的期限不等，旅顺和大连、威海卫是25年，而胶州湾、九龙、广州湾则是99年。而且，虽名为租借，但是列强并未因此付给中国一分一毫的租金。

瓜分的另一种形式是列强划分"势力范围"。甲午战后，列强划分势力范围的做法逐渐普遍起来，称"某某地不得让与或租借他国"。形成的主要势力范围有：海南岛是法国的势力范围；两广、云南是法国的势力范围；长江流域是英国的势力范围；东北是俄国的势力范围；山东是德国的势力范围；福建是日本的势力范围。时人谢缵泰根据中国被列强分块占领的这种局面，画成了一部时局图，各种动物盘踞在中国地图之上，反映了中国当时被盘剥的惨状。

4. 中国国力的揭底与条约关系蕴含危机的深化

甲午战争的结局，让世界对于中国的力量有了清醒的认识，之前所存在的对于中国力量的比喻或者担忧随之消散。

（1）睡狮的比喻。对于近代中国饱受西方欺凌的现状，有人认为中国迟早会崛起，某些西方人把中国比喻为睡狮，认为"中国为不可思议之国，或以为有何等实力"，甚至有些人还提出了中国威胁论，英国历史学家皮尔逊就曾说："像中国人这样的伟大的民族，并且拥有这样巨大的自然资源，迟早会溢出他们的边界，扩张到新领土上去，并且把较弱小的种族淹没掉。"

（2）清政府的衰弱状况被充分暴露。甲午战争的结局，使整个世界认清了中国的实际力量，睡狮形象被打破。一个大国在对抗小小的岛国的过程中，居然惨败，这是前所未有的屈辱，在整个战争中，中方没有一次胜仗。在很多情况下，清军往往望风而逃。军民素质的低下、将领的怯懦以及行政的缺乏效率和腐败无能，在战争中表露无遗。

世界就此改变了对中国的看法。《泰晤士报》刊文："清国现今已完全颓废老朽，显然将成为欧洲各国之祸根。因而今日乃是结束处理清国最恰当之好时机，使之尽快归于欧洲各国共同占领。目前虽不一定有必要将其州县分给各国，但为处理清国，首先须如同在非洲一样，将其作为保护国而分割之。清国之州县一旦归于欧洲各国之手，就再不会引起欧洲各国间之困难及立于凌辱地位之忧，如同俄属土耳其斯坦或英属印度一样。"欧洲舆论认为："腐败已极之清国惨败为最合理，同时对日本因其历来所追求之开明事业而获得盖世功绩，嘉奖不已。"西方对中国认识的改变就源于中日之间的这次战争，中国的国际地位也随之一落千丈："欧洲人之观察中国，亦从此而洞见真相，盖前此欧洲人以中国为不可思议之国，或以为有何等之实力，一八九五年与日本一战，以极大之国而败于至小之日本，于是共知中国国防之薄弱。"

（3）由衰弱激起的贪婪及条约体系的内在危机。甲午战争后，中国极度衰弱的状况引起了西方列强的极度轻视，并诱使西方在谋求新特权的同时，为所欲为。1840年以来中外之间建立的条约关系呈现出一种恶性发展的态势。清政府遵守中外之间的条约，依据条约行事，而在民众与外国人的纠纷中，清政府往往无法保护民众的利益，只能曲从外方的要求，最终导致民众日益敌视条约。随着外国人对中国侵略的日益深入，尤其是在瓜分狂潮之后，外方的所作所为引起了中国社会的强烈反抗。外国人所具有的领事裁判权，导致有罪不罚，同时外国人在政治、经济等各方面所具有的特权，导致民众与外国人之间的矛盾日益累积。义和团运动是中外矛盾的一次总爆发。义和团"灭洋"的口号是民众针对不平等条约累积造成恶果的一次集中反抗。义和团的"灭洋"体现出当时的排外是一种笼统排外。凡是跟外国相关的一切事物，义和团笼统都要予以排斥，这虽然是民众情绪的一种宣泄，但与此同时也是一种盲目的排外，不利于运动的进行和发展，从整个历史进程来看，也是落后和不文明的。针对当时的笼统排外，其后有人提出了"文明排外"的方式，对于外国人以及外国事物进行区分，以团结和利用一切有利因素，为当时的运动服务。

总而言之，甲午战争之后，中日签订了马关条约，导致单一外交体系在中国的确立，中断了天朝上国的梦想；《马关条约》之后，帝国主义侵略的特点在中国集中予以表现；甲午战争的结局和相关条约的签订，将清政府的实力向世人展露无遗，激起列强的贪欲，促使民众与外国势力矛盾更加激化，条约关系出现恶性发展，在给中国带来深重灾难和危机的同时，中国社会内部也孕育着产生遏制条约关系的因子和力量。[①]

（四）经远舰的前世今生

经远号是北洋水师的一艘装甲巡洋舰，由德国伏尔铿（Vulkan）造船厂建造，它是德国造舰史上设计制造装甲巡洋舰的开始。该级舰有姊妹舰两艘，分别为经远号和来远号。二舰于1887年底与"致远""靖远"等一起回国，加入北洋水师。

1. 经远舰的购置及巡游

（1）福州船政学堂的教学模式。在清政府洋务运动的过程中，不仅建造了一批近代的军事工业和民用工业，而且还创办了一些近代的新式学堂，以适应工业、军事发展的需要。福州船政学堂就是其中之一。福州船政学堂也称为"福建船政学堂""马尾船政学堂"，是清末最早的海军学校。同治五年（1866）由闽浙总督左宗棠在福州马尾创设，隶属福州船政局。初名"求是堂艺局"。分前、后学堂：前学堂教授法文和船舶制造，又称法国学堂；后学堂教授英文和驾驶，又称英国学堂。学习期限五年，教员聘自英、法两国；教学体制参照两国海军学

---

① 李育民：《甲午战争暨〈马关条约〉与中外条约关系的变化》，《抗日战争研究》2015年第2期。

校。招收 16 岁以下男童就学。毕业后授以水师官职或派充监工、船主等。1867 年船政大臣沈葆桢在学堂内设绘事院，招收学生学习制作船图和机器图。从 1876 年至 1896 年先后四次派遣学生前往英国和法国学习轮船驾驶和制造，其中包括严复、萨镇冰、邓世昌、刘步蟾、林永升等。福建船政学堂为近代中国培养了第一批海军将领和造船工程技术人才。1884 年中法战争中遭到严重破坏。1913 年，前学堂改为福州海军制造学校，后学堂改为海军学校。

福州船政学堂培养出中国第一批具有先进海军知识和技术的将领，其教学模式是：先在国内对这些学生进行培养，聘请外国教习教授相关知识，在这些人具备一定的基础之后，再派往英法留学深造。它将国内学习与国外留学结合起来，从中可以大略推测出当时培养的这些将领与国际先进水平的接轨程度。

与此同时，还可以看到中国在近代化的过程中，外国教习和顾问对这个过程的参与和影响程度。而由于各国存在一定的竞争关系，为此，清政府不得不小心地处理与各国的关系。在福州船政学堂的教学中，就可以看到英、法两国势力的竞争，而清政府尽量做到平衡两国的关系。

（2）购置先进舰船。在培养优秀海军人才的同时，清政府还逐步升级海军的舰船。在购置经远舰的过程中，清政府十分关注舰船的技术问题。清政府本想按照济远舰的样式打造。驻英大臣曾纪泽提出反对意见，并致电总理衙门："刘步蟾前告泽云，德前制舰上重下轻，泽意宜催该三舰到后，察其利弊，乃定新舰。"英国设计师怀特也指责济远舰的弊端："'济远'名快船而不快，有铁甲而不能受子。"其后，总理衙门致电曾纪泽："闻'济远'快船不甚合式，应暂缓照式定造。著曾纪泽、许景澄于著名各大厂详加考察，何式最善，电奏候旨遵行。"几天之后，总理衙门又致电驻德使臣许景澄，要其"务须亲历大厂详细考核，仿照西国通行有效船式定造，并与曾纪泽互相商确，以期各船一律合用。将来造成后，如不得用，惟该大臣等是问"。最终德国设计建造出经远级装甲巡洋舰，满足了清政府的需要。经远级装甲巡洋舰的购置反映了列强之间的争夺。在 1883 年，中国的海军仅由英国和中国自己生产的船只构成，后来德国加入到中国舰船的供应中，并与英国发生激烈的争夺。驻英大臣曾纪泽和驻德使臣许景澄分别收到英国和德国相关军火商的推介，在一定程度上受到他们驻在国舆论的影响，清政府也分别指派两位大臣调查研究舰船建造问题。英德造舰之争甚至引起了德国首相俾斯麦的关注，俾斯麦认为："卓越地和准时地执行中国这一次的订货具有重大意义。"当然，英国对于德国建造的舰船，努力寻找一切机会予以批驳。德国为了避免英国对德国船只做出不公正的评价，甚至要求经远号回国的引行事宜，由德国海军来完成。

（3）舰船的巡游。1887年底，"经远"与"致远""靖远""来远"等4艘军舰一起回国，途经新加坡，共停留一周时间，这是中国舰队首次来到新加坡。舰队司令是琅威理，一行人一起拜访了新加坡总督，并参加总督举办的盛宴。中国舰队首次驶抵新加坡，引起当地华侨极大关注，纷纷到码头参观，一睹舰队的飒爽英姿。

其后，北洋舰队又两次访问新加坡。一次是在1890年4月3日，海军提督丁汝昌率领北洋舰队6艘军舰，奉命巡航，到达新加坡。此次巡航的军舰除了"定远"外，还有"镇远""致远""济远""经远""来远"等舰。中国舰队的官兵登岸时，受到了中国驻新加坡领事左秉隆、新加坡总督的代表以及华侨代表的迎接。舰队在新加坡停留了11天，一行人曾拜访新加坡总督，走访领事馆，乘坐总督特意准备的马车游览市区。这次的到访与第一次的路过不同，舰队是奉皇帝的命令出巡，其目的一方面为了展现当时清政府所具有的海军实力，同时还试图争取海外侨民归向祖国。左秉隆设宴招待丁汝昌一行，席间华侨代表表明了他们虽然身在海外，但并没有忘记君父，而且目睹战船来访十分欣慰。这次以宣传为目的的访问，使得华侨内向运动掀起了一个高潮。

1894年3月3日，北洋舰队第3次访问新加坡，舰队由"定远""靖远""来远""经远"等组成，仍旧由丁汝昌率领，总领事黄遵宪到码头迎接。这一次的访问在新加坡华人社会中引起更大的轰动，"新加坡商民，衢歌巷舞，欢声雷动，各忻忻然有喜色"。

舰船的巡游，一方面是为了彰显国威，把清政府当时"求强""求富"的成效显现给外人看，从而有利于保护海外的华侨。1886年，两广总督张之洞曾指出，华民"侨居异土，每受洋人欺凌，群情愤欲，延颈喁喁，仰冀国威，远加覆庇。故建议各部侨商捐资购造护商兵船，分赴各埠周巡护商，以便皇威远播，海外商民咸蒙义安之福"。另一方面，舰船的巡游还有利于让华侨心系祖国，愿意捐资资助清政府。薛福成也因"留寓外洋华民往往以势孤气馁为他国人所轻侮"，建议清政府派舰船巡游，从而可以促使华侨捐钱购买舰船，于是"海军省养船之费而有历练之资，兵船无坐食之名而著保海之绩，商贾佣工捐费不多，颇沾利益，使臣领事虽弱，亦倚声援，一举而数善备焉"。

除了到新加坡的巡游，舰船到日本的巡游，更有彰显海军实力的意味。1886年北洋海军第一次访问日本，其间发生了长崎事件。这次访问原本是为了震慑日本，却深深地刺激了日本人的民族心理，"一定要打败'定远'"成为他们的目标。1891年，应日方邀请，丁汝昌率领"定远""镇远""致远""靖远""经远""来远"等舰访问日本。7月8日，《东京朝日新闻》以"清国水兵的形象"为题报道了对清军的观察："登上军舰，首先令人注目的是舰上的情景。以前来的时候，甲板上放着关羽的像，乱七八糟的供香，其味难闻之极。甲板上散乱着吃剩的食物，水兵语言不整，不绝于耳。而今，不整齐的现象已荡然全无；关羽的像已撤去，烧香的味道也无影无踪，军纪大为改观。水兵的体格也一望而知其强壮武勇。惟有服装仍保留着支那的风格，稍稍有点异样之感。军官依然穿着绸缎的支那服装，只是袖口像洋人一样饰有金色条纹。裤子不见裤缝，裤裆处露出缝线，看上去不见精神。尤其水兵的服装，穿着浅蓝色的斜纹布装，几乎无异于普通的支那人。只是在草帽和上衣上缝有舰名，才看出他是一个水兵。"日本的媒体认识到了北洋舰队士兵发生的变化，但其语气中带有一种高傲的姿态，认为北洋舰队的士兵不专业。与此同时，刘步蟾也意识到了日本海军的实力已迅速提高，北洋海军添置新的炮舰刻不容缓。然而由于经费的原因，北洋舰队在其后两年间停止购买外国炮舰军火，由此错失了两年的时间。

北洋舰队第一次访问日本时，其实力日益发展，1888 年成为远东第一支舰队，而到了北洋舰队第二次访问日本时，舰队的实力已经处于停滞状态，可是日本的海军仍旧在持续发展，不断购置新的军舰。

（4）经远舰的沉没。1894 年 9 月 17 日，黄海海战爆发，经远舰在管带林永升指挥下，奋勇抗敌，后被日舰重创，本欲撞向日舰与其同归于尽，但最终被日舰集中火力击沉，林永升等全舰 230 余人，除 16 人外，全部壮烈牺牲。

甲午海战中北洋舰队的覆灭是清政府"求强"失败的缩影，由经远舰等北洋舰船所体现的"远东第一舰队"的形象就此灰飞烟灭，其后附着于经远舰之上的是当时官兵"爱国""殉国"的形象。经远舰官兵壮烈殉国的情景一再为后世所传颂。在地方志、个人口述等材料中，对经远舰沉没、官兵死难的情形做了描述。《庄河县志》记载："清海军军舰自鸭绿江之败，退至县属海中獐鹿岛前，共四艘，被日军击沉者二，一舰为方伯谦所统率，沿海西逃，其一为林钟卿所统率。是时舰在虾老石东八里许，士卒皆请林就岸，林不肯，躬亲弹丸以战，未几，左臂中伤，舰亦突被击碎。林知事去，遍锁舱门，危坐以殉……舰内军士五百人，泅而得逃者仅十人。"经历者对于当时的情况也进行了描绘，"老一辈的黑岛人曾目睹了这场壮烈的战斗。他们说海战是在当时午饭后约一个多小时转到黑岛海域的。当时人们正在山上干活儿，忽听海面上传来隆隆炮声，隐约可见在炮火和硝烟的笼罩下舰船相互追逐的情景。海战结束的翌日，到老人石附近赶海的黑岛居民碰见十多个海战中幸存的'经远'舰水兵，渔民把他们解救上岸。被解救的水兵叙述了海战过程：中日甲午海战场面十分激烈，当战斗转移到黑岛老人石附近时，'经远'舰管带林永升负了重伤，情况危急，但林永升下令与敌舰决一死战，以致日舰仓皇逃跑。而在追逐中不幸中鱼雷，林永升和大部分士兵英勇捐躯，壮烈殉国"。

在这些记忆中，经远舰及其官兵已经化身为爱国的代表。

（5）经远舰的水下考古。对于经远舰的沉没地点，存在多种说法，日方有关甲午战争的历史书也谈到了经远舰的沉没地点。2018 年，中国成功地进行了经远舰的水下考古，对经远舰的相关文物进行了打捞工作。水下考古的成功，使得经远舰上附着的意义又多了一层，即它是现今中国实力的充分体现。水下考古的成功，对于研究舰船发展史、甲午战争的海战史等都具有重要意义。

总而言之，从经远舰的前世今生中，可以看到附着在其身上的隐含意味的转变。经远舰的购置和巡游，体现了清政府在寻求自强，彰显了其"求强"的形象。而经远舰的沉没，人们对舰船及官兵行为的记录和描述，则体现了清政府洋务运动失败后，"求强"理想的破灭，人们用经远舰和官兵的"殉国"形象揭示出中国在近代化过程中的坎坷和悲哀，同时"殉国"形象中也蕴含了"爱国"的形象。随着中国国力的提升，经远舰的"爱国"形象更加确立，公众将它建立为爱国主义教育基地，与此同时，经远舰的打捞也彰显了中国日益具备了"强国"的实力。中国的水下考古对于更好的研究甲午战争的历史具有重大意义。

从经远舰诞生、沉没以及重见天日这整个历程，可以窥见和映射出一部中华民族救亡图存，却惨遭失败，最后重新走上强国之路的中华民族复兴史。

四　本讲扩展阅读

（一）有关援助越南的舆论

1. 云贵总督刘长佑的言论：

> 臣以为边省者，中国之门户；外藩者，中国之藩篱。树藩篱所以卫门户，卫门户所以固堂室；藩篱陷则门户危，门户危则堂室震。伊古以来，聪明神武之君及汉、唐雄略之主，力可以囊括宇内，而犹存要荒之君长，列边境之蛮夷者，凡以设藩屏以御殊族，树股肱而奠神州也。故我圣祖皇帝亲征漠北，世宗扬威青海，高宗勘定金川，荡平回准，辟地两万余里。而犹存近海诸国，西自缅甸，

东至朝鲜，不欲芟夷而郡县之者，所以屏蔽山海，捍卫神京也。①

窃意越南之祸等于琉球，而法人之谋诡于日本。盖琉球孤悬海岛，倭虽窃据，不过撤我藩篱；越南近接疆圻，法若并吞，必将阚我门户。故琉球容可不问，而越南在所必争也。然春秋法严，首诛元恶。法人之罪，倭人实首倡之；若置倭罪不问，法转得以藉口，而我无以屈之。②

2. 左宗棠言论：

法越交兵一事，议论纷纭，究以执咎无人，莫敢以正义达诸政府。实则主战、主款无难一言而决。不但泰西诸邦多以法为不然，逆料其与中国不协，必致事无结果，悔不可追；即法人亦何尝不虑及衅端一开，危险日甚，不过势成骑虎，进退两难，姑张虚声以相摇撼，觇我所以处之者何如，别作区处耳。默察时局，惟主战于正义有合而于事势攸宜，即中外人情亦无不顺。请得而极言之。越南地势，南滨大海，北阻崇山，与中国连接，隘口林立，实中土藩篱，非若琉球隔在外洋，距日本较近，可以度外置之也。法人所以图越南者，盖垂涎滇、黔五金并产，意在假道于越南，以开矿取利，故先取西贡，为屯兵储粮及器械、子药之地，不仅以夺越疆为止境也……伏读三月二十五日上谕："法越交涉一事，迭谕令两广、云南督抚妥筹备御。法人前欲与中国会商，该使宝海议分界保护及保胜设关通商各条，旋又中变。现闻法人攻破越之南定，势更彼猖。越南积弱之邦，被其蚕食，难以图存。该国列在藩封，不能不为保护。且滇、越各省壤地相接，倘藩篱一撤，后患何可胜言！

---

① 刘长佑：《熟审边情敬陈管见疏》（光绪七年九月十七日），中国史学会主编《中法战争》，新知识出版社，1955，第 1 册，第 87 页。
② 刘长佑：《复两广张振轩制军》（光绪七年），中国史学会主编《中法战争》，新知识出版社，1955，第 1 册，第 119 页。

本日已谕令李鸿章前赴广东督办越南事宜。此时防务紧要，必须厚集兵力，进止足恃，方可相机因应。江南防军何营堪备调拨，着左宗棠悉心筹画，迅速奏闻。"……①

（二）《马关新约》（1895 年 4 月 17 日，光绪二十一年三月二十三日，明治二十八年四月十七日，马关）

大清帝国大皇帝陛下及大日本帝国大皇帝陛下为订定和约，俾两国及其臣民重修平和，共享幸福，且杜绝将来纷纭之端。大清帝国大皇帝陛下特简大清帝国钦差头等全权大臣太子太傅文华殿大学士北洋通商大臣直隶总督一等肃毅伯爵李鸿章，大清帝国钦差全权大臣二品顶戴前出使大臣李经方；

大日本帝国大皇帝陛下特简大日本帝国全权办理大臣内阁总理大臣从二位勋一等伯爵伊藤博文，大日本帝国全权办理大臣外务大臣从二位勋一等子爵陆奥宗光；

为全权大臣。彼此较阅所奉谕旨，认明均属妥善无阙，会同议定各条款，开列于左：

第一款　中国认明朝鲜国确为完全无缺之独立自主，故凡有亏损独立自主体制，即如该国向中国所修贡献典礼等，嗣后全行废绝。

第二款　中国将管理下开地方之权并将该地方所有堡垒、军器工厂及一切属公物件，永远让与日本：

一、下开划界以内之奉天省南边地方：从鸭绿江口溯该江以抵安平河口，又从该河口划至凤凰城、海城及营口而止，画成折线以南地方。所有前开各城市邑皆包括在划界线内。该线抵营口之辽河后，即顺流至海口止，彼此以河中心为分界。

---

① 左宗棠：《上总理各国事务衙门》，《左宗棠全集·书信三》，岳麓书社，2014，第 733～735 页。

辽东湾东岸及黄海北岸在奉天省所属诸岛屿，亦一并在所让境内。

二、台湾全岛及所有附属各岛屿。

三、澎湖列岛，即英国格林尼次东经百十九度起至百二十度止，及北纬二十三度起至二十四度之间诸岛屿。

第三款　前款所载及粘附本约之地图所划疆界，俟本约批准互换之后，两国应各选派官员二名以上，为公同划定疆界委员，就地踏勘，确定划界。若遇本约所订疆界，于地形或治理所关有碍难不便等情，各该委员等当妥为参酌更定。

各该委员等当从速办理界务，以期奉委之后，限一年竣事。但遇各该委员等有所更定划界，两国政府未经认准以前，应据本约所定划界为正。

第四款　中国约将库平银贰万万两交与日本，作为赔偿军费；该款分作八次交完。第一次伍千万两，应在本约批准互换后六个月内交清，第二次伍千万两应在本约批准互换后十二个月内交清。余款平分六次递年交纳，其法列下：第一次平分递年之款，于两年内交清，第二次于三年内交清，第三次于四年内交清，第四次于五年内交清，第五次于六年内交清，第六次于七年内交清，其年分均以本约批准互换之后起算。又第一次赔款交清后，未经交完之款应按年加每百抽五之息。但无论何时，将应赔之款或全数、或几分，先期交清，均听中国之便。如从条约批准互换之日起，三年之内，能全数清还，除将已付利息或两年半、或不及两年半，于应付本银扣还外，余仍全数免息。

第五款　本约批准互换之后，限二年之内，日本准，中国让与地方人民愿迁居让与地方之外者，任便变卖所有产业，退去界外。但限满之后尚未迁徙者，酌宜视为日本臣民。

又台湾一省，应于本约批准互换后，两国立即各派大员至台湾，限于本约批准互换后两个月内，交接清楚。

第六款　中、日两国所有约章，因此次失和，自属废绝。中国约俟本约批准互换之后，速派全权大臣与日本所派全权大臣会同订立通商行船条约及陆路通商章程。其两国新订约章，应以中国与泰西各国现行约章为本。又本约批准互换之日起，新订约章未经实行之前，所有日本政府官吏、臣民及商业工艺、行船船只、陆路通商等，与中国最为优待之国，礼遇护视，一律无异。中国约将下开让与各款，从两国全权大臣画押盖印日起，六个月后，方可照办：

第一，现今中国已开通商口岸之外，应准添设下开各处，立为通商口岸，以便日本臣民往来侨寓，从事商业、工艺、制作。所有添设口岸均照向开通商海口或向开内地镇市章程一体办理，应得优例及利益等亦当一律享受：

一、湖北省荆州府沙市。

二、四川省重庆府。

三、江苏省苏州府。

四、浙江省杭州府。

日本政府得派遣领事官于前开各口驻扎。

第二，日本轮船得驶入下开各口，附搭行客，装运货物：

一、从湖北省宜昌溯长江以至四川省重庆府。

二、从上海驶进吴淞江及运河以至苏州府、杭州府。

中日两国未经商定行船章程以前，上开各口行船，务依外国船只驶入中国内地水路现行章程照行。

第三，日本臣民在中国内地购买经工货件，若自生之物，或将进口商货运往内地之时，欲暂行存栈，除勿庸输纳税钞派征一切诸费外，得暂租栈房存货。

第四，日本臣民得在中国通商口岸城邑，任便从事各项工艺制造，又得将各项机器任便装运进口，只交所订进口税。

日本臣民在中国制造一切货物，其于内地运送税、内地税、钞课、杂派，以及在中国内地沾及寄存栈房之益，即照日本臣民运入中国之货物一体办理，至应享优例豁除，亦莫不相同。

嗣后如有因以上加让之事应增章程、规条，即载入本款所称之行船通商条约内。

第七款　日本军队现驻中国境内者，应于本约批准互换之后三个月内撤回，但须照次款所定办理。

第八款　中国为保明认真实行约内所订条款，听允日本军队暂行占守山东省威海卫。又于中国将本约所订第一、第二两次赔款交清，通商行船约章亦经批准互换之后，中国政府与日本政府确定周全妥善办法，将通商口岸关税作为剩款并息之抵押，日本可允撤回军队。倘中国政府不即确定抵押办法，则未经交清末次赔款之前，日本应不允撤回军队。但通商行船约章未经批准互换以前，虽交清赔款，日本仍不撤回军队。

第九款　本约批准互换之后，两国应将是时所有俘虏尽数交还，中国约将由日本所还俘虏，并不加以虐待，若或置于罪戾。

中国约将认为军事间谍或被嫌逮系之日本臣民，即行释放。并约此次交仗之间，所有关涉日本军队之中国臣民概予宽贷，并饬有司不得为逮系。

第十款　本约批准互换日起应按兵息战。

第十一款　本约奉大清帝国大皇帝陛下及大日本帝国大皇帝陛下批准之后，定于光绪二十一年四月十四日，即明治二十八年五月初八日，在烟台互换。

为此两国全权大臣署名盖印，以昭信守。

大清帝国钦差头等全权大臣太子太傅文华殿大学士北洋通商大臣直隶总督一等肃毅伯爵李鸿章，大清帝国钦差全权大臣二品顶戴前出使大臣李经方

大日本帝国全权办理大臣内阁总理大臣从二品勋一等伯爵伊藤博文，大日本帝国全权办理大臣外务大臣从二位勋一等子爵陆奥宗光

光绪二十一年三月二十三日

明治二十八年四月十七日

订于下之关，缮写两分

另约

第一款 遵和约第八款所订暂为驻守威海卫之日本国军队，应不越一旅团之多，所有暂行驻守需费，中国自本约批准互换之日起，每一周年届满，贴交四分之一，库平银五十万两。

第二款 在威海卫应将刘公岛及威海卫口湾沿岸，照日本国里法五里以内地方，约合中国四十里以内，为日本国军队驻守之区。

在距上开划界，照日本国里法五里以内地方，无论其为何处，中国军队不宜逼近或扎驻，以杜生衅之端。

第三款 日本国军队所驻地方治理之务，仍归中国官员管理。但遇有日本国军队司令官为军队卫养、安宁、军纪及分布、管理等事必须施行之处，一经出示颁行，则于中国官员亦当责守。

在日本国军队驻守之地，凡有犯关涉军务之罪，均归日本国军务官审断办理。

此另约所定条款，与载入和约其效悉为相同。为此两国全权大臣署名盖印，以昭信守。

光绪二十一年三月二十三日

明治二十八年四月十七日

订于下之关，缮写两分

议订专条

大清帝国大皇帝陛下政府及大日本帝国大皇帝陛下政府为豫防本日署名盖印之和约日后互有误会，以生疑义，两国所派全权大臣会同议订下开各款：

第一、彼此约明，本日署名盖印之和约添备英文，与该约汉正文、日本正文较对无讹。

第二、彼此约明，日后设有两国各执汉正文或日本正文有所辩论，即以上开英文约本为凭，以免舛错，而昭公允。

第三、彼此约明，将该议订专条与本日署名盖印之和约一齐送交各本国政府，而本日署名盖印之和约，请御笔批准，此议订各款无须另请御笔批准，亦认为两国政府所允准，各无异谕。

为此两帝国全权大臣欲立文凭，各行署名盖印，以昭确实。

> 光绪二十一年三月二十三日
>
> 明治二十八年四月十七日
>
> 订于下之关，缮写两分

附注

本新约、另约及另议专条均见"光绪条约"，卷 38，页 6—12。本新约及另约由英文本见"海关中外条约"，卷 2，页 590—598；日文本见"海关中外条约"，卷 2，页 707—715。本新约及另议专条日本文见"日支条约"，页 8—16。

本新约日文本称为"媾和条约"；一般称为"马关条约"。

本新约等于一八九五年五月八日在烟台交换批准。①

---

① 王铁崖编《中外旧约章汇编》第 1 册，三联书店，1957，第 614～619 页。

| 第五讲 |

影视中的辛亥革命

一　辛亥革命简介

　　辛亥革命是在清朝统治日益腐朽、离心离德，帝国主义侵略逐渐加剧，中国民族资本主义初步发展、民族资产阶级形成并具备一定力量的基础上发生的；其目的是推翻清王朝的专制帝制，建立共和政体，从而挽救民族危亡，实现民族、民权、民生，争取国家的独立、民主和富强，其领导和发起者是同盟会及其领袖孙中山。"辛亥革命"这一概念有狭义和广义之分。狭义的辛亥革命，指的是自1911年10月10日（辛亥年）夜武昌起义爆发至1912年1月1日孙中山就任中华民国临时大总统这一段时间在中国发生的革命事件。广义的辛亥革命则指自19世纪末迄辛亥年，一系列以推翻清朝统治为目标的革命运动。1905年7月，孙中山、黄兴等人在东京集会，决定成立中国同盟会。孙中山被推为总理，会议确定了"驱除鞑虏，恢复中华，创立民国，平均地权"的十六字纲领。1905年11月，同盟会机关报《民报》第一号出版，孙中山在发刊词中首次提出了民族、民权、民生为核心内容的三民主义。同盟会成立后，陆续在国内发动一系列武装起义，起义虽然失败，但其政治影响大于军事成就，宣传了同盟会纲领，扩大了民主革命的影响，鼓舞了革命党人和全国人民的革命精神。1911年，革命形势日益成熟，四川保路运动成为辛亥革命的导火索。在清政府调兵应对四川保路运动的时候，1911年10月10日，湖北新军在文学社和共进会等革命团体领导下发动武昌起义。在武昌起义的影响之下，全国各地纷纷响应，宣布独立。此时在国外的孙中山从报刊上得知了武昌起义成功的消息，并没有急忙回国，而是在国外致力于外交活动，希望能获得外国的支持。革命派临时推举黎元洪担任军政府的都督。孙中山于1911年12月底回国，在推举之下，孙中山当选为临时大总统。1912年元旦，孙中山在南京就职，宣布"中华民国"成立。孙中山发布《临时大总统宣言书》《告全国同胞书》等文件。1月2日，孙中山通电各省，宣布改元，使用阳历。孙中山就任临时大总统后，主张北伐，但迫于当时的形势，南北双方开始进行和谈。袁世凯在帝国主义的支持下，凭借手中掌握的北洋新军，一面逼迫清帝逊位，以满足革命派的要求，一面迫使孙中山让出临时大总统之位。2月12日，清朝颁布退位诏书，并宣布接受清帝退位优待条件。2月13日，袁世凯声明拥护共和制度，同日，孙中山向临时参议院辞职。2月15日，临时参议院选举袁世凯为临时大总统。3月11日，南京临时政府公布了临时参议院议决的《中华民国临时约法》。4月1日，孙中山正式宣布解除临时大总统职务。辛亥革命的胜利果实被袁世凯窃取。

辛亥革命结束了长达两千年之久的封建君主专制制度，建立了中国历史上第一个资产阶级共和国，是中国历史上一次伟大的革命运动，促进了民主精神在中国的高涨，从此"民主共和"观念深入人心。它在政治上、思想上给中国人民带来了巨大的解放作用，社会风俗也为之改变。辛亥革命结束了立宪派实行君主立宪的努力，对此后中国宪政与法治的发展、中央及地方政治、中央与地方关系、国内各民族间关系等都产生了关键的影响。它使"五族共和"等民族平等和中华民族的观念深入人心。辛亥革命在国际上也产生重大影响，推动了亚洲各国民族解放运动的高涨。

当然，辛亥革命也受到了历史进程以及当时形势和社会条件的制约，受到资产阶级软弱妥协性的影响，其革命具有不彻底性，没有改变当时的社会性质，没有改变中国人民悲惨境遇，没有完成民族独立、人民解放的历史任务，因此还有继续推进革命的必要性。

二　有关辛亥革命的影视作品

（一）《孙中山》（电影）

《孙中山》是由珠江电影制片厂拍摄、丁荫楠执导的传记影片，刘文治（饰演孙中山）、王诗槐（饰演陈其美）、张燕（饰演宋庆龄）等出演，于 1986 年上映。该片从 1894 年孙中山在清政府黑暗统治下，与友人聚会讨论时势开始讲起，讲述了：孙中山创立兴中会，历次起义失败，其后武昌起义成功；孙中山就任临时大总统，后让位于袁世凯；宋教仁被刺杀，孙中山组织"二次革命"，后不幸失败；孙中山与宋庆龄结婚；陈炯明的背叛，孙中山革命受挫，后孙中山提出"联俄、联共、扶助农工"，缔造第一次国共合作；孙中山为革命操劳，最后病逝。该影片 1987 年获第七届中国电影金鸡奖最佳故事片奖、最佳导演奖、最佳男主角奖、最佳摄影奖、最佳美术奖、最佳音乐奖、最佳剪辑奖、最佳服装奖、最佳道具奖。1988 年第十届大众电影百花奖最佳故事片奖等诸多奖项。该影片导演采用大量的省略，精心选择了几个片段，构置在几个点上，恰到好处。整部影片的结构形式很见功夫，每个画面用了什么调子，几组画面如何协调，都是精心设计，但又不矫揉造作，十分难得。该片从节奏韵律、镜头长短、镜头角度看更接近音乐。影片的音乐、音响也很出色。色彩流动也有音乐感。而影片从独特的心理情绪角度去表现孙中山，给人一种"往事如烟"的岁月感、距离感，启发人们对历史的思考。

（二）《孙文少年行》（电影）

这部影片由卢刚编剧、萧锋导演，中国儿童电影制片厂出品，主演是李宗华、佘善波、蒯樾等，于 1995 年上映。

这是一部爱国主义影片，讲述的是孙中山 12 岁至 17 岁期间的生活经历和心理发展轨迹。孙中山少年时期的成长历程和思想行为与他日后成为伟人密不可分。因此，导演说："我们要从文学剧本及史料所记载的零散故事中解脱出来，重新组建叙事结构，站在相应的高度来表现孙文的少年时代。于是，复合式结构便成了我们重建叙事结构的首选形式。我们试图以老年孙中山的视角来观照、回顾他的少年往事，并由他自己对其少年经历进行客观的评述。确立了复合式结构，有了新的叙事形式，我们又从孙中山先生的日记和文献史料中寻觅中山先生内心世界。于是便有了不同于文学剧本的贯穿情节和写意段落。"影片中又设计了指南针这条贯穿全片的情节线索，安排了少年孙文从小思索天地生死而得不到索解的心理活动过程及接受西方文明的教育返回祖国后对"如此江山付之非人"的感叹和忧虑的段落。

该电影曾获得金鸡奖、童牛奖、华表奖和五个一工程奖等。

（三）《孙中山》（20 集电视剧）

该电视剧是由张孝天编剧，沈好放执导，赵文瑄、朱媛媛、梁冠华等人主演，于 2001 年首播。该剧讲述了孙中山从 1895 年第一次武装起义失败直至 1925 年病逝于北京的近 30 年革命生涯。

（四）《走向共和》（59 集电视剧）

《走向共和》由盛和煜、张建伟编剧，张黎导演，王冰、吕中、孙淳、马少骅、李光洁、杨猛等主演，于 2003 年首播，生动刻画了晚清帝制如何被推翻、中国人如何建立共和制度的过程。电视剧首播时，收视率很高，并引起了观众的热议。

（五）《第一大总统》（电影）

电影《第一大总统》（又名《国父孙中山》），编剧王朝柱，导演王才涛，邱心志、聂玫、韩庚、田亮、张峻宁、熊乃瑾、周一围、张颂文等主演。该影片是辛亥革命一百周年献礼片，讲述了伟人孙中山从开始革命直至去世的奋斗历程。影片于 2011 年 9 月 30 日在国内公映。

（六）《辛亥革命》（电影）

《辛亥革命》（又名《1911 辛亥革命》）是由王兴东、陈宝光编剧，张黎和成龙执导，赵文瑄、成龙、李冰冰、陈冲、孙淳、房祖名、胡歌、余少群、杜宇航等主演。该片讲述了清末孙中山领导革命派屡次起义，但都归于失败，最终武昌起义胜利，推翻了清政府，建立了共和体制。该片于 2011 年 9 月 23 日在中国内地上映。

这部影片是献礼辛亥革命百年的纪念影片，汇聚了成龙、赵文瑄、李冰冰、孙淳、房祖名、胡歌、姜武、宁静等国内一线实力演员，用强大的演员阵容，展现了辛亥革命那段气势磅礴的历史。"导演张黎力破主旋律的'命题束缚'，深入挖掘宏大历史背后的心灵表达和革命情怀，打造出一部气势磅礴又深入人心的'战争史诗景观'。《辛亥革命》远离了宏大历史叙事的'大和空'，不搞历史事件的串联堆叠和历史人物'走马观花'似的出场。"导演张黎称："《辛亥革命》这部电影除了献礼片固有的叙事结构外，在电影语言、人物造型、视听效果、表演、剪辑、音乐上，我们做了大量、细致的努力，希望在创作上回归'电影本体'。"

电影《辛亥革命》呈现了独特的叙事结构和风格，以秋瑾就义为影片的开始，奠定了影片悲情、铁血的情感基调，秋瑾就义前的台词非常经典："我此番赴死，是为革命，中国妇女还没有为革命流过血，当从我秋瑾始。纵使世人并不尽知革命为何，竟让我狠心抛家弃子。""我此番赴死，正为回答革命所谓何事，革命是为给天下人造一个风雨不侵的家，给孩子一个宁静温和的世界，纵使这些被奴役久了的人们早已麻木，不知宁静温和为何物。""我此番赴死是为革命，死并非不足惧，亦并非不足惜，但牺牲之快，之烈，牺牲之价值，竟让我在这一刻自心底喜极而泣。"短短的一组镜头，展现了秋瑾就义温情的一面，并点出了影片的落脚点，即整部影片试图回答以下问题：何为革命？革命的精髓在哪里？流血牺牲到底为了什么？影片随后串联了许多牺牲的情景，并不停地回溯上述问题。孙中山在为筹集革命经费而进行的演讲中说道："诸君，今日的募捐，原本为的是在广州的起义，然而就在刚才，我得到了消息，广州的枪声停了！起义失败了！电文上说起义失败，骨干尽皆牺牲！""诸君没有见过他们，这些死去的年轻人，有的才华横溢，有的家境优越，有的新婚燕尔，他们何以不惜身家性命，不计成败利害，甘死如饴，只因信仰二字！""在场的诸位，大多是我华侨同胞，你们心里最清楚，咱们这张与生俱来的中国人的脸，曾经让咱们遭受过多少白眼，多少欺凌，多少苦难和屈辱，这是因为，咱们面孔背后的国家早已腐朽不堪、羸弱不堪、困苦不堪。咱们中国人就这样任人歧视，被人觊觎，由人宰割！我辈之革命，正是为让民众获得幸福，为民族争得尊严，中国革命，一直受着华侨的恩惠，多年来，我深深地感受到，华侨乃革命之母。诸位，你们的孩子，为你们死了！"在林觉民接受审讯的时候，张鸣岐与林觉民的对话也十分经典。张鸣岐问："林觉民，你一表人才的，家境也不错，可为何非要和乱党裹在一起呀？"林觉民答："张鸣岐，你为什么躲在暗处，你怕什么？"张鸣岐言："我怕什么？"林觉民说："你怕我的年轻，我选择了死，可是我依然年轻；你虽然苟活，可是你已经老了。你读过《天演论》吗？物竞天择！你有没有想过，当今世界列强有哪个国家不是因为革命才得以强盛的，中国岂能不革命？"张鸣岐说："国家大事，不是你们这些人……"林觉民抢先说："孙文先生说过，中国积弱，在今天已经到了不可收拾的地步，王室宗亲，贵族官吏，因循守旧，粉饰虚张，而老百姓呢，各个都是苟且偷生，蒙昧无知，堂堂华夏，不齿于列邦，被轻于异族。"张鸣岐言："年轻人，朝廷也不容易。"林觉民说："朝廷？朝廷把香港割给了英国，把台湾割给了日本，这是朝廷该干的事？这样的朝廷留有何用？"张鸣岐说："我审你，今天倒变成你审我了。"林觉民说："因为你对我无从审起。"张鸣岐言："林觉民，本官有意对你法外施恩。"林觉民言："不必了，我们一同举事，一同赴死，我不能例外。"张鸣岐说："可你这么死了，就什么都没有了。"林觉民说："大清索我的命，我诛大清的心。"这一段对话，将革命者视死如归的精神再一次展现得淋漓尽致，深深打动观众的心，那一句"大清索我的命，我诛大清的心"一直萦绕在耳际，让人久久不能忘怀。影片末尾展现林觉民妻儿以及《与妻书》的镜头，再次回溯影片的落脚点，即整部影片试图回答的问题。

影片从人性以及人物心理的角度去刻画人物，使得历史中的人物变得有血有肉，整部影片也散发出别具一格的艺术品格和艺术魅力。"从一开始张黎就明确给影片定下基调，《辛亥革命》的突破不在于主题与思想上的出奇出新，而在于缅怀与寄望。缅怀辛亥革命的牺牲精神，寄望年轻人的青春激情与革命理想，借此向辛亥革命致敬！"

一般而言，历史题材的影视作品常用大场面来展现宏大的气势和情怀，《辛亥革命》中也运用了这种大场面叙事的手法，同时，电影在很多大场面中用纪录片的拍摄手法，让摄影机近距离贴近被拍摄对象，以展现人物的表情和心理，张黎表示："历史题材要刻画历史场面的大环境，但是大环境下每一个人物的内心是至关重要的。"

影片中对于两个女子在革命活动中形象的刻画，会引起观众思考清末女子教育和女子解放问题。一个是秋瑾。秋瑾（1875－1907），初名闺瑾，字璿卿，号竞雄，又称鉴湖女侠，浙江山阴（今绍兴市）人。秋瑾1896年奉父母命嫁入湘潭富绅家中，婚后生有一子一女。1904年赴日本留学，积极参加留日学生的革命活动，次年先后加入光复会和同盟会。1906年为反对日本政府颁布《清国留学生取缔规则》而回国。1907年1月在上海发刊《中国女报》，提倡女权，宣传革命。不久回绍兴主持大通学堂，联络金华、兰溪等地会党，组织光复军，与徐锡麟准备在浙江、安徽两省同时起义。7月徐锡麟刺杀安徽巡抚恩铭，起义失败，清政府发觉皖、浙间的联系，派军队包围大通学堂，秋瑾被捕不屈，15日就义于绍兴轩亭口。秋瑾工诗词，作品宣传民主革命、妇女解放，笔调雄健，感情奔放。今辑有《秋瑾集》。秋瑾家境优渥，嫁入富绅家庭，并育有两个孩子，从传统的眼光来看，这样的生活应该是幸福安逸的。但秋瑾没有安于这种生活，而是试图挑战当时社会和家庭的陈规，脱离束缚，寻求自立和解放。

影片中着墨较多的另一位女性是徐宗汉。徐宗汉（1877－1944），原名佩萱，广东香山（今中山）人，祖、父辈皆为买办。1894年由父母做主嫁给两广总督府洋务委员海丰人李庆春次子李晋一。数年后夫死孀居。在此期间，徐宗汉经常外出参加社会活动，与广州著名女医生张竹君关系密切。1907年，赴南洋，在槟榔屿加入同盟会。1908年归国，受香港同盟会派遣，与高剑父、潘达微等在广州设立秘密机关，进行革命。1910年2月，广州新军起义时，在城内宜安里机关纵火，以扰乱敌人视听，后得知事情败露，于是逃往香港。广州黄花岗之役时，负责筹备运送枪械弹药。起义失败后，护送黄兴到香港，并与之结婚。武昌起义时，黄兴在前线指挥打仗，徐宗汉则投入伤兵救援工作。1912年1月，中华民国临时政府在南京成立，徐宗汉积极参加女界政治活动，负责贫民教养院工作。"二次革命"失败后，随黄兴流亡日本、美国从事反袁活动。1916年6月回国后，参加讨袁护国运动。黄兴逝世后，徐宗汉长期从事公益事业，办贫民教养院，从事贫民儿童教育工作。1919年五四运动时期，与上海博文女校校长发起成立上海女界联合会，并成为负责人之一。1944年3月，在重庆病故。徐宗汉处于晚清民国历史交替的这样一个大时代背景之下，一开始也是相夫教子，其后投入革命事业，做出了自己的贡献。其整个一生的历程也是涉及晚清女子教育、女子解放等问题一个典型案例。

三　本讲重要知识点

本部分结合电影的内容，对相关知识点进行重点讲解。

（一）孙中山及革命的酝酿

孙中山（1866—1925），名文，号逸仙，化名中山，广东香山县（今中山市）人，是中国近代民主主义革命的先行者，中华民国和中国国民党创始人，三民主义的倡导者，"是伟大的民族英雄、伟大的爱国主义者、中国民主革命的伟大先驱"。1866 年 11 月 12 日出生，青少年时代孙中山受到广东人民斗争传统的影响，向往太平天国的革命事业。1892 年毕业于香港西医书院，其后在澳门、广州行医。1894 年曾上书李鸿章，遭拒绝，后孙中山在檀香山组织资产阶级革命团体兴中会。1900 年派人到广东惠州发动起义，失败后继续在海外组织革命活动。1905 年创立中国同盟会，被推为总理，提出三民主义学说；创办《民报》，与保皇派进行激烈论战。其后又多次组织发动了武装起义。1911 年武昌起义，各省纷纷响应。十七省代表在南京集会，推举孙中山为中华民国临时大总统。1912 年 2 月 13 日，因革命党人与袁世凯妥协，被迫辞去大总统职务。1912 年 3 月，支持制订《中华民国临时约法》，后经临时参议院通过并予以公布。1913 年 3 月，宋教仁被刺杀。其后，孙中山领导了讨袁的"二次革命"，后又领导了护国运动、护法运动，屡经失败。1924 年在广州召开中国国民党第一次全国代表大会，通过宣言，实行联俄、联共、扶助农工三大政策，把旧三民主义发展为新三民主义，实现了第一次国共合作。1925 年 3 月 12 日孙中山在北京病逝，遗嘱"必须唤起民众，及联合世界上以平等待我之民族，共同奋斗"。1929 年 6 月 1 日根据其生前遗愿，将陵墓永久迁葬于南京紫金山中山陵。孙中山是中国伟大的民主革命先行者，为了改造中国耗尽毕生的精力，在历史上建立了不可磨灭的功勋。孙中山著有《建国方略》、《建国大纲》以及《三民主义》等。其著述在逝世后多次被结集出版，有中华书局 1986 年出版的十一卷本《孙中山全集》。

1. 独特的出身和早年经历

（1）孙中山的名号。由于革命活动的需要等原因，孙中山一生名号有 50 多个。其中比较主要的名号有：德明、帝象、孙文、载之（1876 年开始使用）、日新（1883 年其受洗之后）、逸仙（日新的粤语谐音）。

其一生化名非常多，1897 年在日本旅店登记时，化名中山樵。其他化名还有：陈文、陈载之、林行仙、兴公、中山二郎、中山平八郎、高野长雄、张宣、吴仲、山月、翠溪、高达生、杜嘉偌、东山、艾斯高野、萧大江、武公、逸人、孙方、高野方、阿路夏、Sr. Alaha、Dr. Na-kayama、Longsang 等。此外，曾用笔名中原逐鹿士、南洋小学生、杞忧公子等。

这些名字的用法，有以下区分：在公文、函电及条幅等情形里，署孙文；在家书中，署德明。另外，在中国，一般称呼他为孙中山；在日本一般称呼他为孙文，在欧美一般称呼他为孙逸仙（Sun Yat-sen）。

此外，他还有一个美名叫作"孙大炮"。"孙大炮"这个名字有几层意思。一层是说他像一门大炮一样，把炮弹轰向清政府，最后导致其被推翻了，非常厉害；另一层意思说他宣传演说的能力十分了得。有一个故事，说胡适曾经看不起孙中山，以为他只是能说会道而肚子里没有墨水。有一次，胡适去拜访孙中山，看到满架子的书籍，他心中想，孙文真会装样子。等到孙中山有事离开，胡适趁机从书架上抽出一本书，打开一看，书中几乎每一页都做了圈圈点点，胡适不由心中一惊，心想这可能是碰巧，于是又从书架上随便拿出另外一本书，还是同样的情形。他又多抽查了几本，情况还是一样。从这以后，胡适常对人说，孙大炮是一门不可轻视的实炮。

1940 年 4 月 1 日，国民政府通令全国，尊称孙中山为"中华民国国父"。从此孙中山又有了一个新的名号。

（2）孙中山的出生地。孙中山出生在广东省香山县翠亨村，位于珠江三角洲。这个地域，近代历史上曾涌现出很多的著名人物。例如：容闳是香山县南屏村人；洪秀全、冯云山、洪仁玕是花县人；康有为是南海人；梁启超是新会人；何启是南海人；郑观应是香山人。

从地图上看，珠江三角洲地理位置独特。它位于南部沿海地区，可以十分方便地到达东南亚等国家。这个区域当中的广州，近代以来一直就作为通商口岸之一，因而较早接触到西方的知识和学问。因而这一区域在近代史中，会产生像太平天国那样的反清运动，同时还会涌现出许多具有新思想的人物。

（3）孙中山的幼年经历。孙中山幼年家境贫寒，一家人终年辛劳，也只能维持半饥半饱的生活。孙中山自幼从事多种农业劳动，跟随家人一起干活。但经常还是没有饭吃、没有鞋穿。其间，哥哥孙眉于1871年被迫到檀香山谋生，后来凭借聪明才智，成为茂宜岛的首富。

孙中山从小参加农业劳动，锻炼出坚强的性格、结实的身体，其耿直的性格，使他获得了另外一个绰号"石头仔"。这个名号源自一件事情。当时孙中山的村子里有一家豆腐店，店主夫妻二人忠厚老实，但是他们的两个儿子却十分淘气，经常欺负村子里的小孩，时常用弹弓射击孙中山。有一次孙中山又遭到了射击，他忍无可忍，拾起一块石头，追赶那两个小孩，一直追到他们家中，狠狠地将石头砸过去，恰好砸到了煮豆浆的铁锅上。两个小孩的父母看到了，到孙中山家里理论，要求孙中山赔偿。孙中山据理力争，那两个小孩的父母明白了是怎么回事，回家把自己的孩子训斥了一顿。此后那两个男孩再也不敢欺负村里的小孩了。孙中山的这种耿直个性，就像石头一样，再加上用石头砸铁锅的事情，于是村子里的孩子给他起了个绰号叫"石头仔"。

（4）孙中山外出求学。由于经济的原因，孙中山到了1875年才去村塾读书。后来在哥哥孙眉的资助下，于1879年6月离乡去檀香山，1879年9月进入意奥兰尼学校（Lolani School，男子初中）学习。这所学校的英国色彩十分浓厚。教材是全英文的，教学也是全英文的。孙中山在来檀香山之前，只上了三年村塾，其英文基础应该是零。因此刚刚开始上学的时候，孙中山什么也听不懂，只能通过老师的手势来理解。可是孙中山有坚强的意志和顽强的学习精神，同时掌握了很好的学习方法，他逐渐跟上了课程，1882年从意奥兰尼学校毕业，并收到了夏威夷国王亲自颁发的奖品，这在华侨社会中成为美谈。孙中山逐渐熟练地掌握了英语，英语是一门世界语言，这对于孙中山在全世界游历、进行革命活动，起了非常大的帮助作用。同年秋季，孙中山进入高级中学奥阿厚书院（Oahu College）学习。

对于这些学校的教学方法，孙中山事后回忆说："忆吾幼年，从学村塾，仅识之无，不数年得至檀香山，就傅西校，见其教法之善，远胜吾乡。"虽然孙中山只在村塾中学习了三年，可是孙中山将传统的教育与西式的教育相比，认为西式的教育比传统的教育好得多。

（5）孙中山回国与香港求学。孙中山就读的两所中学都是有教会色彩的学校，在学习中他受到了耳濡目染，渐渐地被基督教吸引，希望加入基督教。他的哥哥孙眉坚决反对，责令他停止学业，并送他回国。1883 年 7 月孙中山回国，然而在檀香山的 4 年教育已经对孙中山产生了巨大的影响。回到家乡之后，他做了一件"离经叛道"的事情。当时孙中山和陆皓东等伙伴一起到庙中游玩，发现几个农民在虔诚地烧香拜佛。孙中山认为泥塑的菩萨根本不能解救他们的灾难，于是对在场的农民进行劝说。为了证实自己的见解，孙中山当场毁坏了塑像。人们吓呆了。孙中山这次破坏神像的行为受到了全村指责。最后孙中山和陆皓东被迫出走香港。

1883 年冬季，孙中山在香港结识美国公理会传教士喜嘉理（Charles Robert Hager），在其劝说和主持下，于 1883 年底，与陆皓东一起加入基督教。基督教对孙中山及其革命事业产生很大影响。孙中山的朋友中，很多都信仰基督教，孙中山也利用基督教来争取外国的同情和支持。

1884 年 4 月，孙中山进入香港中央书院（Central School）继续高中学业。他认真听课学习，课余抓紧涉猎群书，不懂就问，知识面非常广，被人称为"通天晓"。

孙中山在国内大闹神庙、亵渎神灵、香港受洗的事情传到了檀香山，孙眉大怒，诱骗孙中山去檀香山。于是 1884 年 11 月，孙中山辍学到檀香山。孙眉试图转变孙中山的做法，并以收回曾经立约分给孙中山的财产相要挟，但是孙中山不为所动，毫不犹豫地同意放弃已得财产的所有权。孙中山被孙眉安排到商店去当店员。在勉强干了三个月之后，孙中山设法脱离那里，动身回国。最后，孙眉发现无法改变孙中山的行为，于是予以妥协，还是继续汇款支持孙中山读书。

1885 年 4 月，孙中山离开檀香山经日本回国。1885 年 5 月，在翠亨村与同县卢慕贞结婚。1885 年 8 月，孙中山到香港中央书院复学。1886 年夏，完成中学课程。

中学毕业以后，继续升读大学，此时面临专业选择的问题，而专业的选择与未来从事何种职业密切相关。范仲淹曾言："不为良相，当为良医。""相"和"医"是人们向往的两种理想职业，是"穷则独善其身，达则兼济天下"中"兼济天下"儒家理念的体现。孙中山当时的选择是："一方致力于政治，一方致力于医术，悬其鹄以求之，庶有获也。"

1886 年秋，孙中山入广州博济医院附设医校。博济医院（Conton Hospital）创办于 1835 年，是美国公理会及长老会为医疗传道目的而建立的，它是东方各国西医西药的鼻祖，也是在中国创立的第一所西医医院。1855 年附设医学堂，最初只招收男生，孙中山入学时有男生 12 人，女生 4 人，男女合班上课。

1887 年香港西医书院（The Hong Kong College of Medicine for Chinese）开设，孙中山于 1887 年 9 月转入香港西医书院（香港大学医学院前身）就读。香港西医书院采用英国医科的 5 年学制，教学完善，师资水平较高，直接用英语教学，除课堂讲授之外，还注重临床实习。孙中山在这所学校学习了五年，平时除了专研医学本科知识外，还广泛研读涉猎西方的政治学、军事学、历史学、物理学、农学等各种知识，尤其喜欢读《法国革命史》和达尔文的《物种起源》。孙中山接受了达尔文的进化论、欧美的天赋人权理论，向往法国和美国的共和革命。此时期的学习为孙中山以后走上推翻清政府、建立共和制国家的革命道路奠定了思想基础。

大学期间，孙中山除了努力学习、广泛涉猎各种知识之外，还有意识地结识一批有革命倾向的知识青年，与他们交流政治思想和政治抱负。1889 至 1890 年间，孙中山经常和陈少白、尤列、杨鹤龄一起，在杨鹤龄父亲所开设的商店楼上高谈阔论，交流思想，当时人称他们为"四大寇"。此时孙中山还与早已认识的陆皓东和郑士良来往密切。

在大学后期，孙中山还结识了杨衢云、何启等人。

孙中山刻苦学习，成绩优异，得到了教务长康德黎（Dr. James Cantlie）的赏识。1892 年 7 月，孙中山大学毕业，成绩为全校之冠。

（6）行医问政。毕业之后，孙中山到澳门行医，孙中山医术高明，而且经常为病人免费医治，声望日益高涨，引起在澳门行医的一些葡萄牙人的嫉妒和排挤，他们借口孙中山没有葡萄牙的文凭，不能为葡萄牙人治病，还找多种借口刁难孙中山，阻止他继续营业。于是孙中山被迫于 1893 年春离开澳门到广州行医。

此时的孙中山还经常与陆皓东、郑士良、陈少白、尤列聚在一起，谈论时事和政治，并酝酿要成立一个组织，建立新中会，以"驱除鞑虏，恢复华夏"为宗旨。孙中山所提出的"驱除鞑虏，恢复华夏"是模仿朱元璋《北伐檄文》中的"驱除胡虏，恢复中华"而来。虽然此时的酝酿并没有实际结果，但为孙中山后来的革命活动奠定了思想和组织基础。

孙中山此时还尝试以向清政府提建议的方式，挽救中国的危亡局面。1894 年 1 ~ 2 月，孙中山起草了《上李鸿章书》，让陈少白帮其修改润色。其后寻找途径面见李鸿章，表达他有关国家和政府改良的建议。

1894 年 6 月下旬，孙中山偕陆皓东抵天津上书。孙中山的上书递到了李鸿章手中，但是李鸿章借口军务繁忙，拒绝接见孙中山等人。李鸿章也未理睬孙中山上书中提到的建议。满怀期望的孙中山，至此打消了对清政府尚存的幻想。

2. 革命初期

1894 年 7 月 25 日甲午战争爆发。清政府的腐朽无能，让孙中山意识到只有革命一途才能拯救中国，于是开始积极宣传和组织革命活动。

（1）建立兴中会。1894 年秋，孙中山由沪经日抵檀香山。孙中山在华侨中动员 20 多人，创立了兴中会（檀香山），11 月 24 日，在成立会议上，这 20 多人举起右手跟着孙中山向天发誓：联盟人某省某县人某某，驱除鞑虏，恢复中国，创立合众政府，倘有贰心，神明鉴察。1895 年 1 月下旬，孙中山由檀香山抵香港。2 月 21 日，孙中山在香港成立了兴中会总机关。兴中会的骨干成员，有陈少白、陆皓东、郑士良、杨衢云、谢缵泰等人。他们的共同特点是：基本没有受过传统教育，没有传统的功名，因而得不到传统士大夫的认同；他们掌握了西方的知识和技术；与孙中山关系密切，是孙中山的同乡或广东华侨；大多是基督教徒。兴中会的基本群众是旅居海外的华侨和国内的部分会党。

兴中会的基本群众与骨干的背景十分相似，这些人基本都是游离于传统社会体制之外的边缘人。他们对于中国的传统以及旧有的政府体制不满，在西方新思潮的影响之下，迫切要求改变旧有制度，创造新的制度，以利于中国的发展。这些人的革命在某种程度上可以称之为边缘人的革命。

（2）广州起义（乙未广州起义）。兴中会建立之后，孙中山积极谋划进行起义活动，定于 1895 年 10 月 26 日在广州举行起义，其后由于事情泄露，起义失败，陆皓东以及会党首领朱贵全等被捕就义。

（3）流亡海外。广州起义失败之后，清政府到处搜捕革命党人，悬赏捉拿孙中山、郑士良、杨衢云等人。孙中山经香港逃往日本。此后，直至 1911 年辛亥革命成功，孙中山一直在海外流亡，长达 16 年之久。

1895 年 11 月 10 日孙中山一行抵达神户，一上岸就看到当地日本报纸登载"支那革命党首领孙逸仙"的消息，孙中山联想到《易经》中有"汤武革命顺乎天而应乎人"的字句，认为这种叫法很好，于是以后就用"革命党"自称。11 月 13 日，孙中山等人抵达日本横滨，月底成立了兴中会横滨分会。12 月中旬，孙中山在横滨剪去发辫，脱下长袍，改穿西装，表明要与清政府斗争到底。

1896 年 1 月，孙中山独自抵达檀香山。孙中山意识到美国大陆的华侨比檀香山多，于是决定到美国大陆去进行革命鼓动和宣传工作。6 月，孙中山抵达美国旧金山。经过美国大陆之行，孙中山感到那里的华侨"风气未开"，故而决定于 1896 年 9 月去英国和欧洲大陆继续进行革命宣传活动。

（4）伦敦蒙难。1896 年 9 月 30 日，孙中山抵达英国伦敦，他一上岸就受到侦探社的跟踪。该侦探社是清政府驻英国使馆雇用的，他们密谋诱捕孙中山。第二天，孙中山就去拜访了老师康德黎，不久又拜访了曾在西医书院工作过的教师孟生（Manson）。其后，孙中山在伦敦进行游览和参观。10 月 11 日，在设好的陷阱下，孙中山被清政府使馆捕获，随后被关进了使馆三楼的一个小房间里。在整个诱捕孙中山的过程中，英国人马格里（Samuel Halliday Macartney，1833 – 1906）起到了非常关键的作用。他当时是清政府驻英国公使馆的二等参赞，侦探社就是他联系雇用的。

　　孙中山被囚禁在英国公使馆中，想尽各种办法，试图与外界取得联系。他将求救的密信揉成团，扔出窗外，但被公使馆发现，于是窗户被钉死。后在使馆清洁工柯尔（G. Cole）的帮助之下，终于把求救信送到了康德黎手中。同时，使馆女工贺维（Howe）也将孙中山被囚禁的消息告诉了康德黎。康德黎得知消息之后，找到孟生，二人四处奔走营救。他们找到了英国政府，并通过《泰晤士报》等媒体舆论施加影响。在舆论的压力之下，英国政府向清使馆递交备忘录，要求释放孙中山。23 日下午孙中山终于被释放。报刊对这件事情做了大量报道，孙中山成了对抗封建暴政的英雄，声名远播。孙中山其后用英文将整个事件的始末写成了《伦敦被难记》（Kidnapped in London），用于宣传他的革命主张。伦敦被难事件引起了全球轰动，借此事件，孙中山及其领导的革命在国际上获得了广泛关注。

　　（5）广交日本人士。孙中山在伦敦居住了近一年的时间，仔细考察了英国的社会，在图书馆中博览群书，并与革命志士交往，其革命思想日益成熟。1897 年 7 月，孙中山离开伦敦，8 月 16 日到达日本横滨。至此，孙中山在日本居住了近 3 年时间。他在宣传革命的同时，还与许多日本人士交往，其中一些人成了帮孙中山进行革命的挚友，例如宫崎寅藏、萱野长知、梅屋庄吉等。宫崎寅藏（1871 – 1922），原名虎藏，号白浪庵滔天，出生于日本的一个下级武士家庭。与孙中山结识之后，为孙中山的理想所吸引，二人结成深厚的友谊。他帮助孙中山进行革命联络、筹款等活动，为革命提供重要支援，成为孙中山的重要盟友。宫崎寅藏根据自己的经历写成《三十三年落花梦》，这本书对于研究宫崎寅藏和孙中山的关系，以及辛亥革命相关历史，具有重要的参考价值。萱野长知（1873 – 1947），号凤梨，日本高知县人，是孙中山革命事业的坚定支持者。他追随孙中山 30 年之久，对中国民主革命贡献很多。梅屋庄吉（1868 – 1934），日本长崎市西滨町人。他积极资助孙中山的革命事业，多次捐款，甚至因此欠债。他与孙中山患难与共 30 年，而且在孙中山逝世后依然坚持孙中山的遗志，继续维护中日人民之间的友谊。

孙中山当时将日本作为革命活动的基地，主要出于以下三个原因。第一，日本是中国的近邻。中日两国相隔很近，便于消息的传递，谋划革命。而且正是由于两国距离近，很多留学生都选择到日本留学，因此日本的留学生非常多，这些人中很多有革命倾向，便于孙中山等革命派宣传组织，筹划革命。第二，两国关系源远流长，同文同种。中日两国同为黄种人，在近代有相似的命运，而日本的崛起让亚洲人看到了希望，孙中山希望日本能够同情和支援中国革命。第三，日本成为中国乃至整个亚洲的典范。日本在明治维新之后崛起，跻身大国之列，向中国以及亚洲各国展示了一条成功的道路。孙中山希望向日本学习，走上富强的道路。

戊戌政变之后，康梁等保皇派也来到日本，将日本作为宣传鼓动的重要基地。1898 年秋冬，孙中山与梁启超会谈，试图联合两派力量，但最终没有成功。

（6）惠州起义。随着国内形势的发展，尤其是义和团运动爆发后，八国联军侵华，孙中山密切关注国内局势，伺机而动，筹划第二次武装起义。经过周密的准备，1900 年 10 月 6 日，惠州起义爆发。一开始，起义军获得节节胜利，但是由于后方补给出了问题，致使起义陷入弹尽粮绝的困境，而且遭到清军优势兵力围攻。为了保存革命力量，孙中山下达命令，起义队伍就地解散。在广州负责策应的兴中会员史坚如计划用炸药谋刺署理两广总督、广东巡抚德寿，最终失利并遇难。至此，庚子年惠州起义失败。与乙未广州起义相比，惠州起义的准备更加充分，也拥有一定的群众基础，但是起义者寄希望于日本的支援，当日本的态度发生变化时，起义不得不半途而废。这次起义虽然失败，但是影响很大。在乙未广州起义时，孙中山的行为被许多人视为乱臣贼子，而惠州起义时，理解同情的人增多了。孙中山回忆说："庚子失败之后，则鲜闻一般人之恶声相加，而有识之士且多为吾人扼腕叹惜，恨其事之不成矣。前后相较，差若天渊。吾人睹此情形，中心快慰，不可言状，知国人之迷梦已有渐醒之兆。加以八国联军之破北京，清后、帝之出走，议和之赔款九万万两而后，则清廷之威信已扫地无余，而人民之生计从此日蹙。国势危急，岌岌不可终日。有志之士，多起救国之思，而革命风潮自此萌芽矣。"因此，孙中山等人更加坚定了革命的信心。同时，孙中山由一个孤独的革命先行者，日益转变成为革命公认的领袖。

（二）同盟会的创建及革命形势的发展

1. 革命小团体的涌现

就在孙中山宣传革命思想，筹划革命起义的时候，中国国内的革命形势迅速发展。20 世纪初，许多革命报刊纷纷创办，出现了一个高潮。如上海的《苏报》《国民日报》《俄事警闻》《警钟日报》《政艺通报》《大陆》《女报》《中国白话报》《二十世纪大舞台》等，长沙的《俚语日报》等，杭州的《杭州白话报》等，东京的《译书汇编》《国民报》《湖北学生界》《浙江潮》《江苏》《湖南游学译编》等，此外还有横滨的《开智录》、檀香山的《檀山新报》、旧金山的《大同日报》等。同时，新型知识分子群体诞生，主要由三部分人构成：留学生、国内新式学堂的学生，以及接受新思想的传统士人。这些知识分子推动了一系列爱国运动的发展。1903 年的拒法、拒俄运动就是其中的代表。1903 年4 月，广西巡抚王之春将全省铁路权益让与法国，消息传出后，引起留学生和国内工商学界的激愤。他们以集会通电的方式表达自己的愤慨，要求驱逐王之春，拒绝法人，掀起了拒法运动。与此同时，在义和团运动时期，俄国军队借口镇压义和团而出兵中国东北，其后中俄签订《交收东三省》条约，俄国需要按条约规定撤兵，然而俄国不仅不撤兵，反而进一步向清政府提出扩大东北侵略权益的要求。消息传出之后，上海各界以及留日的学生纷纷组织集会，掀起了抗俄运动。全国很多地方的学生和绅商纷纷响应，该运动逐渐形成一个具有全国规模的群众爱国运动。清政府采取镇压的态度，致使许多人走上革命道路。

与此同时，国内还爆发了苏报案。当时一些持激进革命主张的人写了许多革命书籍和文章。其中以章太炎（即章炳麟）、邹容和陈天华的著作最为有名。1902 年康有为发表《答南北美洲诸华商论中国只可行立宪不可行革命书》和《与同学诸子梁启超等论印度王国由于各省自立书》，保皇党人把它们印成小册子，到处宣传，影响很大。为此，章太炎于 1903 年 5 月写成《驳康有为论革命书》，对康有为的论点逐个进行批驳。此时，曾留学日本的邹容写了《革命军》一书，章太炎为之作序，这本书在当时广为流传，影响非常大。上海的《苏报》上刊登了多篇宣传《革命军》的文章。其后，应清朝统治者要求，上海租界当局查禁《苏报》，并到报馆抓人，邹容和章太炎先后入狱，清政府企图引渡二人，但遭到拒绝。1904 年 5 月租界会审公庙判决章太炎监禁三年，邹容监禁两年，后来邹容死于狱中。此事引起轰动。

革命思想的传播起到了一定的宣传动员作用，而清政府的行为，让人们日益意识到其腐朽和落后，于是纷纷走上革命的道路。在这样的背景之下，许多革命小团体相继成立。1903 年 11 月，黄兴、刘揆一、章士钊等在长沙组织华兴会；1904 年 7 月，华兴会胡瑛与湖北志士张难先等在武昌组织科学补习所；1904 年 10 月，陶成章、龚宝铨、蔡元培等在上海组织光复会；此外还有 1903 年赵声、秦毓鎏等在南京组织知耻学社；1904 年张通典、赵声、柏文蔚等在南京组织强学会；1904 年陈独秀、熊成基、倪映典等在芜湖组织岳王会等。

从 1894 年兴中会成立，到 1905 年同盟会成立前，海内外的革命团体有 66 个，这些团体的涌现标志着中国资产阶级革命派的形成。

2. 同盟会成立

在革命小团体纷纷建立，革命形势急速发展的情形下，孙中山决定建立统一的革命组织，于是开始了相关的筹备工作。1905 年 8 月 20 日，中国同盟会成立大会在东京召开，由孙中山主持。同盟会的纲领为"驱除鞑虏，恢复中华，创立民国，平均地权"。

3. 三民主义的提出

1905 年 11 月，同盟会机关报《民报》第一号出版。在《民报〈发刊词〉》中，孙中山对自己的主张进行了概括，形成了三民主义，即民族主义、民权主义、民生主义。孙中山从西方的历史中追溯三民主义诞生的历史，可见这个时候，西方的历史和文化已经成为令中国人信服的说理的参照和来源。此外，孙中山在《发刊词》中对于《民报》的责任有所论述，即激励族群进步，将西方的革新思想传入民众之中，使其变成为常识，从而有利于以后社会的改革和进步。

孙中山在《中国同盟会革命方略》《军政府宣言》及日后演说中进一步阐述了三民主义。民族主义的基本内容是"驱除鞑虏，恢复中华"，就是要推翻清政府的统治，挽救国家的危亡；民权主义的基本内容是"创立民国"，即建立共和政体；民生主义的基本内容是"平均地权"。

4. 与保皇派的争斗

孙中山在海外积极宣传革命，推动革命组织的创建，与此同时，康梁等人也在海外积极活动，宣传他们的主张。戊戌政变之后，康有为、梁启超等人一方面通过在海外创办报刊宣传保皇主张，另一方面还成立了保皇会等组织，拉拢华侨及留学生等。由于康有为、梁启超在戊戌维新时期的作为，已经积累了很大的名声，所以在华人华侨中具有非常大的影响力。故而孙中山在海外进行宣传活动、争取留学生和华侨时，与保皇派存在一定的争斗。为了更好地宣扬革命主张，孙中山等革命派以《民报》为基地，与保皇派的《新民丛报》进行了一些论战。

论战主要围绕以下问题进行：第一，要不要进行民族革命推翻清朝统治。改良派认为没有必要进行民族革命。革命派认为满汉矛盾不可调和，清政府误国，只有推翻清朝统治，才能救国。第二，要不要通过政治革命手段建立民主共和政体。改良派认为中国民智未开，改革要循序渐进。革命派认为国民有接受宪政的能力，共和制度适合中国。第三，要不要进行社会革命。改良派认为只需社会改良。革命派认为必须实行民生主义，实现土地国有。第四，革命是否会引起内乱从而导致外国干涉、国家被瓜分。改良派认为革命必然会导致内乱，引起列强干涉，从而瓜分中国。革命派对此进行驳斥。

革命派与保皇派之间的论战，有利于划清革命与改良的界限，从而澄清华人华侨的认识，有利于革命形势的发展。同时，论战也暴露了革命派弱点，显露了三民主义的不彻底性，这些认识的局限性，必然会影响辛亥革命的进程和结局。

5. 后续起义

1906～1910 年，革命派筹划了多次起义。其中萍浏醴起义是同盟会成立后的第一次大起义。1906 年 12 月，蔡绍南、龚春台等在萍乡、浏阳、醴陵一带起义。各地群众响应，但由于同盟会最高领导事先没制订军事计划，起义号令不一，各自为战，也无饷械支援，最后失败，导致两湖、江西革命党力量严重削弱。其后，孙中山、黄兴等人在南方边境领导了多次起义。这些起义在政治上的影响超过了军事成就，扩大了革命的影响，鼓舞了革命党和全国人民的革命精神。

广州新军起义失败之后，孙中山仍旧是屡败屡战，在槟榔屿召开会议，计划再在广州发动起义。香港成立起义领导机构统筹部，进行起义的相关准备工作，比如在广州成立秘密机关，购运枪械、成立先锋队，联络军队等。原本计划 1911 年 4 月 13 日起义，但是由于同盟会会员刺杀孚琦事件发生，致使清政府加紧戒备，同时军械也未按计划运抵，于是起义延期。此后，起义部署一再变化，革命党内部的分歧以及联络失误，致使黄兴孤军起义。最终起义失败。起义牺牲的同盟会员，能查出姓名的共 86 人。同盟会员潘达微收集 72 名起义者遗体，葬于广州东郊黄花岗，于是这次起义被称为黄花岗起义。这次起义影响深远，它沉重打击清朝统治，英雄气概鼓舞了全国民众。孙中山高度评价这次起义："然是役也，碧血横飞，浩气四塞，草木为之含悲，风云因而变色，全国久蛰之人心，乃大兴奋，怨愤所积，如怒涛排壑，不可遏抑，不半载而武昌之大革命以成，则斯役之价值，直可惊天地，泣鬼神，与武昌革命之役并寿。"

（三）孙中山纪念与辛亥传承

1. 相关纪念活动

由于孙中山以及辛亥革命对于中国近代历史发展具有重要的意义，

因此，对于孙中山和辛亥革命，存在一些相关的纪念活动。

（1）孙中山诞辰纪念。孙中山是民主革命的先行者，他出生于1866年，于是每逢尾数是6的年份，学术界乃至社会上，都会有相关的一些纪念活动。主要形式有召开学术会议、举办书画展览、参拜孙中山纪念堂等。

（2）辛亥纪念。对于辛亥革命也有相关的纪念活动。辛亥革命逢五逢十周年时，全国都会有比较重大的纪念活动。

2011年是辛亥革命百年纪念，全国进行了隆重的纪念活动。学术界召开了大型的国际研讨会，众多刊物开辟专栏登载有关文章，文艺界专门拍摄了相关影片，本讲中提到的2011年拍摄的几部影片都是在这样的背景下拍摄的。此外，社会上还开展了其他多种纪念活动。

2. 纪念的意义

孙中山是民主革命的先行者，在推翻封建专制统治、创立民国的过程中，起到了不可替代的重要作用，其革命精神为后世所敬仰。后来的革命者，以孙中山的继承人自居。对孙中山和辛亥革命进行纪念，是要继承和发扬辛亥精神，要将孙中山的三民主义进一步发扬光大；要继承孙中山等革命党人爱国精神，维护祖国的统一，实现民族的富强；要继承孙中山的奋斗精神，为了实现祖国的富强和复兴，而不懈奋斗。

四　本讲扩展阅读

（一）《与妻书》（林觉民）[1]

意映卿卿如晤：

吾今以此书与汝永别矣！吾作此书时，尚是世中一人，汝看此书时，吾已成为阴间一鬼。吾作此书，泪珠和笔墨齐下，不能竟书

① 顾作义：《岭南家书》，南方日报出版社，2017，第137～138页。

而欲搁笔，又恐汝不察吾衷，谓吾忍舍汝而死，谓吾不知汝之不欲吾死也，故遂忍悲为汝言之。

吾至爱汝！即此爱汝一念，使吾勇于就死也。吾自遇汝以来，常愿天下有情人都成眷属。然遍地腥云，满街狼犬，称心快意，几家能够？司马青衫，吾不能学太上之忘情也。语云：仁者"老吾老，以及人之老；幼吾幼，以及人之幼"。吾充吾爱汝之心，助天下人爱其所爱，所以敢先汝而死，不顾汝也。汝体吾此心，于啼泣之余，亦以天下人为念，当亦乐牺牲吾身与汝身之福利，为天下人谋永福也。汝其勿悲！

汝忆否？四五年前某夕，吾尝语曰："与使吾先死也，无宁汝先我而死。"汝初闻言而怒，后经吾婉解，虽不谓吾言为是，而亦无词相答。吾之意盖谓以汝之弱，必不能禁失吾之悲，吾先死，留苦与汝，吾心不忍，故宁请汝先死，吾担悲也。嗟夫！谁知吾卒先汝而死乎？吾真真不能忘汝也！回忆后街之屋，入门穿廊，过前后厅，又三四折，有小厅，厅旁一室，为吾与汝双栖之所。初婚三四个月，适冬之望日前后，窗外疏梅筛月影，依稀掩映；吾与并肩携手，低低切切，何事不语？何情不诉？及今思之，空余泪痕。又回忆六七年前，吾之逃家复归也，汝泣告我："望今后有远行，必以告妾，妾愿随君行。"吾亦既许汝矣。前十余日回家，即欲乘便以此行之事语汝，及与汝相对，又不能启口，且以汝之有身也，更恐不胜悲，故惟日日呼酒买醉。嗟夫！当时余心之悲，盖不能以寸管形容之。

吾诚愿与汝相守以死，第以今日事势观之，天灾可以死，盗贼可以死，瓜分之日可以死，奸官污吏虐民可以死，吾辈处今日之中国，国中无地无时不可以死。到那时使吾眼睁睁看汝死，或使汝眼睁睁看吾死，吾能之乎？抑汝能之乎？即可不死，而离散不相见，徒使两地眼成穿而骨化石，试问古来几曾见破镜能重圆？则较死为苦也，将奈之何？今日吾与汝幸双健。天下人不当死而死与不愿离而离者，不可数计，钟情如我辈者，能忍之乎？此吾所以敢率性就死不顾汝也。吾今死无余憾，国事成不成自有同志者在。依新已五岁，转眼成人，汝其善抚之，使之肖我。汝腹中之物，吾疑其女也，女必像汝，吾心甚慰。或又是男，则亦教其以父志为志，则吾死后尚有二意洞在也。幸甚，幸甚！吾家后日当甚贫，贫无所苦，清静过日而已。

吾今与汝无言矣。吾居九泉之下遥闻汝哭声，当哭相和也。吾平日不信有鬼，今则又望其真有。今人又言心电感应有道，吾亦望其言是实，则吾之死，吾灵尚依依旁汝也，汝不必以无侣悲。

吾平生未尝以吾所志语汝，是吾不是处；然语之，又恐汝日日为吾担忧。吾牺牲百死而不辞，而使汝担忧，的的非吾所忍。吾爱汝至，所以为汝谋者惟恐未尽。汝幸而偶我，又何不幸而生今日中国！吾幸而得汝，又何不幸而生今日之中国！卒不忍独善其身。嗟夫！巾短情长，所未尽者，尚有万千，汝可以模拟得之。吾今不能见汝矣！汝不能舍吾，其时时于梦中得我乎？一恸！

辛未三月廿六夜四鼓，意洞手书。

家中诸母皆通文，有不解处，望请其指教，当尽吾意为幸。

（二）《民报》发刊词（孙中山，1905 年 10 月 20 日）①

近时杂志之作者亦夥矣。娇词以为美，嚣听而无所终，摘埴索涂不获，则反覆其词而自惑。求其斟时弊以立言，如古人所谓对症发药者，已不可见，而况夫孤怀宏识、远瞩将来者乎？夫缮群之道，与群俱进，而择别取舍，惟其最宜。此群之历史既与彼群殊，则所以披而进之之阶级，不无后先进止之别。由之不贰，此所以为舆论之母也。

① 《孙中山全集》，中华书局，2011，第 1 卷，第 305 ~ 306 页。

余维欧美之进化，凡以三大主义：曰民族，曰民权，曰民生。罗马之亡，民族主义兴，而欧洲各国以独立。洎自帝其国，威行专制，在下者不堪其苦，则民权主义起。十八世纪之末，十九世纪之初，专制仆而立宪政体殖焉。世界开化，人智益蒸，物质发舒，百年锐于千载，经济问题继政治问题之后，则民生主义跃跃然动，二十世纪不得不为民生主义之擅场时代也。是三大主义皆基本于民，递嬗变易，而欧美之人种胥冶化焉。其他旋维于小己大群之间而成为故说者，皆此三者之充满发挥而旁及者耳。

今者中国以千年专制之毒而不解，异种残之，外邦逼之，民族主义、民权主义殆不可以须臾缓。而民生主义，欧美所虑积重难返者，中国独受病未深，而去之易。是故或于人为既往之陈迹，或于我为方来之大患，要为缮吾群所有事，则不可不并时而弛张之。嗟夫！所陟卑者其所视不远，游五都之市，见美服而求之，忘其身之未称也，又但以当前者为至美。近时志士舌敝唇枯，惟企强中国以比欧美。然而欧美强矣，其民实困，观大同盟罢工与无政府党、社会党之日炽，社会革命其将不远。吾国纵能媲迹于欧美，犹不能免于第二次之革命，而况追逐于人已然之末轨者之终无成耶！夫欧美社会之祸，伏之数十年，及今而后发见之，又不能使之遽去。吾国治民生主义者，发达最先，睹其祸害于未萌，诚可举政治革命、社会革命毕其功于一役。还视欧美，彼且瞠乎后也。

翳我祖国，以最大之民族，聪明强力，超绝等伦，而沉梦不起，万事堕坏；幸为风潮所激，醒其渴睡，旦夕之间，奋发振强，励精不已，则半事倍功，良非夸嫚。惟夫一群之中，有少数最良之心理能策其群而进之，使最宜之治法适应于吾群，吾群之进步适应于世界，此先知先觉之天职，而吾《民报》所为作也。抑非常革新之学说，其理想输灌于人心而化为常识，则其去实行也近。吾于《民报》之出世觇之。

（三）《临时大总统誓词》（1912 年 1 月 1 日）①

倾覆满洲专制政府，巩固中华民国，图谋民生幸福，此国民之公意，文实遵之，以忠于国，为众服务。至专制政府既倒，国内无变乱，民国卓立于世界，为列邦公认，斯时文当解临时大总统之职。谨以此誓于国民。

中华民国元年元旦　　　　　　　孙文

（四）《临时大总统宣言书》（1912 年 1 月 1 日）②

中华民国缔造之始，而文以不德，膺临时大总统之任，夙夜戒惧，虑无以副国民之望。夫中国专制政治之毒，至二百年来而滋甚，一旦以国民之力踣而去之，起事不过数旬，光复已十余行省，自有历史以来，成功未有如是之速也。国民以为于内无统一之机关，于外无对待之主体，建设之事，更不容缓，于是以组织政府之责相属。自推功让能之观念以言，文所不敢任也；自服务尽责之观念以言，则文所不敢辞也。是用黾勉从国民之后，能尽扫专制之流毒，确定共和，以达革命之宗旨，完国民之志愿，端在今日。敢披沥肝胆，为国民告：

国家之本，在于人民。合汉、满、蒙、回、藏诸地为一国，即合汉、满、蒙、回、藏诸族为一人。是曰民族之统一。

武汉首义，十数行省先后独立。所谓独立，对于清廷为脱离，

① 《孙中山全集》，中华书局，2011，第 2 卷，第 1 页。
② 《孙中山全集》，中华书局，2011，第 2 卷，第 1～3 页。

对于各省为联合，蒙古、西藏意亦同此。行动既一，决无歧趋，枢机成于中央，斯经纬周于四至。是曰领土之统一。

血钟一鸣，义旗四起，拥甲带戈之士遍于十余行省。虽编制或不一，号令或不齐，而目的所在则无不同。由共同之目的，以为共同之行动，整齐画一，夫岂其难。是曰军政之统一。

国家幅员辽阔，各省自有其风气所宜。前此清廷强以中央集权之法行之，遂其伪立宪之术。今者各省联合，互谋自治，此后行政期于中央政府与各省之关系，调剂得宜，大纲既挈，条目自举。是曰内治之统一。

满清时代藉立宪之名，行敛财之实，杂捐苛细，民不聊生。此后国家经费，取给于民，必期合于理财学理，而尤在改良社会经济组织，使人民知有生之乐。是曰财政之统一。

以上数者，为政务之方针，持此进行，庶无大过。若夫革命主义，为吾侪所昌言，万国所同喻。前此虽屡起屡踬，外人无不鉴其用心。八月以来，义旗飘发，诸友邦对之抱和平之望，持中立之态，而报纸及舆论尤每表其同情，邻谊之笃，良足深谢。临时政府成立以后，当尽文明国应尽之义务，以期享文明国应享之权利。满清时代辱国之举措与排外之心理，务一洗而去之；与我友邦益增睦谊，持和平主义，将使中国见重于国际社会，且将使世界渐趋于大同。循序以进，不为侥获。对外方针，实在于是。

夫民国新建，外交内政，百绪繁生。文自顾何人，而克胜此！然而临时之政府，革命时代之政府也。十余年来，从事于革命者，皆以诚挚纯洁之精神，战胜其所遇之艰难。即使后此之艰难远逾于前日，而吾人惟保此革命之精神，一往而莫之能阻，必使中华民国之基础确定于大地，然后临时政府之职务始尽，而吾人始可告无罪于国民也。今以与我国民初相见之日，披布腹心，惟我四万万之同胞共鉴之！

大中华民国元年元旦

| 第六讲 |

影视中的末代皇帝

一　清朝历代皇帝与末代皇帝

本课从第一讲开始，接触到了清代的许多皇帝。现在按照他们的顺序一一罗列如下：清太祖爱新觉罗·努尔哈赤，年号天命；清太宗爱新觉罗·皇太极，年号天聪、崇德；清世祖爱新觉罗·福临，年号顺治；清圣祖爱新觉罗·玄烨，年号康熙；清世宗爱新觉罗·胤禛，年号雍正；清高宗爱新觉罗·弘历，年号乾隆；清仁宗爱新觉罗·颙琰，年号嘉庆；清宣宗爱新觉罗·旻宁，年号道光；清文宗爱新觉罗·奕詝，年号咸丰；清穆宗爱新觉罗·载淳，年号同治；清德宗爱新觉罗·载湉，年号光绪；清逊帝爱新觉罗·溥仪，年号宣统。

整个清朝的发展趋势，类似一个顶点在上、开口向下的抛物线。清初的几位皇帝，处于清朝统治的巩固、制度的形成时期，尤其是在顺治、康熙、雍正、乾隆在位时期，清朝逐渐走向繁盛，到了乾隆统治时期，清朝到达了其发展抛物线的顶点。乾隆时期，整个中国的财富占世界的 1/3，人口也占世界的 1/3，清朝的国力极度强盛，乾隆成为无冕的世界之王。而其后，清朝的历史开始走下坡路。从嘉庆和道光两位皇帝开始，清朝的发展趋势沿着抛物线向下行。到后面的四位皇帝时，清朝的国力日益衰弱，列强对中国的侵略和剥削日益加重，清政府日益失去威信和民心，国内民众的反抗斗争越演越烈，最终导致民众以革命的方式推翻清政府。而且这四位皇帝都与一个女性相关，那就是叶赫那拉氏（慈禧）。叶赫那拉氏是咸丰帝的妃嫔，是同治帝的生母，是光绪帝的姨母，在其去世之前，让奕譞的孙子溥仪继承皇位。溥仪当时年幼，于是让溥仪的生父载沣担任摄政王，载沣与光绪帝载湉是同父异母的兄弟。由于叶赫那拉氏的决定，溥仪的一生都被改写。可以说，清朝最后的四位皇帝都受到了叶赫那拉氏的强烈影响，整个晚清的历史也受到叶赫那拉氏的左右。

末代皇帝是中国历史上最后一代皇帝。对于中国历史上其他所有的皇帝，我们只能从历史书籍中了解他们的情况，或者从画像上窥见他们的容貌。而末代皇帝，距离我们现今的历史非常近，我们不仅能够看到他的照片，还能够听到他的声音，他由一代帝王成为普通的公民，其传奇的一生引起了许多人的兴趣和关注。

二　有关末代皇帝的影视作品

（一）《末代皇帝》（28 集电视剧）

该电视剧是由王树元编剧，由周寰、张建民担任导演，陈道明、蔡远航等主演的 28 集大型历史题材电视连续剧，由中国电视剧制作中心出品，1988 年在中央电视台一套首播。这部电视剧将溥仪塑造得真实可信，忠于历史的本来面目，因此溥杰说：电视剧《末代皇帝》是"近来的有关所谓'宫廷'的影片中比较成功的一部作品，从剧情来看，我认为基本是根据有关资料和传说恰如其分地作了文艺上的加工，增添了兴味和情趣，可以说是收到了'点铁成金'的积极效果"。

陈道明因饰演溥仪，受到大众认可和喜爱，一举夺得第七届全国电视金鹰奖最佳男演员和第九届全国电视飞天奖最佳男主角奖。这部电视剧也同时获得了第七届全国电视金鹰奖优秀连续剧和第九届全国电视飞天奖长篇特等奖。在这部电视剧中，已退休的原文化部副部长吴雪饰演溥仪的老师陈宝琛。溥杰为该电视剧题写片名。

（二）《末代皇帝》（电影）

这部电影是由意大利扬科电影公司、英国道奥电影公司、中国电影合作制片公司联合出品，由贝纳尔多·贝托鲁奇执导，尊龙、陈冲、邬君梅等主演，于 1987 年在意大利上映。它以西方人的视角，展现了中国最后一位皇帝从一代帝王到普通公民的传奇一生。

该片获得第六十届奥斯卡金像奖（1988 年）最佳影片、最佳导演、最佳改编剧本、最佳摄影、最佳美工、最佳服装设计、最佳剪辑、最佳音响效果、最佳原创音乐等九个奖项。

影片依据《紫禁城的黄昏》《我的前半生》等重要著作改编，而且影片的拍摄得到中方的合作。中方允许其进入紫禁城实景拍摄，是第一个获准在太和殿拍摄的影片。

整个制片用了 3 年时间，导演试图塑造西方人眼中的"他者"形象。导演要向观众展现他对于中国人的理解："在中国人中存在着一种令人神往的和纯朴的混合体，那是一种对消费社会的天真和老于世故的聪敏的混合体，因为中国人有着四千年的文明史！""在中国，人们从来不从正面去解决问题。人们总是围绕问题进行探索，一步步地触及问题的中心。中国人在任何情况下举止都很文雅。"

借此，影片试图满足"一个共同的西方的窥视欲望，秘化或非神秘化'他者'的欲望"。影片对溥仪加冕典礼的盛大场面进行了详细的刻画。小皇帝坐在宝座上百般无聊，而殿外臣子正在庄严地举行三跪九叩仪式，这二者形成了强烈的对比。通过这样的方式，导演将西方人好奇的皇帝加冕典礼展现在观众面前。此外，大婚仪式也是影片的一个重头戏。通过热闹的戏剧表演、皇帝和皇后的亲热镜头等场景，导演将皇帝大婚的场面展现出来，满足了西方人的窥视欲望。而这些情景展现的末代皇帝，反映的是西方人眼中的中国人形象，这种"他者"的形象，是相对于西方人这个本体而言的，因而带上了西方人自身特点的烙印。

影片采取倒叙的结构方式，以溥仪在抚顺管理所当中的经历作为叙述的基准时间，然后用关联的事物或情景将之前发生的情节勾连起来，采用的是复调的表现形式。影片首先讲述溥仪如何被押送到抚顺战犯管理所，在押送过程中，溥仪伺机在一个小房间里自杀，监狱长发现情况不对，于是敲门并大叫"开门"（open the door），以这个"开门"为关键词，回忆的情境开启，影片随后出现的情景是王府的门打开，继而讲述的是溥仪如何进宫、看到慈禧去世以及溥仪的加冕典礼。其后，影片继续讲述溥仪的监狱生活：被分配囚室，看到溥杰。溥杰的出现是第二个关键性节点，回忆的情境再次打开，影片随后讲述了溥仪第一次见到溥杰、辛亥革命时清朝被推翻以及总统的加冕。影片通过监狱长翻阅《紫禁城的黄昏》再次展开了回忆，讲述了五四运动、溥仪的母亲去世、溥仪配眼镜以及皇室婚礼等情节。其后，以溥仪在审讯室中接受盘问，多次开启回忆的情境，讲述了皇帝的剪辫子、宫廷改革、天津生活、伪满洲国的建立等情节。影片的这种倒叙手法，打破了历史类影视作品平铺直叙的方式，在不同的时空中来回穿梭，从而对观众不断地产生刺激。

（三）《末代皇帝传奇》（60 集电视剧）

这部电视剧是由王响伟、郑延渝执导，赵文瑄、余少群、孙耀琦、高昊、蒋林静、惠英红、归亚蕾等主演，浙江长城影视有限公司出品，于 2014 年首播。这部电视剧详细地述说了溥仪从皇帝到普通公民的一生经历。

三　本讲重要知识点

（一）关于溥仪

1. 生平[①]

爱新觉罗·溥仪（1906 – 1967），清宣统皇帝，通称宣统皇帝或清逊帝，是清朝的最后一位皇帝。字浩然，取自《孟子》中的名句"吾善养吾浩然之气"；英文名 Henry，笔名植莲，满洲正黄旗人。清光绪三十二年正月十四日（1906 年 2 月 7 日）出生于北京醇王府，为醇亲王奕譞（道光帝第七子，咸丰帝之弟，谥号醇贤亲王）之孙、载沣（第二代醇亲王）长子，生母苏完瓜尔佳氏为荣禄之女。光绪三十四年十月二十日（1908 年 11 月 13 日），慈禧懿旨授载沣为摄政王，其子溥仪留在宫内教养，并在上书房读书。同一天，溥仪由乳母王焦氏抱送入宫，二十一日（1908 年 11 月 14 日）光绪帝崩，因其无子，懿旨以醇亲王载沣之子溥仪为嗣皇帝，入承大统，承继同治、光绪两位皇帝。因为溥仪当时年幼，只有 3 岁，故而令摄政王载沣为监国，尊西太后为太皇太后、光绪的皇后为皇太后，二十二日（1908 年 11 月 15 日），太皇太后叶赫那拉氏驾崩，距光绪之死仅一日；十一月初九日（1908 年 12 月 2 日），溥仪在太和殿行登基大典，以第二年为宣统元年，醇亲王载沣为监国摄政王，第二天，上皇太后徽号为隆裕皇太后。

此时的清政府正在推行新政，曾于 1906 年 9 月宣布预备立宪，立宪派受到巨大鼓舞，全国各地掀起立宪运动的高潮。在此氛围下，清政府首先对官制、地方行政等进行改革，同时草拟宪法。袁世凯在此期间成为中外所瞩目的人物。两宫去世之后，由载沣摄政，他采取了许多集权的措施。1909 年 1 月，以足疾为由，令袁世凯开缺回籍养疴。同时，

[①]　参见刘绍唐主编《民国人物小传》，上海三联书店，2015，第 5 册，第 292 ~ 298 页；朱汉国、杨群主编《中华民国史》，四川人民出版社，2006，第 9 册，第 653 ~ 658 页。

载沣建立了一支新禁卫军，自己直接统率；在北京创办贵胄学堂，训练皇族军；下令筹办海军，弟弟载洵为海军大臣；宣布自己代理皇帝为海陆军大元帅。1909 年 5 月，成立皇族内阁，与此同时，清政府宣布铁路收归国有。由于清政府对国会请愿运动的压制，以及铁路国有和皇族内阁几乎同时宣布，于是绅商掀起了保路运动。四川的保路运动发展为武装起义，促使全国革命形势成熟。

1911 年 10 月 10 日，辛亥革命爆发，10 月 30 日载沣下"罪己诏"，11 月 1 日内阁总理奕劻等辞职，授袁世凯为内阁总理大臣。11 月 3 日，清政府颁布《宪法重大信条十九条》（十九信条）。宣统三年十月十六日（1911 年 12 月 6 日）摄政王载沣引咎辞职，以醇亲王的身份退归藩邸，十七日（12 月 7 日），清政府派袁世凯为全权大臣，命其委任代表与南方代表和谈。第二天，袁世凯任命唐绍仪为全权代表。南方派出代表伍廷芳，南北双方在上海公共租界和谈。1912 年 1 月 1 日，孙中山宣誓就任中华民国临时大总统，成立临时政府。孙中山回国就职，袁世凯心生不满，于是说唐绍仪越权，不承认和议条款，制造决裂态势。但是当时的和谈仍以私下方式进行。孙中山试图进行北伐，并取得一些胜利，但因为临时政府的财政困难以及外国干涉等因素，北伐无法继续进行。孙中山提出，如果袁世凯能够逼迫清帝退位，并拥护共和制度，他可以推举袁世凯为临时大总统。于是袁世凯加紧了逼宫的步骤。1912 年 2 月 12 日，隆裕太后被迫代溥仪颁布了《退位诏书》，溥仪成为清朝末代皇帝。

根据清室优待条件，溥仪退位后，保留皇帝尊号，仍在紫禁城居住，有着自己的小朝廷，此时他开始在帝师陈宝琛等教导下学习四书五经等知识。对这一时期的生活，溥仪自己回忆说："我在童年，有许多稀奇古怪的嗜好，除了玩骆驼、喂蚂蚁、养蚯蚓、看狗牛打架之外，更大的乐趣是恶作剧。早在我懂得利用敬事房打人之前，不少太监已吃过我恶作剧的苦头。有一次，大约是八九岁的时候，我对那些百依百顺的太监们忽然异想天开，要试一试他们是否真的对'圣天子'听话。我挑出一个太监，指着地上一块脏东西对他说：'你给我吃下去！'他真的趴在地上吃下去了。有一次我玩救火用的唧筒，喷水取乐。正玩着，对面走过来了一个年老的太监，我又起了恶作剧的念头，把龙头冲着他喷去。这老太监蹲在那里不敢跑开，竟给冷水激死过去。后来经过一阵抢救，才把他救活过来。在人们的多方逢迎和百般依顺的情形下，养成了我的以虐待别人来取乐的恶习。"溥仪的这种恶作剧行为，引起帝师的规劝，溥仪说："师傅们谏劝过我，给我讲过仁恕之道，但是承认我的权威，给我这种权威教育的也正是他们。不管他们用了多少历史上的英主圣君的故事来教育我，说来说去我还是个'与凡人殊'的皇帝。所以他们的劝导并没有多大效力。"只有溥仪的乳母对溥仪的劝告会起作用。乳母会告诉溥仪，其他人和他一样都是人，溥仪说："这些用不着讲的常识，我并非不懂，但在那样的环境里，我是不容易想到这些的，因为我根本就想不起别人，更不会把自己和别人相提并论，别人在我心里，只不过是'奴才'、'庶民'。"由于从小在宫里长大，溥仪说："只有乳母在的时候，才由于她的朴素的言语，使我想到过别人同我一样是人的道理。"此时，溥仪在紫禁城中仍旧用宣统纪年，有内务府、宗人府、慎刑司，有太监，给故臣赠谥，也不改变发服。由于溥仪的行为过于放肆，参政院于 1914 年 11 月提出"维持国体建议案"，要求政府对小朝廷施行管制。

1916 年 6 月 6 日，袁世凯去世。1917 年初，总统黎元洪和总理段祺瑞之间发生了府院之争。张勋趁机率"辫子军"进京，于 7 月 1 日拥戴溥仪在京复辟，改五色旗为黄龙旗，授张勋、陈宝琛等为内阁议政大臣，张勋为直隶总督兼北洋大臣，冯国璋为两江总督兼南洋大臣，徐世昌为弼德院院长，康有为为副院长，另授各省巡抚、提督。段祺瑞组织讨逆军，打败张勋。7 月 12 日，讨逆军收复北京，张勋复辟失败，逃匿荷兰公使馆，溥仪第二次宣布退位。

1919 年 3 月，英国人庄士敦被聘为溥仪的英文师傅，在其教导下，溥仪开始对世界各国国情政体、国际形势以及中国国内时局有了大体了解。随着年龄的增长，溥仪的见识越来越丰富，越来越想改变宫内的陈规陋习。1921 年，因御医范一梅辞退事件，溥仪与端康太妃发生冲突，溥仪生母受到端康太妃训斥，其后吞鸦片自杀。太妃们为了管束溥仪，决定让溥仪成婚。1922 年 12 月 1 日，溥仪举行大婚典礼，郭布罗·婉容（字慕鸿）为皇后，额尔德特·文绣（字蕙心）为淑妃。婚后，溥仪试图进行改革，1923 年 7 月下令"宦官一律由宫中解放，永远不用"；同年，任命郑孝胥为"懋勤殿行走"。1924 年 5 月，在宫中接见访华之印度诗哲泰戈尔。其间，因当时政局纷乱，军阀混战，而且在庄士敦的影响下，溥仪对国外的生活十分向往，故而他曾计划逃出紫禁城，到英国留学。

1924 年 10 月 22 日，冯玉祥发动"北京政变"，11 月 5 日，派鹿钟麟带兵入紫禁城，要求溥仪在修订皇室优待条件上签字，"从即日起永远废除皇帝尊号，并迁出宫禁"，逼溥仪离宫，历史上称"逼宫事件"。溥仪不得不签字，并携眷搬进北府（北京什刹后海醇王府，载沣的居处），继而又逃进日本公使馆。1925 年 2 月 23 日，在罗振玉和日本使馆的策划下，溥仪秘密潜往天津，先住在张园，后搬到静园。1931 年 8 月，文绣提出离婚，并与溥仪最终达成了离婚协议，此事在当时轰动一时，被称为"刀妃革命"。

1931 年 9 月，"九一八事变"爆发。11 月 10 日，溥仪乘坐日本商船离开天津，到达东北营口，郑孝胥父子及日本浪人工藤铁三郎等随行。

1932 年 3 月 1 日，伪满洲国成立，溥仪任执政，以长春为"首都"，其管辖地域为奉天、吉林、黑龙江三省（第二年加入热河省），"国旗"为"新五色旗"，建年号为"大同"。3 月 6 日，与关东军高级参谋板垣征四郎会晤，草签"溥仪本庄繁换文"，内容为"新国家"之"国防及治安之维持全面委诸日军"，并"选任日本人参加参议府"，以及"中央及地方官吏并采用日本人，日本人之选定、保荐、解职，须在日军司令官（本庄繁）之同意下行之"。3 月 8 日，溥仪偕婉容乘专车前往长春。3 月 9 日在新京"长春市政府公署"大礼堂正式就任"满洲国执政"，郑孝胥担任国务总理兼文教部总长，实权则掌握在国务院总务厅长官日人驹井德三手中。3 月 10 日，溥仪与本庄繁签订卖国条约。3 月 12 日，国民政府发表声明，不承认伪满洲国。1932 年 5 月，以李顿爵士（Lord Lytton）为首的国联调查团到东北调查"满洲问题"，溥仪接见调查团时称："我是由于满洲民众的推戴才来到满洲的，我的国家完全是自愿自由的。"1932年9月，日本正式承认"满洲国"，双方签订"日满议定书"。在该协议中，除了保留3月10日的密约外，又增加了新的密约，概括而言，其主要内容有：将"满洲国"国防和治安等全部委托给日本；由日本管理"满洲国"的铁路、港湾、水路和空路等；"满洲国"负责供应日军所需各种物资和设备；日本有权开发矿山等资源；日本人可担任"满洲国"官员，其"保荐"和"解职"均由关东军司令官决定；日本有权向"满洲国"移民。

1932年10月，国联调查团报告书发表，认为伪满洲国的成立并非出于人民之公意。1933年2月，国联大会通过不承认伪满洲国。3月，日本退出国联。6月，国联通告会员国及美国，坚决不承认伪满洲国。

1933年5月31日，南京国民政府与日本签订"塘沽协定"，溥仪大受鼓舞，认为日本最终会帮助他在全国范围内复辟，于是在日军占领热河后，慰问嘉奖参战的日军将领。

1934年3月1日，溥仪改国号为"满洲帝国"，在新京（长春）举行"登基"典礼，任"满洲帝国"皇帝，诏布"即位诏书"，改年号为"康德"，是康熙和德宗光绪的缩称，意在纪念，并寄托了续承清朝基业之愿。郑孝胥为"总理大臣"。6月6日，日本天皇派其兄弟雍仁亲王代表天皇前往祝贺溥仪登基，并赠予其日本"大勋位菊花大绶章"。

1935年4月，为体现和加强"日满亲善"，溥仪应日本天皇的邀请，乘日舰访问日本，日本天皇裕仁在东京火车站迎接溥仪。溥仪于同月返回。5月，颁布"回銮训民诏书"。同月，张景惠接替郑孝胥担任伪满洲国"总理大臣"。

1935年冬，溥杰从日本学成回国。后来，关东军安排溥杰与日本嵯峨实胜侯爵之女嵯峨浩结婚。

1937年2月，关东军授意伪满洲国"国务院"公布"帝位继承法"，规定皇帝死后由其子继承皇位，如无子，则由孙继承，如无子无孙，则由弟继承，如无弟则由弟之子继承。通过这样的方式，日本试图以日本人的后代统治东北甚至整个中国。

1937 年 11 月，意大利承认"满洲国"；同年，溥仪"册立"谭玉龄为庆贵人。后来，关东军规定，溥仪如果接见外人，须由关东军参谋吉冈安直在旁"侍立"，其实际目的是监视。1938 年 2 月，德国承认伪满洲国。1939 年 2 月，伪满洲国加入日、德、意三国的"防共协定"。

1940 年 6 月，溥仪第二次访问日本，并亲自迎接日本天照大神到"满洲国"作为新祖宗奉祀。7 月返回，在新京建"建国神庙"，尊称天照大神为"建国元神"，并确定以后每逢初一、十五，溥仪都需亲率文武大臣前去拜祭。同时颁布"国本奠定诏书"，以日本天照大神为宗祖及宗教，并因此设置"祭祀府"。

1941 年 12 月，太平洋战争爆发，溥仪颁布"时局诏书"。

1942 年 3 月，颁布"建国十周年诏书"，并派张景惠等人为"谢恩使节"，到东京"谢恩"。同年庆贵人去世。1944 年，"册立"李玉琴为福贵人。

1945 年 8 月 8 日，苏联对日本宣战，9 日，苏军攻入东三省满洲里、呼伦等地，10 日，溥仪携眷逃离新京。8 月 15 日，日本宣布无条件投降，16 日，溥仪第三次退位，签署"退位诏书"，宣布"满洲帝国"解体。17 日，溥仪等人坐飞机到达沈阳机场，在等候飞机逃往日本时，被苏军俘虏，后被押往苏联，被关押了 5 年。

1946 年 8 月，溥仪被苏联人送往日本东京"国际远东军事法庭"作证。同年婉容去世。

1949 年 10 月，中华人民共和国成立，战俘回国问题被提上日程。1950 年 8 月，溥仪等战犯由苏联移交中国政府，关押于抚顺战犯管理所。后因朝鲜战争爆发，溥仪等战犯随管理所一同迁往哈尔滨。1951 年初，溥仪的父亲载沣在北京病逝。1954 年 3 月，溥仪等人又随管理所迁回抚顺。在关押期间，溥仪由一开始的怀疑和抵触，慢慢地转变态度，老老实实地交代自己曾犯下的罪行。其亲友的探访也给溥仪带来很大的触动，体会到了新中国所发生的变化。

1959 年，为庆祝新中国成立十周年，中共对"确实已经改恶从善的战争罪犯"等颁布特赦令;12月4日,抚顺战犯管理所的特赦大会召开,溥仪成为第一批特赦人员中的第一个人。12月9日,溥仪回到北京。

1960年春,溥仪被分配到北京植物园担任园丁,1961年3月,调到全国政协文史资料研究委员会任职。10月,溥仪与鹿钟麟、熊秉坤等一同出席"辛亥革命五十周年纪念会",相逢一笑泯恩仇。1964年,溥仪担任第四届政协全国委员会委员。1966年6月,"文化大革命"暴发,溥仪不久被列为"黑五类"。1967年10月17日因肾癌在北京人民医院去世。1980年3月29日,政协为其举行追悼会,骨灰盒安放于北京八宝山公墓。

溥仪著有《我的前半生》。

2. 溥仪相关研究的特点

溥仪生于1906年,于1967年去世,涵盖半个多世纪的时间,其一生经历了清朝末年、民国和中华人民共和国时期。他由一代帝王,后来成为战犯,最终成为平民,跌宕起伏,充满了传奇色彩。他的故事甚至可以延展至整个20世纪。

在溥仪的相关研究中存在以下特点。

第一,人们对溥仪的兴趣浓厚。溥仪的一生距离现代比较近,且因其具有浓厚的传奇色彩,世人尚存在着亲历那一时段的记忆,因而对溥仪的相关话题兴趣浓厚。溥仪的一生可以说是中国近代历史的缩影,人们可以从溥仪的相关研究中找寻对于那段历史的记忆。

第二,溥仪的一生中,存有大量鲜活的历史照片、纪录片和生动的现场媒体报道文字,这与以往的历代皇帝不一样。溥仪生活的年代,照相和摄像技术已经非常成熟,而且广泛应用起来,于是溥仪留下了大量的照片、纪录片,例如:童年的溥仪留下了和父亲载沣、弟弟溥杰的一些合照;庄士敦担任帝师时,也拍摄了许多与溥仪、溥杰的合影;泰戈尔访问溥仪时拍摄了合照;溥仪举行重大典礼时,拍摄了相关的纪录片。与此同时,清末民国时期,报刊已经成为传播消息、进行宣传鼓动的重要手段,而末代帝王的事情,会引起读者浓厚的兴趣,当时报刊往往争相予以报道。其中，文绣与溥仪离婚的事情一时成为报刊热议的话题，被称为"刀妃革命"。1931年8月25日文绣突然离开静园，并让太监通知溥仪，正式向他提出离婚。双方都聘请律师，进行交涉。报刊上刊出文绣的堂哥致文绣的两封信，在京津乃至全国掀起轩然大波，末代皇帝的离婚案彻底公开。在中国历史上，还没有哪个妃子敢向皇帝提出离婚的，而文绣是第一个。这件事情让溥仪觉得皇室颜面扫地，为了不闹到法庭，溥仪尽量满足文绣的要求，最终以调解的方式达成协议。此后报刊上登载溥仪的"上谕"，将淑妃废为庶人。文绣的胆识受到时人的称赞，她的"平等"观也为报刊所热议。

第三，溥仪本人有回忆录存世，他在关押期间还留下了大量文献资料，以及特赦前后撰写的书稿、文稿、信稿、报告手稿等，这也是历代帝王所没有的。溥仪本人留下的这些资料，包括回忆录、口供笔供资料、书信文稿等，内容十分丰富。

第四，溥仪的"福贵人"李玉琴和遗孀李淑贤，在溥仪去世后各自出版了内容丰富的回忆录，叙述自己的生平故事，也谈到与溥仪共同生活的许多生动细节。溥仪的各个妻子因为与溥仪关系很近，所留下的资料，可以与溥仪本人留下的资料互相参照，便于人们更加具体、详细地了解溥仪的经历。

第五，爱新觉罗家族中至今尚有健在者，还有前半生中的臣下和仆从，后半生中的同事和朋友，也都回忆并写下大量第一手生动、鲜活的历史细节。这些资料同样可以对上述资料进行补充和印证。

在对溥仪进行研究时，其资料来源主要有：遗孀李淑贤保留的珍贵资料；知情人、见证人的口述史料；文献档案资料；报刊。可以说相关资料非常的丰富。

3. 有关末代皇帝的书籍

有关溥仪生平的书籍非常多，以下所列书籍，因为其珍贵性，可以作为研究溥仪时的资料使用。

（1）《紫禁城的黄昏》。该书是由溥仪的帝师庄士敦用英文写成的，英文书名为 Twilight in the Forbidden City，于1934年出版。因为庄士敦与溥仪的关系，所以这本书为了解溥仪提供了一个视角和资料来源。后文在讲述庄士敦与溥仪的关系时，还会具体对这本书展开论述。

（2）《满宫残照记》。秦翰才著《满宫残照记》，由中国科学图书仪器公司印行，1947年首次出版。全书由26篇组成：《读罢〈宣统政纪〉》《满洲的老祖宗》《道光皇帝的一支》《一家人》《过去的四十年》《学问一斑》《嗜好一斑》《性情一斑》《生活一斑》《财产一斑》《平津的留恋》《手足间的温情和谐趣》《和关东军的关系》《和日本贵族的联姻》《宫中的建筑》《宫中的机构》《宫中的衣食住行》《宫中的娱乐》《宫中的图书》《宫中的字画》《宫中的祭祀》《宫中的典礼》《两部巨籍》《三位老臣》《零缣断简中的秘密》和《墨余小感》。书中附有许多珍贵的图片：溥仪与泰戈尔、溥仪在天津张园、溥仪在长春满宫西花园、溥仪的字画、长春满宫同德殿等。

秦翰才之所以写这本书，存在一定的缘由。1945年11月，秦翰才第一次到长春，1946年1月，他第二次到长春，并读了一本《宣统政纪》，参观了满洲宫廷。他又从朋友那里看到了与溥仪相关的一些文物，于是想写一本关于溥仪的书。作者所依据的材料主要有三种。其一，实地调查所得，作者实地考察了伪满洲国的皇宫，又到天津去看过溥仪的居所；其二，作者访问相关人物所得；其三，根据有关的书籍资料，例如相关人士留下的日记等。因为作者往往在下午三点的时候游览伪满洲国的皇宫，冬日的残阳呈现出凄凉的景色，因此作者给这本书起名叫《满宫残照记》。李敖说："从《满宫残照》之中，我们可以看到人世兴亡的新剖面，其兴也凄楚，其亡也离奇。一本书，能使人有这样丰富的收获，真是成功之作了。"

（3）《末代皇帝传奇》。溥仪在抚顺战犯管理所改造期间，受到国际社会的广泛关注。当允许社会各界人士到管理所采访溥仪之后，每个月都有很多作家、记者等到管理所参观，采访看望溥仪。1956年12月，香港大公报记者潘际坰在管理所呆了10天，对溥仪进行了详细的采访，后于1957年由通俗文艺出版社出版了《末代皇帝传奇》一书，成为最早披露溥仪改造生活的图书。此书在"狱中见闻"一章记载了溥仪改造的许多细节。对于溥仪给他的印象，作者写道："我在这个管理所住了十天，觉得溥仪这个犯人在外表方面给我的印象是整洁，除了前9天的胡须略为长了一些。他经常穿着蓝布的上装和西式裤子；有一天竟然穿的是蓝布单制服，不过在领口露出鲜艳的红色球衣的圆领子。"潘际坰因此询问溥仪衣服够不够穿、会不会冷等问题。书中谈到了溥仪在管理所中的饮食，以及日常活动，还谈到了溥仪待在管理所中的健康状况，他看到了溥仪的体格检查表。1955年的记录是："身长174公分。体重103市斤。胸围77公分。两眼近视性散光，高度近视。握力：右35，左28。肺活量3500毫升，血压120－80水银柱。"可见溥仪改造期间的身体状况很好。对于溥仪在管理所中的整体状态，潘际坰写道："他坦率、诚挚，虽然身为犯人，可是对人生采取了肯定的态度。他不忧郁，他不伤感；他在读书、他在思考；他遭遇到来自灵魂深处最猛烈最锐利的挑战，他没有退却，或者暂时退却了很快又振奋起来；他竭力运用他那常人的智慧，扬弃了一些什么，又吸收了一些什么；他有时痛哭流涕，有时纵声大笑；依我看来，这位末代皇帝只是在最近几年才开始懂得什么是人生，什么是爱情。而且似乎一年比一年懂得深刻些。"溥仪在改造期间，思想发生了深刻的变化，书中写道："末代皇帝溥仪虽然失去了另一个神圣而吉祥的徽号，但是，他却获得不少有意义有价值的东西。"溥仪说："既是一个人就应当拥护和平，反对战争；既是一个人就应当为大家的全体利益去着想。自己的祖国好了，才是自己的好；集体都好了，才是个人的好。所以要中国好，也要全世界都好。所以，我认为过去活了几十年，只有现在，我才从鬼变成了今天的人，才认识真理，所以我认为只有今天，才是我平生最幸福的日子。"

（4）《我的前半生》。这本书是溥仪所写的回忆录。溥仪称，《我的前半生》写作时，他从1957年下半年开始着手准备，花了一年多的时间，写了一个20万字的初稿，由中国人民解放军沈阳军区战犯管理所（即原抚顺战犯管理所）油印成册。1960年1月，在毛泽东和周恩来的关注下，群众出版社把油印本印成灰色封面的铅印本（俗称"灰皮本"）。其后，群众出版社又与溥仪磋商，决定重新搜索材料、重新构思、爬梳挑选、提炼成文。于 1962 年 6 月写成 "另起炉灶" 的一稿本，约 50 万字。一稿本成稿后，经过征求并吸取有关部门和专家的意见，溥仪又作了一些修改，并补充了 "五十三年大事记" 等有关内容，于 1962 年 10 月印出二稿本。全国政协、中央宣传部、中央统战部、最高人民法院、最高人民检察院等单位，以及当时历史学界、文学界的许多专家学者、著名人士，在审阅书稿后，对二稿本给予评价或提出许多中肯的修改意见。作者根据这些意见，对书稿进行了相应的修改和调整，尤其是对后半部分进行了较多删减和改动，最终形成了 1964 年 3 月正式出版的《我的前半生》。该书依据翔实的史料，再现了爱新觉罗·溥仪从皇帝到平民的历史，披露了大量鲜为人知的重要资料，全书具有很高的史料价值，对于了解和研究满族宫廷史非常重要。

毛泽东在看了这本书之后，说："我们觉得他这本书写的不怎么好。他把自己说的太坏了，好像一切责任都是他的。其实，应当说这是一种社会制度下的一种情况。在那样的旧的社会制度下产生这样一个皇帝，那是合乎情理的。"

（5）其他相关书籍。20 世纪 60 年代初，日本出版了山田清一郎的《皇帝溥仪》。该作者在伪满洲国时期曾经见过溥仪并与之长谈，在溥仪因禁于苏联时，他也到访过那里。

20 世纪 70 年代初工藤忠的回忆录在日本出版。从天津到伪满洲国期间，工藤忠一直给溥仪当侍卫官长，跟随溥仪很多年，知道非常多的内幕情形，他是溥仪唯一信任的日本人，他所写的溥仪，非常的真实和生动。

王庆祥搜集整理了有关溥仪的许多资料，并采访了跟溥仪相关的知情人士，出版了许多与溥仪相关的书籍，例如：《溥仪与我》（李淑贤口述，王庆祥撰写，1984 年延边教育出版社出版，修订稿书名改为《我的丈夫溥仪》，1999 年东方出版社出版，2007 年团结出版社再版）；《溥仪的后半生》（李淑贤提供材料，王庆祥著，1988 年天津人民出版社出版）；《爱新觉罗·溥仪日记》（李淑贤提供，王庆祥整理、注释，1996 年天津人民出版社出版）；《溥仪交往录》（王庆祥著，1999 年东

方出版社出版）；《溥仪与伪满洲国》（王庆祥著，2015 年人民出版社
出版）等。

（二）帝师庄士敦

1. 庄士敦生平

庄士敦（1874 – 1938），英文名为雷金纳德·弗莱明·约翰斯顿
（Reginald Fleming Johnston），苏格兰人，1874 年生于爱丁堡。庄士敦的
家庭属于中产阶级，父母经常争吵，使庄士敦养成了孤独叛逆的性格。

1894 年，庄士敦毕业于爱丁堡大学。其后，庄士敦考入牛津大学玛
格德琳学院，主修现代历史学、英国文学和法理学，并获得学士学位。

1898 年，庄士敦考入英国殖民部。同年以见习生身份被派往香港，
由于他对东方文化有浓厚的兴趣，且聪明好学，他的汉语水平提高很
快，在港英政府中的职位不断提升。然而对庄士敦而言，更重要的还是
他与洛克哈特的相识。洛克哈特（James Stewart Lockhart，1858 – 1937）
又名骆任廷，在港任职多年，通晓中文，熟悉对华事务，在其影响之
下，庄士敦对中国传统文化尤其是儒家文化几乎达到痴迷的地步。1901
年，庄士敦通过自修获得牛津大学历史学硕士学位。

1904 年，庄士敦被英国殖民部派往当时英国在中国的租借地威海
卫，先后任政府秘书、正华务司和南区行政长官等要职。庄士敦激烈地
反对中国出现的各种激进思潮，认为中国有以儒教为代表的最好宗教，
西方传教士在华行动纯属多余。这样的理念成为庄士敦在威海卫施政的
核心理念。他努力地以中国传统标准规范约束自己的言行，努力树立一
个"父母官"的形象。他一方面在推行英国殖民当局的政策；另外一
方面，他注意中国人的心理，得到了一部分中国人的好感。

然而由于各种原因，威海卫的工作让他渐生去意。其后经由李经
迈、徐世昌的介绍，1919 年 2 月，庄士敦从威海卫"暂时调任"，赶赴
北京，开始了其"帝师"生涯。

1924 年逼宫事件后，经庄士敦多方协调，溥仪逃入日本使馆。

1927 年初，庄士敦重新回到威海卫出任行政长官。

1930 年庄士敦代表英国政府参加威海卫交还仪式后，卸任回国。其后，庄士敦担任了伦敦大学中文教授。

1934 年，庄士敦写成《紫禁城的黄昏》一书，一度引起轰动。

1935 年，庄世敦最后一次来中国，到长春拜访了溥仪，但拒绝了溥仪的留任邀请。

庄世敦晚年，购买了一座小岛。他把它打造成中国式样，给岛上的房子分别起名松竹厅、威海卫厅等名字。1938 年去世。

2. 庄士敦对溥仪的影响

庄士敦是近代唯一一位在紫禁城中生活过的外国人，也是中国几千年帝制史上第一位和最后一位具有帝师头衔的外国人。听说有一个外国人要做师傅，溥仪充满了好奇。他曾经在隆裕太后最后一次招待外国公使夫人时，见过外国妇女，他觉得她们奇装异服，眼睛和毛发五颜六色，显得又寒碜又可怕。溥仪那时还没见过外国男人，他有自己的想象："对于外国男人，我是从石印的画报上，得到最初的了解的：他们嘴上都有个八字胡，裤腿上都有一条直线，手里都有一根棍子。据太监们说，外国人的胡子很硬，胡梢上可以挂一只灯笼，外国人的腿很直，所以庚子年有位大臣给西太后出主意说，和外国兵打仗，只要用竹竿子把他们捅倒，他们就爬不起来了。至于外国人手里的棍子，据太监说叫'文明棍'，是打人用的。我的陈宝琛师傅曾到过南洋，见过外国人，他给我讲的国外知识，逐渐代替了我幼时的印象和太监们的传说，但当我听说要来个外国人做我的师傅的时候，我这个十四岁的少年仍满怀着新奇而不安之感。"

和庄士敦见面的情景，溥仪记录道："我的父亲和中国师傅们'引见'雷湛奈尔德·约翰·弗莱明·庄士敦先生的日子，是一九一九年三月四日，地点在毓庆宫。首先，按着接见外臣的仪式，我坐在宝座上，他向我行鞠躬礼，我起立和他行握手礼，他又行一鞠躬礼，退出门外。然后，他再进来，我向他鞠个躬，这算是拜师之礼。这些礼都完了，在朱益藩师傅陪坐下，开始给我讲课。"溥仪认为庄士敦并不十分可怕，而且庄士敦的中国话非常流利，比陈宝琛的福建话和朱益藩的江西话还好懂。然而，溥仪对庄士敦的第一印象并不怎么好："庄师傅那年大约四十岁出头，显得比我父亲苍老，而动作却敏捷灵巧。他的腰板很直，我甚至还怀疑过他衣服里有什么铁架子撑着。虽然他没有什么八字胡和文明棍，他的腿也能打弯，但总给我一种硬邦邦的感觉。特别是他那双蓝眼睛和淡黄带白的头发，看着很不舒服。"

在担任溥仪的老师之后，庄士敦不仅教授溥仪英语、天文、地理、数学及欧洲法制史等，还教给他英国的绅士风度和礼仪，介绍国内外重大社会变化，将《新青年》等激进刊物带给溥仪阅读，为使溥仪更多地与外界接触，庄士敦还向溥仪引荐了泰戈尔、胡适等人。

溥仪见胡适是一件非常有趣的事情。当溥仪听说有电话这样神奇的东西之后，就吵闹着让人给他装了电话，喜欢恶作剧的溥仪拿着电话本，翻找电话，随意拨出去，以此开心取乐。或者给著名京剧演员杨小楼打电话，或者给某饭庄打电话，叫他们送一桌酒菜到某个住址，这样玩了一阵以后，溥仪突然心血来潮地记起了庄士敦上课时刚提到的胡适博士，于是给胡适打通了电话，并叫胡适有空的时候到宫里来看他。溥仪本是无心的玩笑，但是胡适真的来见溥仪了。最新派的人物和最守旧势力的最高象征相见，二人聊聊家常，时间仅有 20 分钟左右。但新旧势力都为此炸开了锅。外界的舆论指责胡适竟然以新文化领袖的身份去拜见一个废帝，还为此产生了许多推测和传言，比如胡适担任帝师等。胡适写文章反驳，并把事情的真相写出来，指出这件事是可以"不必大惊小怪的事"。

在庄士敦的影响之下，溥仪日渐西化。他的衣着由传统的袍褂等服饰变成了西装，在宫中安装电话，学骑自行车，打网球，后来还当众剪掉了自己的辫子，在关注国内外大事的同时，他的思想也逐渐受到国内思潮的影响。庄士敦对溥仪的影响之大，可以从溥仪在《我的前半生》中写的以下文字略窥一二："总之，后来在我眼里，庄士敦的一切都是最好的，甚至连他衣服上的樟脑味也是香的。庄士敦使我相信西洋人是最聪明最文明的人，而他正是西洋人里最有学问的人。恐怕连他自己也没料到，他竟能在我身上发生这样大的魅力；他身上穿的毛呢衣料竟使我对中国的丝织绸缎的价值发生了动摇，他口袋上的自来水笔竟使我因中国人用毛笔宣纸而感到自卑。自从他把英国兵营的军乐队带进宫里演奏之后，我就更觉中国的丝弦不堪入耳，甚至连丹陛大乐的威严也大为削弱。只因庄士敦讥笑说中国人的辫子是猪尾巴，我才把它剪掉了。"

因此可以说，在溥仪众多的"帝师"中，对其影响最大的，除了陈宝琛，就是他"灵魂的重要部分"的英文老师庄士敦。

3. 庄士敦的中国化

虽然庄士敦是一个英国人，但他却特别崇拜中国的儒家思想，对儒家思想几乎达到痴迷的程度。他来到中国后，不仅给自己起了"庄士敦"的中国名字，而且还按照中国的习惯，给自己加了一个"志道"的字，"志道"出自《论语》中的"士志于道"，意思是要做基本价值的维护者之意。

庄士敦具有相当深厚的东方学研究功底，非常熟悉中国的政治、文学和风土人情，同时，对儒、释、道、墨等学说以及天文地理、唐诗宋词也有相当的研究。庄士敦与另一位英国驻威海卫最高行政长官洛克哈特非常要好，因此，二人成为终生好友。

在溥仪受庄士敦的影响慢慢西化的同时，本来痴迷于中国文化的庄士敦彻底中国化了，他穿上了中式的衣服，顶戴花翎，脚踏朝靴，喜欢别人称呼他为"庄大人"，以获得溥仪的赏赐为荣，每次获得赏赐时，都随其他的人一样写一个规整的谢恩折。庄士敦回国之后给自己买了一座岛，在其上建立起来一个"小中国"，室内的摆设都是中国式的，而且还给房间起了中式的名字，经常把玩溥仪赏赐的物品，以表达他对中国生活的怀念。

庄士敦在中国的时候，曾经游历内地各省的名山大川和名胜古迹，同时经过认真观察、切身体会，写出了许多有关中国的著述，它们都具有非常重要的史料和学术价值。这些书籍如《儒教与近代中国》《威海卫狮龙共存》《紫禁城的黄昏》等。

1934年，《紫禁城的黄昏》一书在伦敦出版。溥仪为该书亲笔题写序文："甲子十月，予自北府入日本使馆。庄士敦师傅首翼予出于险地，且先见日使芳泽言之，芳泽乃礼予，假馆以避乱军。乙丑二月，予复移居天津，距今七年。而庄士敦前后从予于北京、天津之间者约十三年，中更患难。仓皇颠沛之际，唯庄士敦知之最详，今乃能秉笔记其所历，多他人所不及知者。嗟夫！丧乱之余，得此目击身经之实录，信乎其可贵也。庄士敦雄文高行，为中国儒者所不及。此书既出，予知其为当世所重必矣。辛未九月。"在英文版的扉页上，庄士敦写道："谨以此书献给溥仪皇帝陛下，以纪念十五年前于紫禁城建立的友谊，并谨以此书对陛下及生活在关内外的他的人民，致以衷心的祝福。历经这个黄昏与漫漫长夜之后，正在迎来一个崭新而更加美好的黎明。陛下忠诚而满怀深情的仆人和老师雷金纳德·弗莱明·约翰斯顿谨呈。"

在该书中，庄士敦记述了困居于紫禁城中的"清王室"黄昏期，即从民国的成立到溥仪出宫的历史。因为庄士敦非常熟悉中国的文化，而且当时又担任皇帝的老师，他从一个外国人的特殊视角，对其耳闻目睹和亲身经历的各种事情，都予以真实的记录，同时还表达了他自己的审视和思考。在他的书中，末代皇帝溥仪脱去了神秘的面纱，他只是一个普通的十几岁的少年，拥有普通的中国少年所拥有的优点，也有自己的致命缺点，即浮躁而不思进取。当然书中也存在偏颇之处，例如对伪满洲国进行推崇、对日本人偏袒等。

（三）溥仪与伪满洲国的建立

溥仪与伪满洲国的建立息息相关，日本利用了溥仪的势力，建立了一个傀儡政权。

1. 溥仪与日本慢慢接近

中国近代的历史与日本有着千丝万缕的关系。而溥仪伪满洲国的建立，正是日本一手策划的。

早在1917年张勋复辟的时候，日本就看到了溥仪所具有的影响力和符号力量。当1924年"逼宫"事件之后，溥仪搬出紫禁城，到北府居住。在亲日分子的联络和撮合之下，溥仪搬至日本使馆，并受到了日本人的"热情款待"。日本人的殷勤，蒙蔽了溥仪，让他对日本人产生了幻想。

2. 天津日本继续拉拢和控制

溥仪到了天津之后，还没有忘记要恢复祖宗大业。这时他的身边存在几个派别。"还宫派"主张争取国内同情者的支持，实现"复号还宫"，这派人以陈宝琛为首；"用武人派"则借鉴张勋复辟的经验和教训，认为可以积极利用当时的军阀，手中握有一定的军权，再进行复辟活动，这派人以郑孝胥为首；"联日派"则把希望寄托在出洋活动上，以博取外国主要是日本的援助，这派人以罗振玉为首。与此同时，日本也展开各种手段，拉拢和控制溥仪，日本成为复辟的第一个外援。

3. 执政与称帝

1932 年 3 月 1 日至 1934 年 2 月 28 日，溥仪任"满洲国"执政，建年号为"大同"。1934 年改国号为"满洲帝国"，改称皇帝，改年号为"康德"，3 月 1 日登基。溥仪本以为可以自己掌控整个政权，但实际上这个"满洲国"是一种傀儡状态。从人事组织上来看，日本人占政府工作人员的 1/2，而且实行顾问、次长负责制，政府实际的掌控权落入伪国务院总务厅厅长驹井德三手中。即使是这样，日本人还不满意，以改组的形式多次对"满洲国"政府进行调整。一方面是为了简化行政体制；另外一方面是为了扩大集中权力，对于那些服从日本人命令的人予以任用，而对于那些不听话的人则予以替换。

影片《末代皇帝》向公众描述了溥仪就任伪满洲国执政时的情景，同时也对伪满洲国的傀儡状态进行了刻画。溥仪的作用就是签署文件，无法左右任何事情。影片中有一个溥仪和伪满洲国官员开会的场景，当他提出自己的想法时，在场的日籍官员首先愤然离场，随后其他的官员也离场，整个会场上只剩下溥仪一人。日本人通过与伪满洲国签订的各种协议，实际掌控了伪满洲国的政治、经济、军事、外交等各种权力。

4. 伪满洲国的灭亡

伪满洲国是依靠日本的支持而建立和运转的，直到日本在第二次世界大战中失败，宣布无条件投降时，伪满洲国也寿终正寝，而溥仪也被苏军抓到苏联境内，在其监狱中开始阶下囚的生活。

四　本讲扩展阅读

（一）退位诏书（1912 年）①

原文如下：

> 谕内阁：钦奉隆裕皇太后懿旨，前因民军起事，各省响应，九夏沸腾，生灵涂炭。特命袁世凯遣员与民军代表讨论大局，议开国会，公决政体。两月以来，尚无确当办法。南北暌隔，彼此相持。商辍于涂，士露于野。徒以国体一日不决，故民生一日不安。今全国人民心理，多倾向共和。南中各省，既倡义于前，北方诸将，亦主张于后。人心所向，天命可知。予亦何忍因一姓之尊荣，拂兆民之好恶？是用外观大势，内审舆情，特率皇帝将统治权公诸全国，定为共和立宪国体。近慰海内厌乱望治之心，远协古圣天下为公之义。袁世凯前经资政院选举为总理大臣，当兹新旧代谢之际，宜有南北统一之方。即由袁世凯以全权组织临时共和政府，与民军协商统一办法。总期人民安堵，海宇乂安，仍合满、蒙、汉、回、藏五族完全领土为一大中华民国。予与皇帝得以退处宽闲，优游岁月，长受国民之优礼，亲见郅治之告成，岂不懿欤！
>
> 又奉懿旨：古之君天下者，重在确保民命，不忍以养人者害人。现将新定国体，无非欲先弭大乱，期保乂安。若拂逆多数之民心，重启无穷之战祸，则大局决裂，残杀相寻，势必演成种族之惨痛。将至九庙震惊，兆民荼毒，后祸何忍复言。两害相形，取其轻

---

① 赖骏楠编《宪制道路与中国命运　中国近代宪法文献选编（1840－1949）》，中央编译出版社，2017，第362~364页。

者。此正朝廷审时观变，痌瘝吾民之苦衷。凡尔京外臣民，务当善体此意，为全局熟权利害，勿得挟虚矫之意气，逞偏激之空言，致国与民两受其祸。著民政部步军统领姜桂题、冯国璋等严密防范，剀切开导。俾皆晓然于朝廷应天顺人、大公无私之意。至国家设官分职，以为民极。内列阁府部院，外建督抚司道，所以康保群黎，非为一人一家而设。尔京外大小各官，均宜慨念时艰，慎供职守。应即责成各长官敦切诫劝，勿旷厥官，用副予凤昔爱抚庶民之至意。

又奉懿旨：前以大局阽危，兆民困苦，特饬内阁与民军商酌优待皇室各条件，以期和平解决。兹据复奏，民军所开优礼条件，于宗庙陵寝永远奉祀，先皇陵制如旧妥修各节，均已一律担承。皇帝但卸政权，不废尊号。并议定优待皇室八条，待遇皇族四条，待遇满、蒙、回、藏七条。览奏尚为周至。特行宣示皇族暨满、蒙、回、藏人等，此后务当化除畛域，共保治安，重睹世界之升平，胥享共和之幸福，予有厚望焉。

附录优待条件

甲、关于大清皇帝宣布赞成共和国体，中华民国于大清皇帝辞位之后，优待条件如左：

第一款　大清皇帝辞位之后，尊号仍存不废，中华民国以待各外国君主之礼相待。

第二款　大清皇帝辞位之后，岁用四百万两，俟改铸新币后，改为四百万元。此款由中华民国拨用。

第三款　大清皇帝辞位之后，暂居宫禁，日后移居颐和园。侍卫人等，照常留用。

第四款　大清皇帝辞位之后，其宗庙、陵寝，永远奉祀，由中华民国酌设卫兵，妥慎保护。

第五款　德宗崇陵未完工程，如制妥修，其奉安典礼，仍如旧制，所有实用经费，均由中华民国支出。

第六款　以前宫内所用各项执事人员，可照常留用，惟以后不得再招阉人。

第七款　大清皇帝辞位之后，其原有之私产，由中华民国特别保护。

第八款　原有之禁卫军，归中华民国陆军部编制，额数俸饷，仍如其旧。

乙、关于清族待遇之条件：

一、清王公世爵，概仍其旧。

二、清皇族对于中华民国国家之公权及私权，与国民同等。

三、清皇族私产，一体保护。

四、清皇族免当兵之义务。

丙、关于满、蒙、回、藏各族待遇之条件。

今因满、蒙、回、藏各民族赞同共和，中华民国所以待遇者如左：

一、与汉人平等。

二、保护其原有之私产。

三、王公世爵，概仍其旧。

四、王公中有生计过艰者，设法代筹生计。

五、先筹八旗生计，于未筹定之前，八旗兵弁俸饷，仍旧支放。

六、从前营业、居住等限制，一律蠲除，各州县听其自由入籍。

七、满、蒙、回、藏原有之宗教，听其自由信仰。

以上条件，列为公文，由两方代表照会各国驻北京公使，转达各国政府。

（二）《紫禁城的黄昏》节选①

光绪皇帝一直没有孩子，他必须在他的侄儿中挑选一人作为他的继承人。按中国的惯例，皇帝的继承人不能在兄弟中挑选，也不能选同辈的人。尽管光绪继承同治的帝位已经打破了这条规矩，但

---

① 〔英〕庄士敦：《紫禁城的黄昏》，陈时伟译，紫禁城出版社，1989，第33～36页。

老规矩毕竟还是要遵守的。在光绪的兄弟中，年纪最大的是醇亲王载沣。1901 年，他曾为德国驻华公使克林德男爵被杀事件赴德国赔罪。如我们所知，他完成这项使命回国以后，皇太后为他同荣禄的女儿之间搭起了鹊桥，并许诺他们的儿子，将成为皇位的继承人。

这个许诺果然兑现了。1906 年 2 月，醇王福晋生了个儿子，取名溥仪。当光绪生命垂危时，太后发布懿旨让还不满 3 岁的溥仪进宫，溥仪便从醇王府搬进了紫禁城，并在这儿一直呆到 1924 年 11 月。溥仪继位，是以光绪皇帝临终遗诏的名义颁布的，意思是说，他"恭敬地接受了慈禧皇太后的意见，宣布幼童溥仪为继承人"。事实上，光绪是否知道谁是他的继承人，大有疑问。而且，几乎还可以断言，光绪从来没有看见过他的这份遗诏，也不知道其中的内容。溥仪当了皇帝，光绪的皇后（慈禧的侄女）成了太后，赐号隆裕。慈禧太后又成了太皇太后，还在原有的头衔前面加封了一长串显贵的徽号，所有这些，都是严格地按照王朝的惯例和祖制来执行的。

醇亲王作为未成年皇帝的父亲，被任命为摄政王。乍一看来，这项任命似乎是很自然的，也是理所当然的。幼主还不到 3 岁，还要很长的时间才能亲自料理政事，必须有一个辅佐他的摄政王。那么，还有谁能比这位小皇帝的父亲更胜任的呢？况且，载沣还是光绪皇帝的弟弟和皇族中最尊贵的亲王。对他的任命，皇族中的其他成员均无异议，否则将受到不可饶恕的惩处。老实说，"老佛爷"的这项任命是她一生中最后的也是最大的失策。我相信，这对清王朝，对中国和中国人民也是一个极大的不幸。慈禧完全没有意识到，选择一个具有一流才干的摄政王对帝国的王位是一件生命攸关的事。或许，"老佛爷"已没有充分的时间来从容地考虑这个敏感的问题，并对醇王进行考察了。再不，就是"老佛爷"的智力和政治影响力的衰退，已大大出乎我的想像了。她无论如何都应该看到，醇亲王太年轻了，根本不可能引导中华帝国这艘航船安然渡过惊涛骇浪。

　　载沣当摄政王的任命正式公布以后，立即招来朝野舆论的抨击，把这看作是一个病妇对大清朝作出的不负责任的决定。当时流传着一种说法："清朝从摄政王开始，也将到摄政王结束。"当然，第一个摄政王多尔衮是位伟大的人物，他是满族第一个统治全中国的皇帝顺治的叔父。正如苏格兰的詹姆士五世在其临终遗言中所说："生就是个庸才也只能是个庸人。"或许，用这句话来评价载沣有些过于苛刻了。

　　有充分的理由相信，袁世凯对溥仪继承帝位持强烈反对态度。因为他知道，醇亲王权势的增强将给他带来灾难性的后果。袁世凯挑选的帝位继承人是贝子溥伦，溥伦是道光皇帝孙子辈中年纪最大的一个。袁世凯拥戴溥伦的意图很明显，如果溥伦掌权，袁将保住他的高官厚禄，还可望继续高升。不过，即使这样，也很难预料，中国的历史会同后来的发展有什么大的不同。

　　醇亲王是一个和蔼可亲的人，对人不怀恶意，不思报复，容易接近。他热衷于看戏，而对国内外重大的政治事务没有兴趣。他只信任一两个能熟练地讲满语的亲贵王公（载泽是其中的一个）。他是一个好心人，办事平和，慢吞吞的，不讲效率，象他那么平和的人的确难找。他不想负责，不愿管事，不具才干、威望和勇气，在身心两个方面都缺乏激情，又没有主意，摇摆不定，容易轻信人。他成为摄政王后，周围那些拍马屁的人使他朝令夕改，难免做出错误的决定。在同他的接触中，我深深地感到，他实在不是当摄政王的合适人选。后来，我进入紫禁城后，曾向同僚们说，如果有两个方案同时摆在那儿时，醇王简直不知道该怎么办，他一会儿是这，一会儿又是那。

　　容易轻信是醇亲王最大的特点。他作为奕譞的遗腹子之所以能够继承亲王之位，都是他的哥哥光绪帝和其他人的缘故。醇王当了摄政王后，赦免了光绪的师傅翁同龢。但是，他不敢赦免康有为。他听信别人的意见，对袁世凯采取的那种处理方式，我们很难说过于宽大，还是过于严厉。但是，它却导致了灾难性的后果。

1908 年以后，特别是隆裕太后去世以后，载沣不再有畏惧心理，他开始为他的血统而沾沾自喜。这种心境用一种时髦话来说，就是劣等的变态心理。在那些日子里，他忘乎所以，陶醉在自我满足中，借此排遣内心深处的自卑和阴影。作为一位衰国辱君的承担者，羞愧难当的自责甚至下意识地要把他逼疯，他拼命地想从这种心境中解脱出来。

儿子当了皇帝，醇亲王本人并非就一定要作摄政王。尽管任命皇族中的其他成员来代替载沣的位置，是困难或不可能的。不过，对于"老佛爷"来说，还有其他的人员可供选择。如果她选择另一条路的话，或许清王朝可以避免覆亡，中国也将免除十余年的内乱。这条路就是，她可以摈弃所有的皇族成员，而任命一个摄政委员会，该委员会由 5 个人组成，两个满族人（但不能要皇族），其余的 3 个是汉人。这 5 个人需要有极高的才干和极开明的态度。这样一来，摄政委员会中的汉人超过了满人，将可以堵住孙逸仙等人的反满口实，也以诚意表明了朝廷消除满汉隔阂的态度，还将使那些所谓皇位是爱新觉罗私人家产的言论不攻自破，并证明朝廷不是为哪一个家族谋利益，而是为全中国人民谋利益。

要挑选这个委员会的成员的确是件难事，但也不是不可能。朝廷中的反对派和顽固派依然为数不少，不过他们已不可能象庚子以前那样再形成反对改革的强大阵势了。人们已经无所畏惧地公开抱怨改革来得太迟，在谈论中国要么现代化，要么灭亡的话题了。当时在朝廷中既忠实于皇帝，又具有爱国热情和开明态度的官员不乏其人。诸如徐世昌、赵尔巽、岑春煊等。这些人都可作为这个委员会成员的人选。此外，还有颇有影响的广东人康有为。至于袁世凯，也可把他任命到委员会中去，满足他的权欲，以保持王位的稳固。如果真的这样，这批人将会对小皇帝感激涕零，将会无可推诿地担负起振兴王朝、保护幼主的责任。除此，还必须消除宦官系统，刹住已成痼疾的清朝权力阶层中的贪污风。这个委员会还要完成教育小皇帝的任务，为小皇帝挑选一个既不顽固保守，又不偏激，既不盲目推崇西方，排斥中国文化，又能接受现代文明的种种优点的老师。帝师应该是富有启发性的，要用东西方的艺术科学去陶冶幼主，使其成长为具有现代意识和国际眼光的伟大国家的君王。

我想，在这种情况下，宣统皇帝将不再是王朝衰亡的象征，而将是一个伟大的、对中国人民和他们的君主来说都堪称繁荣昌盛新纪元开始的标志。然而，这一切终于未能实现。中国没有能出现这样的一个摄政委员会，而是出现了载沣摄政。正如我们下面就要谈到的那样，其结果是爆发了革命。

(三)《日满议定书》(1932 年 9 月 15 日)①

原文如下：

日本国已经确认这一事实：满洲国是一个根据居民意思而自由成立的独立国家。

满洲国已经发表宣言，中华民国所有国际条约和协定凡可能适用于满洲国的，一概予以尊重。

因此，日本国政府与满洲国政府为永远巩固日满两国的睦邻关系，互相尊重其领土权，并确保东亚和平起见，签订协定如下：

一、满洲国在将来，即日满两国尚未另行签订约款前，应确认日本国或日本国臣民在满洲国领域内根据以往日中两国间的条约、协定、其他条款以及公私契约所享有的一切权益予以尊重。

二、日本国和满洲国确认，对于缔约国一方的领土及治安的一切威胁，事实上同时成为对于缔约国另一方的安宁和存在的威胁，

---

① 复旦大学历史系中国近代史教研组编《中国近代对外关系史资料选辑 1840－1949》，上海人民出版社，1977，下册，第 230～231 页。

相约两国共同担负防卫国家的责任，为此需要日本国军队驻扎于满洲国内。

本议定书自签订之日起生效。

本议定书用日文及汉文制成各两份。在日文本和汉文本之间如在解释上有不同时，以日文原本为准。

作为以上的证据，下列签名人各奉本国政府的正式委任，在本议定书上签名盖印。

昭和七年九月十五日，即大同元年九月十五日签订于新京。

日本帝国特命全权大使　武藤信义
满洲国国务总理　郑孝胥

影视中的巴黎和会

一　中国参加巴黎和会相关背景介绍

（一）日本侵占中国山东

1914 年 7 月 28 日，第一次世界大战爆发，各欧美主要国家先后卷入战争之中，无暇顾及远东，致使日本趁机开始扩展它在中国的利益，其第一步是借口对德宣战，出兵侵占中国的山东。

1914 年 8 月 2 日，在英国对德宣战的前两天，日本外相发表声明：如果英国卷入战争，日本要履行《英日同盟》的义务，不能袖手旁观。8 月 4 日，英国对德宣战，8 月 6 日袁世凯政府宣告中国"局外中立"，公布《局外中立条规》，并建议美日两国设法"限制战区，保全东方；劝告交战各国，勿及东方"。尽管中国宣布局外中立，日本无视中方的做法，于 1914 年 8 月 15 日向德国发出最后通牒：其一，要求"立即撤退在日本及中国海上的一切德国军舰，不能撤退者，立即解除武装"；其二，"在九月十五日以前，将全部胶州租借地，无条件地交付日本帝国官宪，以备将来交还中国"。并要求德国于 8 月 23 日正午之前答复，否则将采取必要之手段。8 月 23 日，德国并未作出答复，于是日本对德宣战。9 月 2 日，日军向山东进犯。

第一次世界大战的战争中心在欧洲，日本趁着列强在欧洲酣战，无暇东顾，借口对德宣战，没有直接出兵欧洲战场，也没有向着英国提出的太平洋进军，而是瞄准了德国在中国的殖民地胶州湾，并以胶州湾为中心扩大战区，波及青岛乃至整个山东半岛。

日本在所占领的区域实行军事管制，并实行连坐的方法："如该村有一人犯妨碍日军行动者，该村人民尽处斩刑。"

（二）日本提出二十一条

1. 二十一条的提出

1914年底，日本已经攻占青岛、山东等地，鉴于此，中国政府要求日本撤出胶济路沿线驻军。日本外相对中国的要求非常不满，于是召回日本驻华公使日置益，商讨对华政策。日置益返回中国之后，于1915年1月18日当面向袁世凯提交了二十一条款，之所以这样做，是因为日本政府"愿将多年悬案和衷解决以达亲善目的，兹奉政府训令，面递条款，愿大总统予以接受，迅速商议解决，并守秘密，实为两国之幸"。这些条款涉及了山东问题、东三省与内蒙古东部问题、汉冶萍公司问题以及中国聘请日本顾问等有关中国全局的问题。日本将有关悬而未决问题的条款直接当面提交一国元首，并要求其保守秘密，这在外交界是罕见的。

日本的这种做法，是照搬吞并朝鲜的步骤，意图独占、灭亡中国。

2. 中方反应

袁世凯仔细看过这些条款，并一条一条地做出批示，然后召集外交总长、次长、总统府秘书长开会，确定交涉步骤：其一，逐项逐条会谈，不要笼统并商；其二，尽量拖延，多方了解各国动向。

从2月2日开始，中日双方举行会谈，根据日方的要求，会议不作正式纪录，内容也不能对外泄露。从2月2日到4月15日，中日双方共会谈了23次。其间，袁世凯派日籍顾问有贺长雄回国打探情况，并在日本元老院重臣中活动。而顾维钧在袁世凯授意下，不经意间向英美表露出中日正在谈判的事情。随着秘密越来越公开，日本政府感受到了来自西方的压力，转而对中国施加压力。1915 年 5 月 7 日，日本发出最后通牒，限定袁世凯政府于 5 月 9 日午后 6 时为止，必须予以答复。袁世凯召集会议，商讨对策。陆征祥汇报了英国公使朱尔典的意见，朱尔典认为中国应接受日本的通牒："中国目前已面临最危险的时候，日本提最后通牒只能回答可或者否，没有讨价还价的余地。现在欧洲各国无暇东顾，中国如与日本开战，将自陷于万劫不复之地。我们虽表同情，怎奈爱莫能助何。中国政府除接受日本全部条件而外，别无自全之道。中国暂时忍辱负重……我想大总统明晓时势，知己知彼，决不会轻率从事。贵总长应当负责辅助总统，共支危局。"在这样的时局下，袁世凯只得屈服答应日本提出的条件。日方要求，中方的复文稿得先经日方审查通过才行。5 月 9 日 11 时，中方的复文由曹汝霖次长递交给日本使馆。对于递交复文时的心情，曹汝霖说："余心感凄凉，若有亲递降表之感。"

1915 年 5 月 25 日，中日双方在北京签订"民四条约"及换文，共计条约 2 件、换文 13 件。

3. 各国的反应

（1）英国。在向中国正式提出二十一条后，日本又将条约内容秘密告诉英国，希望得到英国的谅解。而英国此时在欧战中失利，在东方无能为力，对日本的行为只能采取劝告的做法。且英国此时正处于生死关头，只得对日本让步，否则英国不仅无法保证在中国获得的利益，而且其在印度和澳洲等处的利益也会受到影响。

（2）美国。当日本提出二十一条时，欧洲国家正处于酣战之中，而美国因为处于中立状态，故而没有受到一战的牵绊。早在日本出兵山东之前，美国照会日本，声明：其一，日本要求胶州湾德国租借地，将来要交还中国；日本在中国无领土野心，美国注意到这两点并表示满意；其二，请注意，英日同盟目的之一，为保全中国之独立、领土完整及各国在华商工业机会均等主义，以保持各国在华之共同利益；其三，中国国内发生事故，日本政府在决定采取行动之前，要与美国磋商。而日本对其置之不理。

日本提出二十一条之后，袁世凯与美国公使芮恩施保持接触，并将谈判的进展情况随时告诉芮恩施。芮恩施建议，中日之间的交涉，应个别讨论，慢慢进行，以尽量拖延时间。

1915 年 5 月 6 日，日本驻美大使珍田舍己会见美国国务卿，探询美国对中日问题所持态度。美国国务卿称，美国在华权益不可变更。日本探明了美国的态度，即美国只顾自己的利益，因此日本放心地向中国政府提出了最后通牒。5 月 11 日，美国照会中日两国，称：中日间凡有损害美国条约权利、中国政治领土主权及门户开放主义之条约，概不承认。美国看到中日条约有所改变，于是美国公使继英国公使朱尔典之后，盼望袁世凯收拾局面，避免和日本发生冲突。而且，美国还依据最惠国条款，也享有日本所新获得的特殊权益。

（3）俄国。此时俄国也忙于欧洲的战事，且俄国已经利用辛亥革命的机会，控制了东三省北部、内蒙古西部等，因此俄国只要求二十一条不得侵犯它的势力范围，并未进行其他干涉。

4. 全国人民反对

袁世凯政府屈从日本提出的二十一条，此时各列强也采取了容忍和谅解的态度。面对这样的情景，中国民众只有靠自己的力量，以试图影响事件的走向。

1915 年 2 月 11 日，中国留日学生在东京集会，大会决议：其一，电请政府拒绝要求，并公布条款；其二，以文字警告、劝导海外国民；其三，拟定留日学生宣言；其四，设立学生会分机关于京沪。

2 月，黄兴在美国就二十一条问题与李烈钧、柏文蔚等联名通电上海各报，主张"暂停革命"，一致对外。

2 月下旬，上海各界成立国民对日同志会。

3 月 18 日，上海绅商学各界在张园召开 4 万多人国民大会。

同时，在北京、上海、汉口、广州、奉天、吉林等地，先后掀起抵制日货运动。5 月 9 日，袁世凯政府接受了日本的通牒，全国各地出现抵制日货的高潮。

　　面对群众的爱国运动，5月26日，袁世凯下令予以镇压。同时，袁世凯通电各省，描述这次定约的经过，并表明了心迹，称："然卒将最烈四端，或全行消灭，或脱离此案；其他较重之损失，亦因再三讨论得以减免，而统计已经损失权利颇多。疾首痛心，愤愦交集。往者已矣，来日方长，日本既有极大政略，谋定已久，此后但有进行，断无中止。兼弱攻昧，古有明训。我岂可以弱昧自居，甘为亡韩之续？处此竞争世界，公理强权，势相对恃，人有强权之可逞，我无公理之可言。长此终古，何以为国？经此次交涉解决之后，凡百职司，痛定思痛，应如何刿鉥心神，力图振作？倘仍复悠忽，事过辄忘，恐大祸转瞬即至。天幸未可屡邀，神州陆沉，不知死所。予老矣，救国舍身，天哀其志，或者稍缓须臾，不致亲见灭亡。顾此林林之众，齿少于予，决不能免，而子孙更无论矣。予为此奇痛之言者，万不愿予言之竟中。诚以存亡呼吸，断非予一手足之烈所可旋转，持危扶颠，端资群策。我国官吏，积习太深，不肖者竟敢假公济私，庸谨者亦多玩物丧志，敌国外患，漠不动心，文恬武嬉，几成风气。因循敷衍，病在不仁；发墨针肓，期有起色。所望凡百职司，日以亡国灭种四字悬诸心目，激发天良，屏除私见，各尽职守，协力成功，同官为僚，交相勖勉，苟利于国，死生以之。其有亲民之责者，尤当随时设法劝导人民，使蚩蚩者氓，咸晓然于各国之大势，国民之义务。"最后，袁世凯说："其亡其亡，系于苞桑，惟知亡，庶可不亡，凡百职司，其密志之。"[①]

（三）日本取得五国谅解

　　日本趁着第一次世界大战的时机，强占了中国的胶州湾和山东半岛，建立起势力范围，并于1915年强迫袁世凯政府签订了"民四条约"及换文，日本需要其他国家承认其所获得的这些利益，于是开展了相应的外交活动。

---

① 袁世凯：《密谕百僚》，《百年家族 项城袁氏家族资料汇编》，河南大学出版社，2012，第179页。

1. 英国谅解

1917 年 1 月，日本外务大臣本野一郎召见英国驻日本大使葛林，提出：将来对德议和时，日本要求割让德国在山东和在赤道以北各岛屿的领土权益，英国将予以支持。2 月 16 日，英使照会日本：英国欣然允许日本的要求；与此同时，日本应同样援助英国要求在赤道以南的德国岛屿。于是，英日之间就将来对德媾和时瓜分亚洲太平洋德国属地达成了谅解。

2. 法、俄、意谅解

2 月 19 日，日外务大臣给法、俄驻日大使写信，提出同样要求。3 月 1 日，法国大使答复，表示同意日方的要求，同时要求中国与德国断交方面，日本应给予援助，并在中德绝交后援助中国对德的几项措施：没收在中国港口的德国船只，没收德国商业房产及租界等。对此，日本政府一一予以承认。

俄国大使于 2 月 20 日以简单公文的形式，答复日本外务省，表示同意日本的要求。意大利也给予同样的保证。

从以上日本获得英、法、俄、意谅解的过程来看，对于这四个国家，日本意识到它们忙于欧洲的战争，无暇顾及远东的局势，于是趁机获得了彼此之间的谅解。

3. 美国谅解

为了使其在远东的利益更加稳固，日本认为还有必要获得美国的谅解。1917 年秋，日本派前外相石井菊次郎去美国游说。11 月 2 日，石井菊次郎与美国国务卿蓝辛签订换文，即"蓝辛—石井协定"，规定：美国承认"日本在中国的特殊地位"；"日本对于他国在华商业不加歧待"。11 月 7 日，驻华日使将该换文内容送交北京政府。11 月 9 日，北京政府就"蓝辛—石井协定"发表宣言书，称："尊重各友邦凡于条约所得之利益"，但声明"中国政府不因他国文书互认有所拘束"。

（四）中国对德断交与宣战

日本在获得了五国谅解之后，按照其与法国的谅解内容，开始敦促中国参加一战。与此同时，德国人在中国政界进行活动，企图阻止中国政府对德断交。

1917 年初，德国实行潜艇封锁海面政策，美国于 2 月对德断交，中国于 3 月 14 日对德断交。而早在 3 月 8 日，中国政府就参加协约国对德作战问题提出参战条件：其一，关于庚子赔款，德奥两国的相关赔款永远撤销，协约国的相关赔款，希望 10 年内展后偿还；其二，同意中国将进口税额增加百分之五；其三，希望解除辛丑条约及附文中规定有碍中国防范德国人行动的条款，如天津周围 20 里内不能驻扎中国军队等。同时，对于中国参战的义务，中国政府认为如下：提供原料之资助；援助劳工。中国政府提出的参战条件，曾事先与日本政府商议，征求其意见。

在中国国内，对于是否断交参战问题，存在不同意见。黎元洪的总统府与段祺瑞的国务院意见不一致，议会内部也存在对德宣战与反对宣战两派。后来，黎元洪免去段祺瑞总理职务，引起政变，张勋率领辫子军入京，拥护溥仪复辟。7 月 4 日，段祺瑞组织讨逆军。7 月 12 日，张勋复辟失败，逃入荷兰使馆躲避。8 月 14 日，中国以张勋获得德国支持为由，对德宣战，同时声明废除与德奥两国所签订的一切条约。同日，日、英、美、意驻京公使分别照会外交部，同意将中国对德奥宣战书呈交本国政府，并尽量帮助中国在国际上享有"大国当有之地位"。

1917 年 9 月 8 日，驻京协约国公使团拜访外交部，针对之前中国政府提出的参战条件，提出协约国五项决议案，其主要内容为：关税实行值百抽五；庚子赔款除俄国外全数展后 5 年；中国军队通过天津租界须先向各国提出。从这些决议案来看，协约国对于中国政府提出来的参战条件都进行了回应，尽管没有完全满足中国政府的要求，但在一定程度上体现了他们积极争取中国政府参战的态度。

中国参加协约国对德宣战，其政治上的意义大于军事上的作用。日本除成功说服中国政府参战之外，还试图以军事协定的方式，实现对中国军事的控制。

一战时，捷克是奥地利的附属地，许多捷克人被强行征入德奥军队，投入俄国战场，他们后来大批向俄国投降，加上德奥两国投降的军队，1917 年俄国就有俘虏 20 多万人。俄国十月革命之后，这批俘虏被释放，经由西伯利亚铁路回国。他们到达西伯利亚后，占据西伯利亚，与红军对抗，而英美法日等协约国为了营救捷克军，出兵西伯利亚。日本趁此时机想代替俄国在东北的地位，并取得西伯利亚，从而将以中国为核心，北自西伯利亚，南到印度及澳洲广大地区，变成其势力范围。为此，日本要求中国与其共同防敌，从而掌握中国军权。而此时段祺瑞急需资金购买军火，扩充自己的实力，以进行内战，于是段祺瑞表明立场，表明其倾向日本并"认真"与日本合作。于是，中日就此进行协谈。5 月 16 日，中日双方签订《中日陆军共同防敌军事协定》，规定：其一，中国地方官吏对于在军事行动区域内的日本军队须尽力协助，日本军队要尊重中国主权及地方习惯；其二，两国得向境外派遣军队和派员联络，共谋运输便利，互相供给兵器及军需品、原料，交换地图及军事情报等。19 日，双方又签订了《中日海军共同防敌军事协定》，内容大致相同。

与此同时，段祺瑞则通过西原龟三，获得日本的大额贷款，被称为"西原贷款"，共计 1.45 亿日元。此外日本还通过其他渠道贷款给段祺瑞政府，试图帮助其完成"武力统一"，合计总数达 3.8 亿多日元。这些钱大部分以经济建设为名，但绝大部分用作政府及军费开支。在"西原贷款"中，有一笔款项提到山东问题，以此为基础，9 月 24 日中日双方进行换文，换文在日本新任外相后藤新平和中国驻日公使章宗祥之间进行，由此，胶济路由中日合办，巡警处于日本指挥之下。

日本经由段祺瑞控制了中国的军事，于 8 月占领东北北部，将其作为后方基地，以出兵西伯利亚，并把整个东三省变成势力范围，为其后来侵略东北奠定基础。

但后来，苏联红军将日军赶出西伯利亚，而英法美也对日本野心产生不满，直皖战争皖系军阀的失败使得日本扶植皖系进而控制中国的阴谋受到了挫折。

（五）巴黎和会概况

1918 年 11 月 11 日，协约国与德国签订休战条约，第一次世界大战宣告结束。1919 年 1 月 18 日，巴黎和会开幕，参加国有 27 个，可以分为三类：一般利益交战国；特殊利益交战国；断交国。各国所拥有的代表权席位不同：五个主要协约国英、美、法、意、日，每国拥有 5 个席位；战争中提供过某些有效援助的国家，每国拥有 3 个席位；协约国阵营中的其他成员，每国拥有 2 个席位。协约国劝说中国参战时，曾许诺在和会上给中国大国待遇，因此中国以为能获得 5 个代表权席位，派出南北双方的统一代表团，团长是陆征祥，代表为顾维钧（驻美公使）、王正廷（南方代表）、施肇基（驻英公使）、魏宸组（驻比利时公使）。这是中国第一次作为战胜国出席国际会议，中国试图在该会议上改变近代以来所遭受的不公正待遇。结果，和会通知，中国只有两个席位。中国代表团向英、法等国交涉，也无法改变这一决定。

和会会议分为以下几种类型：其一是全体会，由 27 国代表参加。其二是强国会议，由英、法、美、意、日五国的两名代表参加，又称为"十人会"，这种会议拥有最后决定权。后来考虑到会议的机密性，十人会改为四人会，又称为"四巨头会"，由英、法、美、意四国各出 1 人组成。因日本提意见，于是在四人会下又有五人会，由四强国的外长和日本全权代表组成。

总体来看，巴黎和会是一场分赃的会议，是将战争过程中各国之间的密约在和会上予以兑现。在停战前罗马教皇所说的"不合并""不赔偿"原则，以及美国总统威尔逊提出的和平十四点原则等，都成了一些空话。

由美国总统威尔逊、法国总理克里孟梭、英国首相劳合·乔治和意大利首相奥兰多，以及日本代表牧野男爵组成的巨头会，是和会的幕后决策者。

和会需要解决的主要有十大问题：国际联盟问题、德国军备缩减、莱茵左岸地方、法国安全保障、萨尔问题、对德前皇追诉、赔款问题、阜姆问题、波兰问题、德殖民地处理问题。其中,与中国相关的只有德殖民地处理问题,而山东问题只是德国殖民地处理问题中的一项。

1919 年 1 月 27 日,十人会首次讨论德国殖民地问题,日本代表牧野声明,德国政府应将以下两点无条件让与日本:其一,胶州湾租借地以及铁路并德人在山东所有各种权利;所有德国领有之太平洋中赤道以北各岛并其上各种权利财产。日本代表还提到,日本就上述要求已与英、法、俄、意达成秘密谅解。1 月 28 日,最高会议继续开会,中国代表顾维钧陈述,由于种族、语言、宗教、历史、地理、文化和经济等方面的原因,要求德国将在山东的权益、租借地等直接归还中国。牧野当场指出,中日两国已就山东问题达成了协议。顾维钧反驳说,当时是在日本的逼迫下做出的临时措施,需由和会做最后审定,而且由于中国对德宣战,情况已经大不相同,于是无法执行以前的决定。中国对德宣战之后,已经声明废止中德之间签订的一切约章,而且中德条约中明文规定不准将其权益转与其他国家,于是德国根本无权将山东权益转让给日本。顾维钧的发言令全场惊叹,博得了许多国家的同情,美国总统威尔逊甚至上前向其表示祝贺。

日本在会上失败之后,为了达成其占领山东的目的,便采取了各种手段。日本针对美国要建立国际联盟的构想,提出"种族平等"原则,遭到威尔逊否决之后,便威胁拒绝参加国联。为此,美国决定牺牲中国的利益,美日之间达成交易。同时,日本驻北京公使向中国的外交部提出抗议。日本还抛出五国谅解。由于和会上各国钩心斗角,中国山东问题被出卖。

4 月 22 日,四巨头会(奥兰多没有出席)再次讨论解决山东问题的方案,决定将德国在山东的权益交给日本。在这样的局势下,中国代表团于 4 月 24 日提出书面妥协:其一,德国放弃在山东的权利、特权、财产,先由五国暂时接收;其二,日本现已占有上述特权、权利、财产,承允在对德和约签字之日起一年内交还中国;其三,中国同意赔偿日本攻占青岛时的军费;其四,中国同意将胶州湾全部开放为商埠。然而，日本代表坚决反对，并扬言要像意大利那样退出和会（此前意大利代表因为阜姆问题而退出了会议）。于是，四巨头会被迫拒绝了中国的方案。

4 月 30 日，美、英、法三国在没有中方代表在场的情况下，通过了日本代表提出的山东条款。此消息传到中国国内，群情激奋，纷纷致电代表团，要他们据理力争、拒绝在合约上签字。中方代表向和会力争，提出各种方案：在合约中保留中国的意见，和会不允；中方又提出改为附在条约后，和会不允；改在约外保留，和会不允；改为另用声明，不用保留字样，又不允。后来，代表团于 6 月 28 日上午分别致函三国首脑，声明如果签字不影响将来就此问题提出重议，即可签字，但三国又将原函退回。面对这样的情形，最后，中国代表拒绝在和会的决议上签字。

（六）五四运动与外交斗争

1. 五四运动之前的国民外交运动

在日军侵占山东时，山东各界组织了"东亚和平维持会"，向政府请愿，要求北京政府与日本交涉撤退日军，并赔偿中方的损失。北京政府在山东民众的强烈要求下，于 1915 年 1 月 7 日照会英、日公使，声明取消山东战区，要求日军全数撤出。日本政府对其无理拒绝。

日本向袁世凯政府提出二十一条之后，留日学生在东京冒雨集会，上海各界成立相应团体，举行集会，各地开展抵制日货运动。

2. 五四运动过程

在巴黎和会召开过程中，民众密切关注和会进展。5 月 1 日，北京政府接到和会关于山东问题的解决方案后，北京国民外交协会决定召开大会，不承认二十一条，并要求撤回和会代表团。5 月 4 日，北京大学等学生游行演说，去美、英、法、意使馆递交说帖，然后去曹汝霖住宅赵家楼，曹逃走，在场的还有章宗祥和几个日本人。学生痛打了章宗祥，火烧了赵家楼。北京政府出动警察捉拿学生。北京学生总罢课，全国各地纷纷响应,商界罢市、工人罢工,要求政府释放学生,惩办卖国贼。在全国的压力之下,北京政府不得不在 6 月 10 日宣布批准曹汝霖、陆宗舆、章宗祥的"辞职",总统徐世昌也提请辞职,后被议会挽留。

五四运动是一场声势浩大的民众参与、影响国家外交的运动,标志着新民主主义革命的开端。

二 有关巴黎和会的影视作品

(一)《我的 1919》(电影)

电影《我的 1919》是由黄健中执导,陈道明、何政军、许晴等参加演出,于 1999 年上映,是献礼五四运动八十周年的历史故事片。

影片以顾维钧的回忆为线索,展开整个故事情节。影片首先提及一战的结束,以一个赤身裸体的男人欢呼雀跃的场景讽刺这场战争。影片接着提到了中国参加巴黎和会的五位代表。影片中对巴黎和会上顾维钧就山东问题进行的发言做了细致描写。和会通知中国代表就山东问题进行发言,而距离发言的时间非常短,顾维钧接受挑战。在进入会场的时候,顾维钧捡到了日方代表牧野的怀表,并在发言的时候利用这个怀表做了文章。他的发言慷慨激昂,有理有据,受到了与会代表的赞赏。这次的发言是那时中国外交官所具有的外交能力的集中展现。

为了突出顾维钧的形象,影片虚构了一个名叫肖克俭的人物,从而能够更好地将顾维钧与华侨等联系起来,增加影片的故事性。

影片除讲述民国时期外交官在外交活动中的表现之外,还展现了民众如何以他们的方式影响政府的外交。

这部影片"不仅是在叙述历史中的一页,而且重新点燃了 1919 年熊熊燃烧的那股烈火。片名即道明了影片独特的叙事角度,它不是在历史的洪流中表现扭转乾坤的人物,而是在追溯个人的经历时回顾历史。银幕上第一次以北洋政府的一名外交官——驻美国公使、签订巴黎和约的全权代表顾维钧作为第一主人公,通过他拒绝在出卖中国领土和主权的 1919 年的巴黎和约上签字，表现了中华民族的民族尊严，讴歌了以弱抗强、威武不屈的中国人的扬眉吐气的精神"。中国电影艺术研究中心研究员胡克说："《我的 1919》是一部独特的影片。它表现的是一件封存已久的往事，即在 1919 年'巴黎和会'上，中国代表拒绝在丧权辱国的'和约'上签字。这是在近代国际外交风云中，中国面对西方列强发出的第一声呐喊。尽管这声音确实微弱单薄，但是，它毕竟是自 1840 年至 1919 年长达 80 年间中国外交官第一次挺起脊梁。"影片"选择了'从个人角度回顾历史'的纪实性叙事手法"，这对中国历史题材传统电影来说，"的确是一个全新的视角"。

这部影片获得了诸多奖项，如获得中国电影华表奖优秀故事片奖、优秀男演员奖，获得中国电影金鸡奖最佳男演员、最佳艺术指导奖等。

（二）《建党伟业》（电影）

《建党伟业》由韩三平、黄建新等导演，由刘烨、陈坤、张嘉译、冯远征等众多明星出演，于 2011 年 6 月上映，是为庆祝中国共产党建党九十周年而制作的献礼影片。该片讲述了从 1911 年辛亥革命爆发至 1921 年中国共产党第一次全国代表大会召开 10 年间中国所发生的一系列重大历史事件。影片中对巴黎和会中国代表就山东问题发言的讲述，完全借用了影片《我的 1919》一节，这也是对经典电影的致敬。

三　本讲重要知识点

电影《我的 1919》提到了外交官以及民众对国家外交的影响，下面就相关内容进行重点讲解。

（一）外交官与近代中国

1. 外交和外交家

什么是外交？英国外交家萨道义认为："外交是运用智力和机智处

理各独立国家的政府之间的官方关系。"事实上，外交不仅仅是一种政治活动，还包括经济、文化等各种活动。外交家对外交活动的影响十分大。

由于科技的发展，近代中国无法再在"天圆地方"的世界中继续存在，西方国家叩开中国的国门，强迫清政府签订一系列条约，中外接触日益频繁。中国不得不适应西方的"条约体系"，在此过程中，中国的近代外交官产生，且随着时代发展，外交官的资质发生了重大变化。

2. 晚清至民国的外交官

晚清，中国人仍旧沉浸在天朝上国的迷梦中，用宗藩体系来处理与周边民族、国家的关系。宗主国与藩属国之间有"朝贡"和"册封"的活动，是一种上下级的关系。此时西方国家之间的外交关系是一种条约体系，各个国家是平等的"与国"关系。西方国家打开中国大门之后，也要求把中国纳入到这套条约体系之中。在与西方的交涉和谈判过程当中，中国近代的外交官应运而生。在第一讲提到的电影《鸦片战争》中，琦善与义律等谈判时，说他不是来求和，而是来赐和的，一个"赐"字尽显琦善等人的心态。鸦片战争后，清政府被迫与西方打交道，这些从事外交活动的官员，还不是真正意义上的"外交官"，他们不懂外语，得依靠中介（通事，即翻译），且对外国国情、国际形势等一无所知，更不用谈国际法等相关专门的外交知识。影片中琦善的形象就是这种无知状态的最好显现。影片《鸦片战争》中外国人用在中国人身上的一个词"savages"，是这种状态的最好注脚。

随着西学东渐的进展，中国人采用多种方式获取和学习西方的知识，包括译书报、到国外游历等。那时，清政府第一个正式的官派使团是由蒲安臣率领的，其后清政府又派出各种使团，其中1887年游历使的派遣，其目的纯粹是为了搜集海外知识、锻炼培养外交官。同时，国内教授语言的新式学堂也纷纷建立，对于传授西方知识起到了积极的促进作用。

到了民国时期，外交官的资质有所改变，其中陆征祥和顾维钧就是两个比较重要的代表。

陆征祥（1871 - 1949），原名增祥，字子欣，又字子兴。北洋政府时期著名的职业外交家。1871 年 6 月 12 日出生于上海。由于家庭的原因，陆征祥自幼加入了基督教。11 岁入私塾接受启蒙教育。13 岁考入上海广方言馆，学习法语。1890 年从广方言馆毕业，被保送到京师同文馆继续深造，仍学习法语。1892 年被清政府派往彼得堡，担任中国驻俄、德、奥、荷四国公使许景澄的翻译，并以许景澄为师，学习外交知识和礼仪。1895 年升任驻俄使馆二等翻译，次年又升为三等翻译。1897 年担任中国驻俄、奥、荷公使杨儒的翻译。1899 年 5 月，陪同杨儒出席第一次海牙和平会议。同年，他与在俄国结识的比利时人培德女士结婚。八国联军侵华时，许景澄被清政府处死，陆征祥心生不满。1901 年起参与了中俄之间关于东三省问题的艰苦交涉。1903 年担任中国驻俄公使馆的参赞。1905 年升任中国第一任驻荷兰公使。1907 年 6 月，以中国全权大臣的身份，出席第二次海牙和平会议。1908 年再任驻荷兰公使。1911 年 9 月，被清政府任命为专使，赴俄国谈判修订1881 年的伊犁条约问题，后因辛亥革命爆发而未果。10 月由基督教改入天主教。年底担任中国驻俄国公使。武昌起义爆发后，陆征祥曾联合一些中国驻外使节，于 12 月 31 日领衔向清政府发出了通电，劝促皇帝退位。1912 年 1 月 19 日，陆征祥第二次发电，促清帝退位。其间，他还与俄国外交大臣进行交涉，要其收回关于蒙古问题的要求，并拒绝了俄方的调停建议。2 月 12 日，清帝退位。3 月 10 日，袁世凯在北京担任中华民国临时大总统后，组织了以唐绍仪为首的内阁，陆征祥回国，出任北京政府的第一任外交总长。5 月正式就职后，着手改造外交部，促使其在晚清外务部的基础上进行转变。6 月，唐绍仪辞职，陆征祥代理内阁总理，并兼任外交总长。7 月 1 日奉命进行组阁，拟组织"超然内阁"。但 7 月 18 日向参议院进行说明时，由于议员们的反对，新内阁一度流产。只是由于袁世凯的挽留，于 7 月 26 日暂时组阁。9 月，陆征祥受到失职弹劾，被迫辞职。11 月又出任赵秉钧内阁的外交总长，负责与俄国交涉蒙古问题，20 日发表了中国政府关于蒙古问题立场的声明。1913 年 4 月，参加了向英、法、德、日、俄五国的"善后大借款"活动，借款达 2500 万英镑。5 月与俄国公使议订关于蒙古问题的协定，但遭到参议院的否决，陆征祥乃于 9 月辞去外交总长，改任袁世凯的外交顾问，赴欧洲活动。1915 年 1 月，日本借参加第一次世界大战，出兵占领山东后，向中国提出了"二十一条"。袁世凯于 1 月 27 日起用陆征祥担任外交总长，主持与日本的"二十一条"谈判。尽管谈判期间，陆征祥以拖延政策敷衍日本，但最终在日本的逼迫下，与日本签订了"民四条约"及其换文。在袁世凯复辟活动期间，陆征祥为其进行辩护和游说。在徐世昌辞职后，袁世凯于 12 月 21 日任命陆征祥担任国务卿，并兼任外交总长。1916 年 3 月，袁世凯被迫取消帝制，陆征祥也以身体原因辞去国务卿，4 月仍任外交总长，5 月辞职。6 月 6 日袁世凯死后，陆征祥担任段祺瑞内阁的外交委员会委员，他支持段祺瑞的参战主张。1917 年 2 月 28 日，陆征祥代表段祺瑞访问英、俄、法、日、比、意、葡七国驻华公使，接洽中国参战问题。12 月 1 日出任王士珍内阁的外交总长。中国参战后，日本要求与中国签订共同防敌的军事协定。陆征祥作为段祺瑞内阁的外交总长，主持过中日军事协定的谈判，并与日本方面签订了中日陆军、海军共同防敌的协定，满足了日本的要求。1918 年 10 月，陆征祥任钱能训内阁的外交总长。第一次世界大战结束后，中国作为战胜国之一，应邀出席巴黎和会。12 月 1 日，陆征祥以外交总长身份担任中国出席和会的首席代表，与顾维钧、王正廷等人一起，前往巴黎。1919 年 1 月，中国代表团向巴黎和会提出了中国的正当合理要求，并据理力争。因代表团内讧，和会处境艰难，陆征祥向北京政府要求辞职未被获准，曾独自出走瑞士。3 月 28 日，被北京政府任命为中国代表团的团长，享有不经其他四位代表同意而自行决定任何问题的权力。5 月 2 日，陆因山东问题交涉失败而向北京政府辞职，未获批准。在国内人民群众的反对和五四反帝爱国运动的影响下，陆征祥为首的中国代表团最后于 6 月 28 日拒绝在巴黎和约上签字。回国后，12 月，陆征祥继续担任靳云鹏内阁的外交总长职务。1920 年 3 月被免职。5 月 14 日，又出任过萨镇冰内阁的外交总长，8 月 13 日辞职。由于他长期与皖系军阀的关系，1920 年的直皖战争直胜皖败后，陆征祥开始淡出北京政府的外交舞台。1921 年 5，陆征祥出任北京政府的防灾委员会、防疫委员会的委员长。1922 年 6 月起，担任中国驻瑞士公使，10 月起，兼任中国出席国际联盟代表。他还代表中国政府，多次出席过国际劳工大会。1927 年初，因其妻子病故，陆征祥送遗体返回比利时，居住在比利时布鲁日的修道院，从事宗教职业，历任修士、神父。1946 年 6 月被罗马教皇委任为相当于主教的名誉院长。1949 年 1 月 15 日，陆征祥在比利时病逝，终年 78 岁。最后遗言是"一切为中华"。[①]

陆征祥的一生基本上与清末民国的外交界息息相关，而且他对于民国外交的发展、人才的建设起到了至关重要的影响作用。顾维钧就是在其任内成长起来的民国著名外交官之一。

顾维钧（1888 - 1985），字少川，英文名 V. K. Wellington Koo。1888 年 1 月 29 日出生于上海，祖籍江苏嘉定（今属上海）。顾维钧 3 岁入私塾读书，11 岁进基督教卫理公会设在上海公共租界内的中西书院预科学习。1901 年，考入基督教圣公会创办的上海圣约翰书院。1904 年，顾维钧自费赴美留学。他先进纽约州的库克学院学习语言，一年后考入位于纽约市的哥伦比亚大学，主修国际法和外交。在校期间，他担任过校刊《旁观者》的总编，并代表哥伦比亚大学参加校际辩论赛获得桂冠。他还参与组织了美国东部地区的中国留学生联合会，并出任全美中国留学生刊物《中国学生月刊》的主编。1909 年，顾维钧在本科毕业的同时，获得硕士学位。同年秋天，他与正在纽约的孙中山会面，并作长谈。获得硕士学位后，顾维钧开始攻读博士学位，他博士学位论文的题目最初定为"外国对中国政府的权利要求"，后因袁世凯电邀其回国任职，于是取原论文引言部分改为《外人在华地位》。1912 年 3 月，顾维钧通过论文答辩后即离美回国，4 月底抵达北京，出任总统府英文秘书兼国务总理唐绍仪的秘书。6 月，唐绍仪辞总理职后其仍兼外交部秘

---

① 朱汉国、杨群主编《中华民国史》，四川人民出版社，2006，第 6 册，第 200 ~ 202 页；熊月之等编《大辞海 中国近现代史卷》，上海辞书出版社，2015，第 259 页。

书。作为总统府英文秘书，他负责袁世凯会见外交使节和外国显要人物的翻译，并处理英文公文；作为外交部秘书，他负责与英国、美国驻华使馆的联系。1913 年 6 月，与唐绍仪之女唐宝玥在上海结婚。1914 年，顾维钧升任外交部参事。1915 年 1 月，日本向北京政府提出"二十一条"，并不许向其他列强泄露此事。顾维钧主动将有关"二十一条"的消息透露给美国驻华使馆和美国媒体，引起国际关注。5 月上旬，在北京政府接受日本最后通牒后，顾维钧就中日有关"二十一条"交涉的全过程及被迫接受最后通牒的情况，起草了一份政府声明，以给日后的交涉留下真实的记录。"二十一条"交涉后，袁世凯和外交总长陆征祥决定派顾维钧赴华盛顿，负责处理对美关系。为增加其资历，先于 7 月任命他为中国驻墨西哥公使，然后于 10 月任命他为中国驻美公使。于是，顾维钧在 27 岁时成为中国最年轻的驻外使节。1916 年 4 月，签署中美《六厘金币库券合同》，11 月，与芝加哥银行签订 500 万美元借款合同。1917 年 4 月，美国加入协约国对德国宣战。顾维钧致电北京政府主张中国追随美国参战。随着第一次世界大战临近结束，他在驻美使馆内成立小组，专门研究与战后和会相关的问题，以谋求争回中国以往失去的权益。1918 年上半年，他多次致电外交部，就战后问题提出自己的看法。他认为应向和会提出归还青岛、胶州租借地等要求，并力争解决治外法权、关税自主权等问题。1918 年 11 月 11 日，第一次世界大战结束，协约国决定在法国巴黎举行和会。北京政府任命外交总长陆征祥、代表南方军政府的王正廷、驻美公使顾维钧、驻英公使施肇基和驻比利时公使魏宸组为中国出席和会的代表。顾维钧在离美赴法前，分别拜访了美国总统威尔逊、国务卿蓝辛，阐述了中国对和会的基本要求，以争取美国在和会上支持中国。1919 年 1 月 18 日，巴黎和会正式开幕。1 月 22 日，中国代表团举行工作会议，决定向和会提出废除中国与德、奥间一切条约，收回以往被德、奥所占一切权益，包括德国在山东的权益，并推举顾维钧起草议案。1 月 27 日上午，日本代表牧野在和会十人会上临时动议，要求无条件继承德国在山东的权益。日本这一举动使中国代表团面临严峻的形势。由于陆征祥称病无法赴会，最后决定由王正廷、顾维钧代表中国出席十人会，由顾发言。1 月 28 日上午，顾维钧代表中国在十人会上就山东问题发言。他从历史、文化、经济、战略诸方面有力地阐明了山东是中国不可分割也不容争辩的领土。顾维钧的发言是中国政府的代表在国际外交舞台上为捍卫国家主权所作的第一次成功演说。发言一结束，美国总统威尔逊、英国首相劳合·乔治等纷纷向他表示祝贺。然而最终和会决定牺牲中国利益，并于 4 月底将日本的无理要求写入和会的对德和约。中国代表团做出种种努力，但是和会都不允许。5 月底，中国代表团因内部意见不一而呈停顿状态后，顾维钧挑起代表中国的重任，成为代表团实际上的主持人。最终，代表团拒绝在和约上签字。其后，顾维钧继续留在巴黎，参与签署对匈牙利、土耳其和约和国际联盟的筹备活动。1920 年 9 月，北京政府改派他为驻英公使，以便就近兼任驻日内瓦专使，参与国联事务。11 月，顾维钧出席国联第一届大会，使中国当选为国联行政院第一届非常任会员，随后兼国联行政院中国代表。1921 年 11 月，华盛顿会议举行，顾维钧与施肇基、王宠惠代表中国出席。顾维钧在中国代表团中负责关税、租借地、势力范围、修订不平等条约等问题。会议期间，他就修订中国不平等的关税与列强达成协议，为此后中国关税自主权的恢复作了重要铺垫。他还与施、王两代表一起就山东问题与日本进行会外交涉，最终签署中日《解决山东悬案条约》，对原德国在山东权益归还中国作了规定。1922 年 5 月，顾维钧归国述职。不久，国内政局变动，政府更替，顾维钧由此进入北京政坛。8 月 5 日，他被任命为王宠惠代理内阁外交总长。9 月，王宠惠正式组阁后继任外交总长。任上与苏俄代表越飞就双边关系举行谈判，但因蒙古和中东铁路问题而无法取得进展。11 月下旬，随内阁成员一同辞职。1923 年 4 月，顾维钧复出任张绍曾内阁外交总长。6 月，继任高凌内阁外交总长。1924 年 1 月，继任孙宝琦内阁外交总长。自 3 月下旬起，主持中苏谈判，并于 5 月 31 日与苏联代表加拉罕签署《中俄解决悬案大纲协定》。该条约标志着近代中国通过外交途径废除不平等条约、签订平等新约的开端。7 月初，孙宝琦辞职，顾维钧以外交总长身份代理总理。9 月颜惠庆内阁组成，顾维钧继任外交总长，直至 10 月"北京政变"后离职。1926 年 5 月，颜惠庆再次组阁，顾维钧出任财政总长。10 月，顾维钧以外交总长身份代理总理，并摄行大总统职。此时中比修约问题正因比利时拖延、拒绝谈判而陷入僵局。11 月上旬，顾维钧主持内阁会议，决定终止中比条约，停止比利时在华享有的领事裁判权，并着手接管天津比利时租界。这是中国政府第一次面对缔约国的反对，主动宣布废除不平等条约。在顾维钧内阁毫不退让的情况下，比方只得重开谈判。后因国内政局动荡，谈判停顿。1927 年 1 月，顾维钧罢免了拒绝按北京政府命令征收关税附加税的总税务司英国人安格联。6 月，奉系组建安国军政府后，他辞职离开北京政坛。北京政府最后几年的外交事务特别是修约外交，在很大程度上是在顾维钧主导下进行的。1928 年，国民政府第二次北伐进占北京后，将顾维钧列入通缉名单，顾维钧离国赴欧洲旅行。1929 年初，应张学良之邀，顾维钧回国抵沈阳，向张学良提供外交咨询，提醒他注意日本侵占东北的意图。1931 年，九一八事变爆发后，顾维钧于 10 月初出任国民党特种外交委员会委员，参与国民政府对日外交决策，并成为蒋介石与张学良之间的沟通渠道。10 月 19 日，他与蒋介石、戴季陶等商讨并制定对日交涉的具体方案，主张在诉诸国联的同时，通过对日直接交涉使之撤兵，但为日本拒绝。11 月 23 日，顾维钧代理国民政府外交部部长，五天后署理外交部部长。上任后，他提出"锦州中立区"计划，希望通过英、美、法等国的介入，维持锦州中立。但列强对此并无积极回应，而国内舆论及国民党内的一些派系对此极力反对。12 月初，国民政府决定放弃"锦州中立区"计划。12 月下旬，顾维钧辞去外交部部长职。1932 年 1 月，国际联盟组成调查团，顾维钧代表中方担任顾问。3 月，调查团抵华，顾维钧陪同会见蒋介石、汪精卫。4 月，调查团准备前往东北时，日本当局设置各种障碍。顾维钧沉着冷静地应对险恶复杂的局面，向调查团提出各种积极建议，对调查团了解日本侵略东北的真相起了重要作用。6 月初，他随代表团至北平，协助起草报告书。1932 年 9 月，顾维钧被任命为中国驻法国公使，并兼任中国驻国联代表。赴欧之初，他将主要精力花在国联方面，与中国驻国联首席代表颜惠庆、驻英公使郭泰祺通力合作，利用国联这一讲坛，争取各国在日本侵华问题上对中国的支持，并多次代表中国发言，与日本代表唇枪舌剑。1933年2月，在国联通过调查团报告书而日军又将战火烧向长城沿线之际，顾维钧与颜惠庆、郭泰祺联名建议国民政府调整外交政策，宣布对日绝交。但该建议被国民政府以时机不当而否决。1934年6月，顾维钧回国述职。1936年2月，中法外交关系升格，顾维钧成为中国驻法第一任大使。1937年7月，卢沟桥事变爆发后，他作为中国驻国联代表积极活动，要求国联对日本侵略予以制裁。11月3日，布鲁塞尔会议举行。他与郭泰祺和驻比利时的钱泰被国民政府任命为出席会议的代表，并在会上发言，再次呼吁国际社会制裁日本侵略。12月下旬，他与郭泰祺、钱泰、驻德大使程天放和国内派出的特使李石曾、陈公博、蒋百里等在驻法使馆商讨抗战外交方针，主张以美国为外交重点，并将商讨结果报告国内。1938年7月，他在巴黎与美国财政部长摩根索会谈，寻求美国对华经济援助，最终促成了抗战以来美国第一笔对华借款《桐油借款》。同时，他还与法国政府交涉，使海外援华物资得以通过在法国控制下的越南经滇越铁路运往中国。1939年3月，顾维钧遵国民政府电令，与法国政府商谈中英法在远东合作事宜。1940年6月，他随法国政府撤离巴黎。1941年5月，顾维钧调任驻英大使，7月到任。12月太平洋战争爆发，其后，中英两国因借款、印度独立、缅甸战役等问题而关系紧张，顾维钧在双方领导人间积极沟通。1942年11月，英国议会代表团访华，他全程陪同代表团访问重庆、西安、昆明等地，增进了两国间的相互了解。12月下旬，他参与中英关于废除领事裁判权签订新约的谈判。其时，谈判因九龙租借地问题陷入僵局。顾维钧有针对性地提出将九龙租借地与签约分开处理的办法，并说服蒋介石接受了这一办法，终使谈判走出困境。1943年1月11日，中英新约与中美新约同时签署。1944年8月，顾维钧被任命为中国出席敦巴顿橡树园会议的首席代表，与美、英、苏三国商讨战后成立联合国事宜。他根据中国在四大国中所处的地位，采取现实、灵活的应对方针，维持、加强了中国作为四强之一的大国地位，并使中国所提部分意见被纳入《联合国宪章草案》。1945 年 3 月，在中国准备出席美国旧金山举行的联合国制宪大会时，他向蒋介石等建议，中国代表团应包括各种不同政治主张的代表。3 月底，中国代表团组成，成员包括宋子文、顾维钧、共产党的代表董必武等十人。由于代表团团长宋子文在会议期间还忙于其他事务，代表团事务实际上由顾维钧主持。6 月 26 日，旧金山会议举行《联合国宪章》签字仪式，顾维钧代表中国第一个签字。1946 年 6 月，顾维钧从驻英大使任上调往华盛顿任驻美大使。他赴任时，正逢国共内战全面爆发，他极力为蒋介石的内战政策辩护，并积极游说，争取美国的军事和经济援助。1948 年 12 月，顾维钧被中国共产党列为战犯。1949 年五六月间，面对国民党的败局，他与胡适、蒋廷黻等在华盛顿商讨由留美学生组成自由主义分子内阁以挽救时局，最终因胡适不肯出山而搁浅。晚年定居美国纽约市。20 世纪 50 年代末，顾维钧应邀参加哥伦比亚大学的口述历史计划，开始接受访谈口述自己的回忆录。1976 年，口述回忆录历时 17 年终于完成。英文稿共 11000 页，译成中文出版共 13 册。顾维钧于 1985 年 11 月 14 日逝世，终年 98 岁。①

3. 职业外交官的困惑

从陆征祥、顾维钧等人的经历来看，民国职业外交官的成长历程一般是先在国内西式学堂学习，具备一定的知识基础，然后出国深造，并到使领馆中进行外交历练。他们拥有娴熟的西方语言、熟知西式礼节，更新了外交技术，能熟练的运用国际法、各种外交理论。中国使用职业外交官所达到的效果，可以以顾维钧在巴黎和会上就山东问题的发言为例来予以说明，此时，中国的外交官所体现的中国人形象已经有所转变，终于可以脱去"savages"这顶帽子了。

尽管民国时期外交官的资质已经发生了显著变化，但是他们却面临许多困惑。

1939 年仲夏，在比利时布鲁琪城的圣安德修道院一个陈设简朴的

---

① 朱汉国、杨群主编《中华民国史》，四川人民出版社，2006，第 7 册，第 340~345 页；熊月之等编《大辞海 中国近现代史卷》，上海辞书出版社，2015，第 661 页。

书房里，一位年过六旬的中国老修士正在等候从中国远道而来的神甫，试图能从神甫那里获知中国的近况。这位老修士就是陆征祥。他此时归隐到修道院中，曾经的他意气风发，大刀阔斧地对外交部进行改革，如今却脱离世事。为什么会这样呢？个中缘由在于：恩师许景澄的被杀，让他看到了即使外交官的能力非常卓越，仍旧会受到政府的冤枉，甚至丢掉性命；随杨儒办理俄国从东北撤兵交涉时，面对强权，弱国的外交十分辛酸；在日本的逼迫下，签订二十一条，十分屈辱；本想着能在巴黎和会上伸张正义，结果遭遇挫折。

总体来看，当时职业外交官面临的困惑主要有以下几点。

（1）任用留学生

职业外交官所面临的困惑之一是是否要任用留学生。从职业外交官的成长经历来看，在国内学习之后，如果有国外的留学经历，会在语言能力方面以及对外国乃至整个世界的认识上有巨大提升。这都是职业外交官所需要的才能。然而比较吊诡的是，留学生之间会划分地盘，分为留日的和留欧美的，留学欧美的可以去出任驻欧美国家的外交官，留学日本的出任驻日本等地的外交官，之间界限不可逾越。于是，当留日的汪荣宝出任驻比利时公使时，留学生界哗然，反对之声迭起，认为留学日本的怎么能担任驻比利时公使。

此外，经过留学之后，一般会对留学之地产生亲近之感，于是留日者亲日、留欧美者亲欧美。外交官是代表本国与其他国家进行交涉的政府官员，当外交官对其他国家产生亲近之感时，在民族主义激荡的潮流下，往往会被民众视为卖国贼或汉奸。例如五四运动时期，陆宗舆、章宗祥等就被视为卖国贼。之所以会这样，一方面是民族主义的影响，另外一方面，的确是这些人表现出了对日本的亲近之感。难道这就是职业外交官素质提高的代价？

（2）外交官的职业精神

对于外交官的职业精神，陆征祥曾指出："第一，持超然态度，不介入任何党系。第二，兢兢的守公从职，不为一己的私益打算。第三，服从合法政府，辅佐政府元首。"外交官在职业生涯中不能与任何一个派系有关联，而且不为自己的私利打算，只为国家和民族的利益服务，他要服从合法政府的指令，辅佐政府元首。陆征祥对于外交官的职业精神做了精确的定位。但产生的一个问题是，是否要盲目效忠"合法政府"？

顾维钧1916年任驻美公使时，曾接洽了500万美元的商业贷款，且无侵夺中国主权的任何条件。这是一件好事还是坏事呢？这笔商业贷款没有附加上任何侵害中国主权的条件，如果用于当时中国的经济建设，当然很好，可是这笔钱却为北洋政府镇压南方反对派提供了资金。

另外，对于"合法政府"的危险指令是否要盲目遵从呢？巴黎和会时，北洋政府在日本的逼迫下，曾授意代表团在和约上签字。此时"合法政府"的指令是危害民族利益的，外交官在此时是否要秉持职业精神呢？最终，代表团选择违抗政府指令。

（3）外交职业本身的价值

按照常理，外交职业的价值在于通过协调国家间的关系，维护并增进本国的民族利益。可是在半殖民地的中国，外交官往往无法增进本国的利益，反而要对外奉送本国利益。他们的价值往往受到怀疑。这些外交官经过苦苦求学，但最终发现所学知识在实战中是无用的。陆征祥的传记作者分析了他选择归隐的原因时写道："巴黎和会的刺激，较比二十一条的刺激更大。二十一条谈判时，所感触的是一个霸道国家的强横。然而究竟是一个强国的霸道，不足动摇老外交家的信心。巴黎和会乃是国际主张正义的会议，乃竟欺弱媚强，使我国无申冤的余地。兴老于是感到世界正义终无伸张之日……"对于外交职业本身价值的质疑，最终使得陆征祥选择退出政坛，归隐山林。而在当时的环境之下，中国外交官往往会对自己的价值产生困惑，同时也会遭受旁人的质疑。

（二）民意与外交

1. "专业"的国民外交团体

进入民国后，民众参与影响外交已经十分普遍，"国民外交"的概念普遍为人们所接受,"专业"的国民外交团体如雨后春笋般涌现。

2. 国民外交团体的分类

（1）社会上层人物组成的团体。

这一类团体是由社会上层人士组成的爱国团体,例如:梁启超、汪大燮组织的国际联盟同志会;张謇、熊希龄组织的国民外交协会等。

（2）社会中、下层群众组成的团体。

这一类团体是由爱国的学生、市民组成的团体,如:1918年在东京、上海成立的留日学生救国团;1918年在上海成立的全国学生救国会等。

3. 国民外交团体的特点及作用

这些团体成立时间长短不一、成分不同、宗旨各异,但都力图表达民意,从而影响政府外交。在这些团体的影响和带动下,形成一股社会压力,导致政府需要"抚顺民意"。

4. 新的领导阶级和指导思想的出现

以五四运动为转折点,国民外交运动在领导阶级和指导思想方面都出现了重大变化。工人阶级成为运动的领导阶级。人们也认清了西方所谓"公理"的虚伪本质,从效法欧美转向寻求新的救国之道。在中国共产党成立之后,国民外交运动就变成了彻底的反帝反封建运动。

5. 民众参与影响外交的事例及斗争的方式

进入民国之后,这样的事例越来越多,例如民众反对占领山东、反对二十一条,以及反对巴黎和会签字等活动。

在这些活动中,民众斗争的方式有以下几种:成立各种组织,如外交联合会、学生联合会,办学生军、商团、民团,全国性的群众组织（如学生会、商会、工会等）纷纷建立;组织群众大会、游行示威,到处演讲,唤醒同胞;发表通电声明人民的对外主张,要求政府遵照人民意见;组织罢课、罢市、罢工;群众大会公订国耻日;抵制仇货（如日、英货）,采取毁烧仇货,不许卖、不许买仇货等活动,这是最重要的反帝斗争手段。

四 本讲扩展阅读

（一）《顾维钧回忆录》节选①

中国在"十人会"上的论辩关系至大。因为对中国来说，无论在国内还是在国外，山东问题都是一个极为突出的问题。同时，也是和会必须面对的一个棘手的问题。我们原来一直期待在会议过程中，中国能有机会被邀为自己辩护，但没料到机会来得如此之快。那是1月27日的午饭时分，我们第一次获悉，中国将被邀出席下午的"十人会"会议阐述自己的立场。这一消息是美国国务院远东事务司司长、美国代表团顾问卫理出于友谊预先通报给我们的。他说，日本已在上午的会上阐述了自己的立场，它要保留德国在山东的租借地。卫理非常希望中国代表团能为论辩做好准备。他还说，和会秘书长将会发来正式邀请函。我把这一消息告诉了正在就餐的同僚们。

这个消息对每个就餐的人来说，都不啻一个晴天霹雳。当时在场的有施肇基博士、王正廷博士、魏宸组先生、胡惟德先生和岳昭燏先生。所有的代表，包括陆总长在内，都已习惯于共进午餐，并利用进餐时间商议工作。陆总长引人注目地没有出席。他是因患病卧床，未能参加午餐聚会。岳先生当即主动去给迪塔斯塔先生打电话。迪塔斯塔是法国驻瑞士大使、和会秘书长、法国总理克里孟梭的密友。岳先生带回消息说，迪塔斯塔正在准备邀请函，一俟签字即送达代表团。这就进一步证实了刚才卫理先生打来的电话。代表团全部内争这下似乎都从在座者的头脑中消失了，人人保持着沉默。我充分意识到，同时，我断定别人也都充分意识到中国代表出

---

① 顾维钧：《顾维钧回忆录》，中华书局，2013，第1册，第173~177页。

席下午会议的重要性。

我们正在讨论，邀请函送来了。到会时间定于下午三时，可此函来时，两点钟已过。我说，此事必须立即报告陆总长。岳便上楼去报告。但是，岳带来的回话是，陆总长疾病缠身，无法赴会，让我们自己决定赴会及论辩人选。时间早已两点多了，我便说，人选之事，并无问题。根据级别，我提议王正廷博士、施肇基博士赴会。我是了解施肇基博士和王正廷博士心理的，我本人又一直因并不看重名次而从未想过要名列于施博士之前，所以，这次无疑应由王正廷博士和施肇基博士代表中国出席。和会方面对与会代表倒并无特别要求，谁去都行，它不管中国自己任命了多少名代表，每次出席会议的代表可以是其中任何两名——今天甲、乙，明天丙、丁，或甲、丙，或甲、丁。

施立即答道：“我不想去。我从未准备过这个议题。”他又指着我说：“该去的话，就该你去。因为你一直在研究准备这个议题。”我答道：“我想，虽说两人列席，发言可只是一人。团长陆总长缺席，自应由第二代表王正廷博士来发言。时间紧迫，大家不要客气了。”和会秘书长需要知道到会代表的姓名，会议主席要在会上宣布姓名，我催促大家迅速取得一致意见，以便岳先生通知和会秘书长。我说：“反正是王正廷博士发言，施肇基博士去，也无须开口的。”王博士说，如果他非去不可，他可以去，但他不发言，并指着我说，顾博士应该去，并且应该代表中国代表团发言。我说，发言自当有人，但我不想发言，还是施博士同王博士去才是。但王博士说，只有我同他去，并担任发言，他才去。至此，我只得说道：“是的，我不否认我一直在准备这个问题，也知道一些情况，但是，最终并未准备出什么东西来，再说，我们大家也未曾讨论过。”此事到此不了了之，施肇基在恳切表示不愿赴会之后便离开饭桌上楼去了。接着，王正廷说，我是必去的，至于他自己，如不发言，去亦可。我说：“你是第二代表，陆缺席，你理应代理。”但他说：“我无准备，你有准备，这是人所共知的。”我便说："好吧，如果你坚持的话，我来发言。我只有一个条件，当他们请中国代表阐述观点时，你要起身宣布请你的同僚来代表中国讲话。你只需说这一句话。"王回答说，如果我坚持，他可以这样做。于是，我们就此最后达成协议。有此谅解之后，我们决定前去赴会。

我们于三时准时到会。这是中国代表第一次出席"十人会"的会议，因为这次"十人会"纯粹是为要解决与中、日直接有关的"山东问题"而召开的，克里孟梭主持会议。我想，这是因为他是和会主席，所以，根据职权，他同时也是"五巨头会"和"十人会"的主席。会议室是一间中等大小的房子，到会代表大约有二十五至三十人。劳合·乔治先生、阿瑟·贝尔福先生、威尔逊总统、蓝辛先生、意大利首相奥兰多和他的外长桑理诺男爵在会议厅内坐于主席右侧，我们在左侧相向而坐。房间中央的几排座位上，除了几名其他国家的代表之外，几乎全是日本代表，其中有牧野男爵、西园寺侯爵，还有日本代表小组的其他代表。

当主席请日本代表团阐述日本政府关于山东问题的观点后，牧野男爵发表了一个十分简短的声明，声称日本尊重日中之间的成约，并说，山东问题应在日、中两国之间，以双方所商定之条约、协议为基础来解决，他还陈述了日本在战争期间为协约国事业而作出的贡献。

这份声明显然不具说服力，原因很清楚。牧野讲完之后，克里孟梭请中国代表团考虑是否对日本声明作一答复，抑或需要一定的时间以作准备。我和王正廷商量了一下，然后王便对主席说，将由我答复日本声明，但需要时间以准备中国的声明，克里孟梭说，"十人会"将很高兴能在明天听取中国方面的声明。会议随即休会。

第二天，1月28日，我们再次出席"十人会"会议。在这次会议上，山东问题是议事日程上的唯一问题。克里孟梭请中国代表团按照前一天的商定宣读中国声明。我催请王正廷博士起立，说明他已要求他的同僚顾维钧来阐述中国政府的观点。于是，主席叫我发言。我没用讲稿，谈了半个多小时。虽说这不过是一次即席发言，但因我一直在研究这一问题并一直在制订处理这一问题的方法，我思想上是早有准备的。我刚一讲完，中国代表团就鼓起掌来。威尔逊总统走过来向我表示祝贺。随后，劳合·乔治、贝尔福、蓝辛也都跑来向我祝贺。威尔逊总统和劳合·乔治都说，这一发言是对中国观点的卓越论述。坐在前排主席对面的代表中，也有很多人跑来跟我和王正廷博士握手。整个气氛与前一天日本代表讲话之后出现的冷场对比鲜明。

克里孟梭说，他希望得到一份刚才所述中国观点的书面声明。他又问，这一声明能否在两三天内交来。我说，中国代表团想提出一份尽可能充分的声明，所以需要有一定的时间来和本国政府联系，以得到所有必要的资料。其实，时间也不得不推延，因为和会主席也有将中日协定内容附于声明之后的要求。最后，和会主席同意给一周时间，在这一周时间之末，须将附有中日所签订的各种协定的声明送至"十人会"。

在我们离开房间时——应该说，是在离开房间之前——许多与会者，主要是美国人、英国人，还有一些法国人，将我们团团围住，说，他们对于中国这一声明印象极好，还说，会上这么多大国代表向我们祝贺，对中国可是个好兆头。

"十人会"的活动虽说是秘密的，但是各主要协约国及参战国都有自己的新闻发布官。这些新闻发布官惯于在会议结束后接见报界代表。于是，白天的会议新闻到晚上就在当地报纸上刊印出来了——当然，是一般的报导，但是它特别强调中国声明受到除日本以外各大国代表的一致赞扬。显然，这一消息也传到了中国、日本和其他国家，因为在以后的若干天内，我们收到许多致代表团的贺电。在贺电中，人们称中国的论辩是杰作。这些贺电中，有中国大总统、总理、外交部和其他政府首脑发来的，还有各省当局和山东省公职人员、学生联合会等发来的。有关那天会议的所有报导，在国内，也在巴黎的友好人士中间唤起巨大的希望。人们认为中国的论辩将会获胜。中国代表团内的许多人也同样乐观。我本人自然颇受鼓舞，对于辩论受到欢迎亦觉快慰。但是，声明受到称赞是一回事，最终得到有利的解决又完全是另一回事。

（二）顾维钧在巴黎和会上就山东问题的发言①

一月二十八日复开五国会议，中国代表顾维钧、王正廷被邀参加。此次会议系讨论处分德国太平洋上殖民地问题，不独中国被邀，比利时、塞尔维亚及英国自治领代表等均被邀请。开会后中国代表请求发言。

顾维钧曰：仅关数百万人之太平洋属岛问题，诸氏如斯尽力，至于青岛问题，关系四万万国民之重大问题，本全权之责任亦极重，今于兹试述其大纲原则。胶州租借地胶州铁路及其他一切权利，应直接交还中国。青岛完全为中国领土，当不容有丝毫损失。三千六百万之山东人民，有史以来，为中国民族，用中国语言，信奉中国宗教。胶州租借与德国，起因于教案问题，德国以武力要挟强请，迫不得已而为，已属世界周知之事。如就地势论之，胶州为中国北部之门户，亦为沿岸直达国都之最捷径路也，胶济铁路与津浦铁路相接可直达首都，于国防上中国亦断然不容他国之争执也。以文化言之，山东为孔孟降生中国文化发祥之圣地。以经济言之，山东以二万五千英方里之狭地，容三千六百万之居民，人口既已稠密，竞存已属不易，其不容他国之侵入殖民，固无讨论之余地。是以如就本会承认之民族领土完整原则言之，胶州交还中国，为中国当有之要求权利。本全权认为交还青岛为公正圆满之一条件，若本

① 王芸生：《六十年来中国与日本》，三联书店，1981，第 7 卷，第 264～267 页。

会舍此采用他法，则本全权不得不认为谬误。日本为中国逐出德国势力于山东，英国不顾欧战之危急，竭力援助，以及其他与德对峙使德无力派兵东援之各联合国，共为中国所当竭诚申谢，然割让中国人民天赋之权利为报酬，而播将来纷争之种子，为本全权所不得不力争者也。此不独为对吾国之诚意，亦对世界各国之诚意也。本全权绝对主张，大会应斟酌胶州租借地及其他权利之处置，尊重中国政治独立，领土完整之根本权利，且相信中国可谓有和平之诚意也。

牧野曰：日本之提案理由，昨日业已详述，日本占领胶州湾后，迄至今日，事实上已为领属；然而中日两国间，已有交换胶州湾交还之约，并关于铁路亦有成约，此等之公文，对于四国间，亦认为有注意之价值也。

威尔逊曰：日本代表将前项公文，于会议时有无提出之意向？

牧野曰：日本政府对于此事，决不至于反对，惟须待请训。

顾维钧曰：中国政府极愿提出。

克里孟梭曰：中日两国务须将交还青岛之条件向大会声明。

牧野曰：如本国政府许可后，必将公文提出，惟与此案有关之土地，事实上在日本手中，日本于交还前，从德国方面愿得自由处分权。至于获得胶州湾后之办法，于中日两国间业已商定完毕。

顾维钧曰：中国对于胶济铁路事，与牧野男爵之看法不尽相同。本全权陈说中国当时并未谓日本从德国取得山东租借土地及他项权利后不肯归还中国，日本曾向中国及世界剀切声明不欲据为己有，我中国已深信不疑，今复闻牧野男爵在议席上之重言声明，本全权尤为欣悦。但归还手续，我中国愿取直接办法，盖此事为一步所能达，自较分为二步为直捷。日本代表所提出之约定办法，想系指一九一五年二十一款要求所发生之条约及换文而言。当时情形，谅诸君尚能记忆，中国所处地位极为困难，此项条约换文，经日本送达最后通牒，中国始不得已而允之。即舍当时成立之情形而言，此项约章既为战事所发生之问题，在中国视之至多亦不过为临时暂行之办法，仍须由平和会议为最后之审查解决。纵令此项条约换文全属有效，而中国既向德国宣战，则情形即大不同。根据 Rebus Sic Stautibus 之法理言之，亦为今日所不能执行。当时中国虽被迫而允将来日本与德所定处置德国在山东各项权利之办法，一概加以承认。然此项条件并不能使中国不得加入战局，亦不能使中国不以交战资格加入平和会议，故亦不能阻中国向德国要求将中国固有之权利直接交还中国也。且中国对德宣战之文，业已显然声明中德间一切约章，全数因宣战地位而消灭。约章既如是而消灭，则中国本为领土之主，德国在山东所享胶州租借地暨他项权利，于法律上已经早归中国矣。借日租借之约，不因中国对德宣战而废止，然该约内既有不准转交他国之明文，则德国本无转交他国之权也。（巴黎和会纪录）

会议即此而终。因此度舌辩，顾维钧大露头角，中国阵势为之一振。

影视中的抗日战争

一 抗日战争简介

中国人民抗日战争简称"抗日战争",指的是中国人民于 20 世纪三四十年代在中国共产党主张建立的抗日民族统一战线旗帜下,以国共合作为基础,全国各族人民包括港澳台同胞、海外侨胞共同进行的抗击日本帝国主义侵略的正义战争,是近代以来中国反抗外敌入侵第一次取得完全胜利的民族解放战争,是第二次世界大战、世界反法西斯战争的重要组成部分,在国际上称作第二次中日战争(the Second Sino-Japanese War)。

日本是一个岛屿国家,在近代化的发展过程中面临资源的限制,其国家本身又具有军国主义特点,在这样的形势下,日本必然走上侵略扩张的道路。从甲午战争到日俄战争,日本取得一个个胜利,一步步向世界强国迈进。为了进一步发展国力,日本按照既定的扩张战略,继续在战争的轨道上前进,而其下一步目标就是要掌控整个太平洋地区,成为太平洋的霸主。

1931 年九一八事变爆发,日本相继侵占中国东北三省,在东北建立伪满洲国,与此同时,中国局部抗战开始。东北人民和东北军部分爱国官兵先后组成东北抗日联军,广泛开展抗日游击战争。1932 年 1 月,日军向上海进攻，中国第十九路军等部在上海人民支援下，奋起抵抗。中国共产党为推动全国的抗日救亡运动，一再呼吁国民党当局停止内战，团结抗日。直至西安事变和平解决，为国共两党合作抗日铺平了道路。1937年7月7日，卢沟桥事变爆发，日本开始全面侵华战争，中国军队奋起抵抗，全国性的抗日战争开始。8月22～25日，中共中央在陕西洛川召开政治局扩大会议，通过《关于目前形势与党的任务的决定》和《抗日救国十大纲领》，确定了共产党全面的全民族的抗战路线、持久战的战略总方针和人民军队执行独立自主的游击战的军事战略方针，担负开辟敌后战场、配合正面作战、建立抗日根据地的基本任务。9月22日，国民党中央通讯社公开发表题为《中国共产党为公布国共合作宣言》。9月23日，蒋介石发表谈话承认中国共产党的合法地位。以国共合作为基础的中国抗日民族统一战线正式形成。根据国共两党达成的协议，中国工农红军主力于8月25日改编为国民革命军陆军第八路军（后改称第十八集团军）。10月12日，南方八省（除海南地区外）红军和游击队改编为国民革命军陆军新编第四军。面对日军的大规模进攻，中国国民党军队在正面战场上予以对抗。八路军、新四军开赴华北、华中敌后，广泛开展游击战争，配合国民党军队作战，先后取得平型关、雁门关、阳明堡（今属山西）、蒋家河口、韦岗（今属江苏镇江）等战斗的胜利，并发动群众，建立抗日根据地。国民党军队以一部兵力在华北作持久抵抗，集中兵力于华中力保上海、南京，先后在上海、忻口（今属山西）、台儿庄（今属山东枣庄）等地给日军以打击。但在武器装备占据优势的日军进攻下，北平、天津、上海、南京、广州、武汉等城市相继失守，华北、华中、华南大片国土沦陷。1938年10月，日军侵占广州、武汉后，由于战线太长，人力、物力、财力又大量消耗，战争进入战略相持阶段。此时，日本对国民党采取以政治诱降为主、军事打击为辅的政策，逐渐加强对敌后战场的军事进攻。国民党副总裁汪精卫公开投降日本，成立傀儡政府。国民党当局从全国抗战初期比较积极抗日转变为消极抗日、积极反共。在战略相持阶段，国民党军队先后与日军进行了南昌、长沙、桂南、豫南、枣宜、上高、中条山、浙赣和常德等战役，消灭了大量日军，基本上守住了阵地；抗日根据地军民，坚持游击战争，积极打击日伪军，先后取得香城固、齐会、陈庄、黄土岭、百团大战等战役、战斗和反"扫荡"、反"清乡"、反"蚕食"斗争的胜利，有力地配合了正面战场的抗战和同盟军在太平洋战场上的作战，同时打退国民党顽固派发动的三次反共高潮，战胜了严重困难。1944 年，日军发动打通大陆交通线的作战，由于国民党当局避战，致豫、湘、桂等省大片国土丢失。抗日根据地军民从 1944 年起，展开声势浩大的攻势作战，将日伪军压缩包围于主要城市和交通线上。至 1945 年 8 月，解放区扩大到近 100 万平方千米，拥有 1 亿多人口，部队发展到 91 万余人，民兵 220 万人，为转入全面反攻创造了有利条件。1945 年 7 月 26 日，中、美、英三国发表《波茨坦公告》，敦促日本无条件投降。8 月 6 日和 9 日美国先后在日本广岛和长崎各投下一颗原子弹。8 月 8 日，苏联对日宣战，并向中国东北日军占领区出兵。8 月 9 日，毛泽东发表《对日寇的最后一战》的声明。8 月 10 日和 11 日，朱德连续发布对日军展开全面反攻及受降等 7 道命令，各解放区军民立即展开向日伪军的全面反攻。8 月 15 日，日本宣布投降。9 月 2 日，日本在投降书上签字。中国抗日战争胜利结束。

抗日战争期间，中国军民共毙伤俘日军 155 万余人、伪军 118 万余人，接受投降日军 128 万余人。中国人民伤亡 3120 万余人，中国军队伤亡 380 万人，总计伤亡 3500 万余人，直接经济损失 1000 亿美元，间接经济损失 5000 亿美元。中国人民为世界反法西斯战争的胜利做出了巨大牺牲和不可磨灭的历史贡献。中国抗日战争成为中华民族由衰败走向振兴的历史转折点，为中国共产党团结带领全国各族人民实现人民解放、建立新中国奠定了重要基础。①

---

① 以上参见熊月之、姜义华等编《大辞海 中国近现代史卷》，上海辞书出版社，2015，第 378～379 页。

二　有关抗日战争的影视作品

关于抗日战争的影视作品非常多，本讲只列出经典的影片以及与南京大屠杀相关的重要影片。

（一）《地道战》（电影）

电影《地道战》由任旭东执导，朱龙广主演，八一电影制片厂出品，于 1966 年在全国上映。

这部影片的拍摄是源于 1963 年初八一电影制片厂接到总参谋部指示，要求拍摄一部军事教育片，其后剧本创作小组在冀中地区进行实地采访，发现了抗战时期高平村党支部书记兼民兵队长刘傻子带领全村的民众发展地道抗击日军的故事，于是依据这个故事为基本素材，最终创作出了《地道战》这部电影。整部电影描述的就是在抗日战争时期，为了应对日军的"大扫荡"，高家庄民兵队长高传宝学习毛主席的《论持久战》，带领民众开发出地道战的模式，有效打击敌人的故事。这部电影突出展现了在中国共产党的领导下，民众抗击敌人所具有的智慧。影片中的许多人物形象深入人心，而同名主题曲《地道战》更是脍炙人口，歌词振奋人心："地道战，嘿，地道战，埋伏下神兵千百万，嘿，埋伏下神兵千百万，千里大平原展开了游击战，村与村户与户地道连成片，侵略者，他敢来，打得他魂飞胆也颤，侵略者，他敢来，打得他人仰马也翻，全民皆兵，全民参战，把侵略者彻底消灭完……"，成为人们传唱的经典歌曲。

（二）《地雷战》（电影）

《地雷战》由唐英奇、徐达、吴健海执导，白大均、张长瑞、吴健海等人主演，八一电影制片厂出品，于 1962 年在全国上映。

影片讲述了抗日战争时期，胶东抗日根据地面对日军不断对根据地进行蚕食和扫荡，各村民兵运用地雷战术，粉碎日军诡计，歼灭了进犯的日军，取得了反扫荡胜利。

（三）《南京！南京！》（电影）

电影《南京！南京！》由陆川执导，刘烨、高圆圆、范伟、秦岚、中泉英雄等主演。于 2009 年在中国内地上映。该片从一名普通日本士兵和一名普通中国士兵的视角，描述了他们在南京大屠杀期间的经历，除了展现安全区等情况、舞女救人等情节之外，还从日本士兵的心理角度揭示了战争对人性的摧残。人们对这部影片的评价有争议。赞赏的人认为这部影片比较大胆："影片的后半部分以拉贝先生的'安全区'为圆心，刻画了以范伟、高圆圆所饰角色为代表的小人物，在民族与个人遭受生死存亡之际，所做的种种保全自己和保护他人的行为。这部分中，由于避难于'安全区'的难民多为青年女性，因此侧重展现了日军对中国妇女所做的奸淫掳掠的兽行，其中涉及慰安妇等。值得玩味的是，连接这两段篇章的是两个人物——一个是中国小战士'小豆子'，一个是日本军人角川，是他们勾勒了整个影片的轮廓。而后者——日本人角川更是《南京！南京！》贯穿始终、着墨最多、最立体丰富的第一主角。角川在影片中表现了人性善良的一面，他不仅对战争有反思，还最后释放了两个中国俘虏，并自杀。早前，陆川导演就对外说，'角川的视线，就是观众的视线'，这使《南京！南京》注定成为一部风格大胆的作品。"批评的意见认为，该电影不该急着让侵略者和汉奸得到"救赎"，影片在叙事逻辑上不够"有机"，即所谓的荒腔走板。

这部电影获得第五十七届圣塞巴斯蒂安国际电影节金贝壳奖、最佳摄影奖，第四十六届台湾电影金马奖最佳摄影奖，第三届亚太电影大奖最佳导演奖，第三十七届洛杉矶影评人协会奖最佳外语片第一名等奖项。

（四）《金陵十三钗》（电影）

电影《金陵十三钗》根据严歌苓同名小说改编，由张艺谋执导，克里斯蒂安·贝尔、倪妮、佟大为、张歆怡、黄天元和渡部笃郎等出演，于2011年12月15日在中国上映。

关于南京大屠杀的影视作品比较多了，如何从新的角度去刻画这一事件，当张艺谋导演看到了严歌苓的小说后，发现这个角度十分独特：以13位金陵风尘女子的故事来描述南京大屠杀的故事。整部影片以南京大屠杀为背景，讲述了1937年在被日军侵占的中国南京，一个为救人而冒充神父的美国人、一群女学生、十多个风尘女子以及抗日的军人互相援助的故事，这些人在教堂中一起躲避日本人，最后那群风尘女子为了挽救女学生而替她们赴日军的邀请。影片突出了救赎的主题，对人道主义精神进行了刻画。

影片在摄影、剪辑、服装设计、烟火爆破、配音、视觉特效等方面都请来了国内外著名人士，都有值得称道的地方，可谓是一部非常精美的影片。该片获得第十五届中国电影华表奖优秀故事片奖、第二十一届上海影评人年度十佳电影奖、第二十一届亚洲电影传媒奖最佳新人奖、第二十一届亚洲电影传媒奖最佳服装设计奖等奖项。

（五）《南京》（*Nanking*，电影）

电影《南京》（*Nanking*）由比尔·古登泰格、丹·史度曼联合执导，雨果·阿姆斯特朗、赵家玲、斯蒂芬·多尔夫等主演，于2007年出品，是一部历史纪录片。影片的海报上写有：这是几个勇敢的灵魂拯救成千上万生命的故事。该片是一种新型的纪录片，导演说："希望避免典型的纪录片手法，如一个又一个专家讲述，展示大量静态的照片等，而是希望通过表演和片中传达的情感力量带给观众深入心灵的震撼。"影片运用几个演员来饰演当时的重要人物，如拉贝、魏特琳等人，他们在一个大厅中围成一个圆圈，以讲述的方式展现他们所经历的南京大屠杀。影片展现了大屠杀幸存者的口述，利用从6个国家搜集到的各种音像和文字资料，还有一名叫约翰·马吉（John Magee）的西方人用16毫米小摄影机冒死拍摄的40分钟录影带，等等。通过这些珍贵资料，该影片给人们讲述了南京大屠杀的真实情况。

这部影片的末尾，出现了这样的字幕——谨以此片献给张纯如。导演说，他之所以要拍摄这部影片，是因为偶然在报纸上看到了张纯如的故事，以及张纯如照片上那双眼睛，导演觉得应该为张纯如做一些什么，于是着手拍摄这部纪录片。

（六）其他相关影视作品

关于抗日战争的影视作品，还有《亮剑》（30 集电视剧，2005 年首播）、《胭脂》（45 集电视剧，2016 年首播）、《鬼子来了》（电影，2000 年上映）、《举起手来》（电影，2005 年上映）、《邪不压正》（电影，2018 年上映）等。此外还有关于台儿庄战役、七七事变等的优秀电影作品，此处不再一一列举。

此处需要提及的是日本一部关于第二次世界大战的动画电影《萤火虫之墓》。该电影从两个儿童的视角讲述了第二次世界大战对日本普通民众的影响，情节十分感人。从这样的影片中，应该可以体会到战争的无情和可怕，人民在战争中饱受痛苦和伤害。

三　本讲重要知识点

（一）关于张纯如

1. 张纯如的生平

张纯如（Iris Chang，1968－2004），1968 年 3 月 28 日出生于美国新泽西州普林斯顿。父母来自中国台湾，均获哈佛大学博士学位。1969年父亲受聘为伊利诺伊大学厄巴纳－香槟分校（University of Illinois Ur-bana-Champaign）物理学教授，举家搬至伊利诺伊州厄巴纳－香槟，张纯如在那里长大。从幼年起，父母就经常对张纯如提起南京大屠杀的历史，因祖父母都亲身经历过那一场由日本军国主义制造的血腥灾难。1983 年张纯如在伊利诺伊大学附属中学读书期间，曾将中学一份创刊于 1961 年但已停刊的杂志《特立独行》（*Unique*）复刊。1985 年被伊利诺伊大学录取攻读数学和计算机，一年后召集成立了伊利诺伊人文学会。由她创办的杂志《大开眼界》（*Open Wide*）也正式出版，这更坚定了她转学传媒的决心。1988 年底转入传媒学院，开始为《伊利诺伊人日报》（*The Daily Illini*）撰写新闻和评论，还为《芝加哥论坛报》（*Chicago Tribune*）撰写校园新闻。1989 年毕业前夕，获得在美国联合通讯社（美联社）（*Associated Press*）芝加哥分社实习机会。1989 年夏毕业，获学士学位。随后到《芝加哥论坛报》做四个月的实习生。1990年初返回伊利诺伊大学选修课程，并决心做一名作家。1990 年秋入约翰·霍普金斯大学硕士写作专业学习。这一年，张纯如订婚。她在导师的建议下，决定撰写钱学森传。1991 年夏毕业，获写作硕士学位。同年，张纯如结婚。1994 年 12 月，张纯如生平第一次看到关于南京大屠杀的黑白照片时，心灵受到极大震撼。1995 年出版《蚕丝：钱学森传》（又译《中国飞弹之父：钱学森之谜》，*Thread of the Silkworm*）。1995 年冬季，完成《南京大屠杀》一书的资料初步收集工作，准备前往中国收集资料。她到南京采访了 10 多位南京大屠杀的幸存者，查阅了大量资料，以追求历史真相的勇气和才华，写下了《南京大屠杀》。1997 年《南京大屠杀》（又译《被遗忘的大屠杀：1937 年南京浩劫》或《南京暴行：被遗忘的大屠杀》，*The Rape of Nanking：The Forgotten Holocaust of World War* II）出版，使这一原本不为西方世界重视的历史事件引起了美国、加拿大等国家主流社会的关注。该书连续 10 周居《纽约时报》1998 年度最畅销书榜。张纯如用英文向全世界详尽揭露了日本军国主义当年的兽行，她也因此不断收到恐吓信和电话。应该说，她的死与这些年来受到的不为外人所知的沉重压力有着密切关系。纽约大学电影系主任崔明慧回忆说："有人打电话、写威胁信，张纯如不得不经常变换电话号码，平时只能用电子信件与朋友联络，她甚至不敢在家里接受采访，不敢向朋友透露丈夫和孩子的信息。长期生活在恐惧之中，导致她的忧郁症不断加重。"2003 年她的《美国华裔史录》（*The Chinese in America：a Narrative History*）出版。此时，张纯如已患上了抑郁症，病情

不稳定。在一位军事历史学家的帮助下，她开始为撰写第二次世界大战
菲律宾美军战俘而收集资料和访谈幸存者。这些老兵是 1941 年被派往
菲律宾的美军第 192 坦克营（192nd Tank Battalion）的官兵，他们对日
英勇作战，最后沦为日军战俘。幸存老兵讲述的日军虐待战俘的残忍故
事常让张纯如落泪，对她的精神状况亦有很大的负面影响。但她不愿放
弃这一写作计划。她的抑郁症虽然经过多方治疗，仍未好转，2004 年
11 月 9 日在加州圣何塞（San Jose）自杀身亡，年仅 36 岁。张纯如的
去世在美国主流社会和亚裔社区引起巨大反响，全美近 200 家书报杂志
刊登了这一不幸消息，表达对这位勇敢女性的痛惜之情。2004 年 11 月
19 日，500 多名家人和朋友为张纯如送行。美国联邦众议员、中国驻旧
金山总领事馆、世界抗日战争史实维护联合会和其他机构都发来唁电。
华盛顿、纽约、南京和美国一些城市的华人社团同时举行追思会。2015
年圣何塞市议会以全票通过将张纯如生前居所附近的公园命名为张纯如
纪念公园（Iris Chang Memorial Park）。为了纪念张纯如，有关方面特地
成立了两个以她的名字命名的基金会，以支持和奖励为维护世界历史和
日本侵华史的真相而不懈奋斗的人们。①

　　2. 出色的工作——发现有关南京大屠杀新史料

　　张纯如工作非常出色，在撰写《南京大屠杀》时，她发现了一些
新史料，其中比较重要的是发现了《拉贝日记》和《魏特琳日记》。

　　（1）发现《拉贝日记》。约翰·拉贝（John H. D. Rabe），1882 年
11 月 25 日出生于德国汉堡。其父亲是船长，因 1896 年父亲去世，拉贝
在初中毕业后不得不到汉堡的一家出口商行当伙计，其后他前往非洲东
南部的葡萄牙殖民地莫桑比克的一家英国公司工作数年，在那里学会了
纯正的英语。1906 年因染上疟疾回国。1908 年受西门子中国公司聘用
来到中国，在沈阳、北京、天津、上海、南京等地经商，其未婚妻后来
也来到中国，1910 年 10 月他们在北京正式结婚。1911～1938 年受雇于

---

① 王成志：《北美藏中国抗日战争历史档案文献提要》，复旦大学出版社，2017，第 49～50
页；《中国人物年鉴》，总第 17 卷，2005 年 8 月，第 442 页。

西门子康采恩的中国子公司——西门子中国公司，先后成为北京、天津、南京西门子分公司经理。在第一次世界大战期间，因为中国参加协约国对德宣战，拉贝被遣返回国，不久就重返中国。他从 1919 年开始写日记。1931 ~ 1938 年，拉贝任德国纳粹党南京分部副部长。

七七事变爆发时，拉贝正在北戴河度假，他于 9 月初赶回南京。从 8 月 15 日开始，日方对南京进行轰炸。拉贝一回到办公室就收到了德国大使馆关于撤离南京的劝告。他开始了躲防空洞记日记的生活。1937 年 9 月 21 日，日军司令官向南京发出最后通牒，要求在南京的西方人士立即离开。许多外国人都逃走了，仍有一些常驻南京的西方侨民主动留下来帮助身处险境的普通中国人。1937 年 11 月，上海失守，南京十分危急。11 月中旬，日军开始向南京进攻。22 日，国民政府宣布迁都重庆，南京的平民将失去政府的保护。一些中外人士不约而同地想到，要仿效法国神父饶家驹在上海设立难民区的成功经验，在南京也设立难民区，以给平民提供避难所。拉贝和十几位外国传教士、金陵大学与金陵女子文理学院教授、医生商人等共同发起建立"南京安全区"，因拉贝是德国人，而且是纳粹党员，故而被选为安全区国际委员会主席。南京安全区又称南京难民区，是 1937 年 12 月日本军队即将攻占南京时，南京城内的欧美侨民出于人道主义，为保护平民免遭战火而成立的难民区，以美国驻华大使馆所在地和金陵大学、金陵女子文理学院、金陵神学院、金陵中学、鼓楼医院等教会机构为中心，由南京安全区国际委员会进行管理，共设交通部大厦、华侨招待所、金陵女子文理学院、最高法院、金陵大学等 25 个难民收容所。中国政府承认安全区，承诺实现安全区的非军事化，并且提供给国际委员会现金、粮食和警察。日本方面拒绝承认安全区，但是表示只要安全区没有中国军队驻扎，日军不会攻击安全区。1937 年 12 月 13 日，日军攻占南京，进行了令人发指的血腥屠杀，金陵陷入黑色的恐怖。拉贝利用自己纳粹的身份，在他负责的不足 4 平方公里的安全区内，领导十多位外国人，与日军斗智斗勇，与日本领事馆反复交涉、抗议，阻止日军的恣意侵犯和屠杀。1938 年 1 月底，日军强迫安全区内难民还家，并声称已经恢复了南京城的秩序，但实际上杀戮依然在继续。2 月 18 日，南京安全区国际委员会被迫改称"南京国际救济委员会"，成为一个纯粹的救济机构，安全区随之解散，最后一批难民营被迫于 1938 年 5 月关闭。

拉贝目击了日军在南京的暴行，将其写在了自己的日记中。1938 年 2 月，拉贝被西门子公司召回，4 月抵达德国，立即四处公开演讲、作展览、放映马吉拍摄的纪录片以揭露日军暴行。6 月 8 日写信给希特勒，提交关于南京大屠杀的报告，介绍了他留守南京的原因、南京国际委员会成立的经过及其主要工作，希望德国政府出面对日本施加压力。报告的附件中，有拉贝在南京期间的部分日记，还有 20 多张日军暴行的照片，但报告当时没有公开。其后，他甚至一度被盖世太保逮捕。他关于南京大屠杀的照片和马吉拍摄的影像资料在此期间也被没收。第二次世界大战结束后，拉贝因曾是纳粹党员而先后被苏联和英国逮捕，他的纳粹身份让他受到了不公正待遇。在面见了朱可夫元帅并证实他没有犯错之后，他在 1946 年 6 月被同盟国去纳粹化并释放。宋美龄很快就找到了拉贝一家的下落，希望拉贝能在东京审判中作为南京大屠杀的证人出席，但被拉贝婉言拒绝。拉贝晚年生活艰苦，南京市民没有忘记他，南京市民及国民政府每月捐助金钱和粮食给他。其后因南京国民政府垮台，拉贝失去了与南京的联系。1950 年 1 月 5 日，拉贝中风逝世，日记资料由他的家人保存。1996 年，张纯如等人寻访到了《拉贝日记》，让其重见天日，日记的公开在世界上引起了轰动，成为南京大屠杀最重要最翔实的史料之一。①

（2）发现《魏特琳日记》。明妮·魏特琳（Minnie Vautrin，1886 - 1941），中文名华群，美国传教士，人称"华小姐"。1886 年 9 月 27 日出生在美国伊利诺伊州的西科尔小镇。魏特琳家境贫寒，一直自筹学费，通过打工完成学业。1903 年高中毕业后皈依基督教，同年考入伊利诺伊州立大学，毕业后当了几年中学教师，后又考入香槟城的伊利诺伊大学，攻读教育学的学士学位，1912 年毕业。后受美国基督会的派

---

① 徐树法主编《江苏抗战人物传略》，中共党史出版社，2015，第 151～154 页。

遣来到中国，最初来到安徽合肥，她发现中国的女子很多都不识字，于是决心推动中国的女子教育。她用两年的时间学习中国的语言和文化，并给自己取名华群。她曾在合肥创办了一所女子学校三青女子中学。1918 年，她利用回国休假的机会，到哥伦比亚大学进修，获得教育学硕士学位。1919 年魏特琳应聘金陵女子大学，曾代理校长、担任教务主任。从 1937 年 8 月 12 日开始，到 1940 年 4 月，她几乎每天都坚持写日记，并每月定期将其邮寄给美国好友，以便她们更好地了解中国时事。卢沟桥事变爆发后，从 1937 年 8 月中旬开始，日军飞机持续轰炸南京。美国驻华大使馆多次通知在南京的美籍妇女和儿童赶紧撤离。魏特琳等有机会回国休假，但是她改变了计划，留了下来。当金陵女子大学大部分教职员迁往四川成都，魏特林不顾劝告，留在南京看管校园。最后只剩下魏特琳一名外教和十几名中国员工。12 月初，国际安全区已经开始运行，金陵女子大学是其中的一个难民点。魏特琳日夜忙碌，不仅要照顾难民区难民的生活，而且要防备日本人的挑衅和侵害。她救护了许许多多的中国难民与中国妇女。由于长期的劳累以及战争的刺激魏特琳得了严重的精神忧郁症。1940 年 5 月 14 日，她在多方的劝说下离开南京，回美国治病。回到美国后，她的病情进一步恶化。1941 年 5 月 14 日，也就是魏特琳离开中国一周年的这一天，魏特琳选择这个有意义的日子，结束了自己的生命，年仅 55 岁。临终前，她在写给朋友的信中说："我有两个生命，仍愿为华人服务。"魏特琳没有家庭，也没有父母，她的遗体被其弟弟运回密歇根州的雪柏镇安葬。她的墓碑上刻着四个中文汉字："金陵永生"。

魏特琳的日记一直沉睡在耶鲁大学的特藏室，直到张纯如发现了它。张纯如在日记中说："当我在耶鲁读完魏特琳日记和她的书信时……我既愤怒又很困惑，为什么这些记录没有被编辑成一部书出版？为什么在过去的半个世纪里魏特琳被公众遗忘？为什么魏特琳的精神没有成为全世界所共有的遗产？"张纯如在著作中引用了魏特琳日记，还促成魏特琳的传记出版。

《魏特琳日记》和《拉贝日记》《东史郎日记》一样，反映了日军进行南京大屠杀的真相，是珍贵的原始档案资料，为深入研究南京大屠杀和沦陷时期南京的政治、经济、社会生活等提供了非常重要的一手资料。

（二）口述史

1. 口述史的定义

口述史的英文名称是"Oral History"，或者"History by Word of Mouth"，顾名思义，它是一种口耳相传或口口相传的历史。口述作为一种记述历史的方法，很早就存在了。如著名的《荷马史诗》就是根据古代传说编成的口头文学，靠着乐师的背诵流传下来，它的原始材料中包含了许多神话传说和英雄故事，直到公元前6世纪才形成文字。此外，西方经典史学名著《历史》和《伯罗奔尼撒战争史》也主要依据口述历史写成。英国口述历史学家、社会学教授保罗·汤普逊就曾说："口述史学就如历史一样悠久。它是历史的第一种形式。"在文字发明以前，人类为了将先辈的事迹保存和流传下来，除了用一些简单的记事符号如结绳、刻契、图画等进行记录外，主要是依赖口口相传的方式保存历史。可以说，口述史是历史的源头，世界上许多民族都有这样的历史阶段。

口述史成为一种科学的研究方法，源于历史学者艾伦·内文斯（Allan Nevins）教授于1948年在哥伦比亚大学创立口述史研究室，并建立了第一所现代口述历史档案馆。

对于"口述史"的含义，不同学者给出了不同的定义。美国哥伦比亚大学口述史研究中心前主任路易斯·斯塔尔认为："口述历史是通过有准备、以录音机为工具的采访，记述人们口述所得的具有保存价值和迄今尚未得到的原始资料"，"口述史学大多并不出版，而是收藏在图书馆供研究者使用"。用口述方法研究城市史的专家布鲁·斯特夫认为："口述史学除了调查采访谈话，还必须使用录音机，当事人还要就有关问题进行讨论，所得材料必须整理成文，最后从其中挑选最好的出版成书。"英国埃塞克斯大学社会学教授保罗·汤普逊则认为："口述历史是关于人们生活的询问和调查，包含着对他们口头故事的记录。"前美国口述史学会主席唐纳德·里奇在《大家来做口述史（实务指南）》一书中认为："口述历史是以录音访谈的方式收集口传记忆以及具有历史意义的个人观点……口述历史的访谈指的是一位准备完善的访谈者向受访者提出问题，并且以录音或录像记录下彼此的问与答。访谈的录音（像）带经过制作抄本、摘要、列出索引这些程序后，存储在图书馆或档案馆。这些访谈记录可用于研究、摘节出版、广播或录像纪录片、博物馆展览、戏剧表演以及其他公开展示。"北京大学历史系杨立文教授认为："口述历史最基本的含意，是相对于文字资料而言，就是收集当事人或知情人的口头资料。它的基本方法就是调查访问，采用口述手记的方式收集资料，经与文字档案核实，整理成为文字稿。"此外，还有关于口述史的一些观点："从广义上讲，所谓口述史应当是指历史工作者利用人们对往事的口头回忆而写成的历史。在这个意义上，中国可以说是一个有着悠久口述史传统的国家"；"'口述历史'是历史事件的亲历者口头讲述、并经采集者（史学、人类学工作者，也包括档案工作者）用标准方法记录整理的历史记录"；"所谓口述历史，指保存在当事人、知情者记忆中的或在群众中口头流传的资料，尤其是历史见证人或知情人的亲知、亲闻、亲历。口述历史，简单地说，就是搜集、传播口头史料，并以此进行历史研究和历史写作的方法"；"口述历史，是通过走访历史事件当事人，或与当事人一起工作、生活过的人，把他们的回忆陈述记录下来，最终形成录音材料的过程。简单地说，就是搜集、传播口头史料，并以此进行历史研究和历史写作的方法"；"口述历史就是通过传统的笔录、录音、录影等现代技术手段，记录历史事件亲历者或者目击者的回忆而保存的口述凭证"；"口述史学是一种历史的研究方法，是以调查访问的方式收集、保存和研究口头资料，是将历史与记忆的关系具象化和方法化，将历史对于记忆的依赖性引入历史研究的实践操作中。口述历史建立在回忆的基础上，它力图通过回忆来获得关于过去事件的丰富证据，从而记述回忆者自己的历史"。

从以上对于口述史的描述中，大致可以得出对于口述史的印象，口述史的目的是利用各种手段以保留消失中的"声音"。它是历史学科的分支。

2. 口述史的特点

口述史主要有四个特点。其一，主体性的特点。在口述史的活动中，史学工作者对受访者进行采访，并进行整理和记录。史学工作的对象不是冰冷的文献资料，而是活生生的事件亲历者或者目击人，突出了人民群众这一主体在历史事件中的作用，因而具有主体性特点。其二，综合性的特点。口述史可以运用的领域十分广泛，它可以运用到社会史、劳工史、灾难史等研究中，此外，它还可以运用多种研究方法，例如社会学、心理学、诠释学等，从这两个层面来说，口述史具有综合性的特点。其三，社会性的特点。相比于从历史档案中寻找资料，口述史是从社会中寻找相关的历史资料，是从下而上的角度去看历史，因而具有社会性的特点。其四，民主性的特点。口述史从民众当中获取相关资料，据此研究历史，口述史还可以帮助史学家走出象牙塔，走到民众之中，发挥史学的功能，为没能留下文字记录的广大民众服务，因而具有民主性的特点。

3. 口述史学的意义

历史学研究中强调有创新的意识，创新主要体现在新材料、新视野、新方法等几个方面，而口述史在上述几个方面都给史学研究带来了创新的可能性。从新材料方面来说，口述史从事件的亲历者和目击者中搜集档案文献所无法记录或记载的史料，往往会带来具体而细致的描述，丰富了历史研究的史料来源。从新视野方面来说，口述史从社会民众中取材，视野向下，从而为历史学研究带来新的着眼点和新的课题。从新方法来说，口述史中会运用跨学科的研究方法，比如说心理学、社会学、诠释学等方法，这也为历史学研究注入了新的活力。

4. 口述史与中国

口述史研究在中国的兴起，也是伴随着西方史学思想传入中国这股浪潮而发生的。中国传统的史学研究是为君王做传的史学，用传统儒家思想做指导，以编年体、纪传体为书写模式，而在西方史学思想的影响下，中国出现了"史学革命"，强调用科学的方法研究历史，研究历史时注重解释历史、发现规律，同时视角下移，开始关注社会。口述史的研究在西方复兴之后，中国也受到了这股潮流的影响，开始注重用这种方法搜集史料，研究历史。

口述史具体的工作程序是：第一，有一个确定的课题或者主题。"这是至为重要和关键的，因为它关系到这个课题或主题是否能给历史带来实实在在的贡献。"而且，这个课题"最好是一个可以长时段进行的课题或主题"。第二，根据课题做前期的文献调研工作。尽量搜集并熟悉这个课题的相关文献档案材料，尽可能多地寻访和联系与事件相关的各种类型的历史见证者，以便形成多视角多侧面的全面的口述史。第三，构思和准备详细的采访提纲。采访中要问什么问题，怎样能更多地挖掘相关内容，这在访谈前都需要精心地进行准备。访谈时，主要以倾听者的姿态，访谈时要注意访谈的技巧。第四，现场要用精良的录音或录像设备记录采访，要及时贴好标签，做好记录。录音和录像需要征得受访者同意，也会有受访者不同意录音，甚至连笔录也不行。需要采访者在采访结束后及时地就相关内容进行记录。在录音或录像时，也要使用采访技巧，营造好的谈话氛围，参访最好选在受访者放松愉悦的地方，比如受访者家里。采访后的材料要妥善保存，必须把磁带和底稿与照片、文献以及收集的其他材料存放起来以备日后使用，并作为以后的公用资源，公共图书馆也许是存放它们的最好地点。第五，保持口述史料的原始性。"整理出来的文字要保持问答的形式不变，对受访记录决不能做任何形式的插增和删改。""毫无疑问，誊写工作是一种既很费时间，技术要求也比较高的工作。假如录音带包括一个小时的内容，那么就至少需要花六个小时的时间来誊写。"第六，查找相关文献资料作为附录，并尽量为口述材料做注解。①

① 傅光明：《口述史：历史、价值与方法》，《甘肃社会科学》2008 年第 1 期。

5. 口述史存在的问题

口述史虽然有诸多的优点和长处，但也存在一定的问题。人们对口述史这种方法主要存在以下责难。

第一，来源于人们的记忆的口述史是否可靠？

口述史在搜集资料的过程中，采访当事人或事件经历者，而这些历史的主体是凭借他们的记忆来讲述相关历史的。于是，产生了一个非常关键的问题，即记忆是否可靠。对于记忆的可靠性，往往存在几个方面的问题：其一，失去了过去的记忆。在很多情况下，由于某件事情对当事人的打击太大，当事人自己刻意地遗忘了相关事情，或者由于其他原因，相关记忆丢失了。其二，故意扭曲记忆。由于当事人在事件中的某些作为不堪回首等原因，当事人会故意扭曲相关记忆。其三，现实生活经历的影响。人们脑海中的记忆会与现实生活的情景发生交互作用，从而使得记忆受到现实生活经历的影响，从而出现错误之处。

第二，口述史是否需要文献？是否"有言必录"就算完成了口述史？

这个问题实际上针对的是口述史的质量问题。口述史不是单纯的采访历史事件亲历者或者目击者，而需要与有关文献互相印证。著名口述史家唐德刚回顾自己做口述史的过程时说："我替胡适之先生写口述历史，胡先生的口述只占百分之五十，另百分之五十要我自己找材料加以印证补充。写'李宗仁口述历史'，更麻烦，因为李先生是军人，他连写封信都要秘书，口述时也随便讲讲，我必须细心的找资料去编、去写、去考证，不明白的还要回头和他再商讨。"可见，对口述史来说，必定要寻找相关文献与之互相补充，这也是史学范畴的口述史的做法，是与其他学科的口述史存在区别的地方。

第三，口述史是否以揭秘为主题？

这个问题涉及口述史的内容。"目前出版的很多口述史以大揭秘为噱头，大肆炒作领袖人物的私生活、反右派斗争的恩怨情仇、'文化大革命'的凄惨往事，似乎只有共和国历史上的曲折和失误才是口述史的重点，以至于人们将口述史与野史秘闻相等同。这种对口述史的误解和误导，不但违背了历史学给人以知识和智慧、服务于民族和国家大义的基本原则，也使口述史变成了商业赢利的工具和别有用心者的枪口。"

6. 口述史与现实

口述史在历史研究中的运用有许多方面，其中二战口述史的相关研究非常多，主要涉及对南京大屠杀的口述研究、对日军慰安妇的口述研究、对日本掠夺劳工的口述研究、对日军细菌战的口述研究、对日军华北"无人圈"的口述研究等，此外，对中国军民的抗战、抗战历史人物、抗战时期的教育等，都有相关的口述史研究。相关的研究成果非常丰富，例如朱成山主编的《侵华日军南京大屠杀幸存者证言集》、"侵华日军南京大屠杀史料"编委会等编的《侵华日军南京大屠杀史料》、孙宅巍和吴天威的《南京大屠杀：事实及纪录》、江浩的《昭示：中国慰安妇》、苏智良等主编的《滔天罪孽——二战时期的日军"慰安妇"制度》、何天义主编的《二战掳日中国劳工口述史》、丘明轩的《罪证——侵华日军衢州细菌战史实》等。

口述史的这种研究方法被用于处理战争遗留问题，如慰安妇问题、虏日劳工问题、细菌战问题等，民间通过这样的方式，对日索要战争赔偿。2007 年 3 月 21 日，台湾慰安妇受害幸存者 91 岁的吴秀妹由人陪同，到位于台北市庆城街的日本交流协会举行抗议活动，要求日本政府遵循"河野谈话"，尽速对慰安妇受害幸存者谢罪赔偿。2012 年 11 月 12 日，日本民间团体呼吁政府向慰安妇谢罪赔偿。日本"海南岛近代史研究会"创始人佐藤正人数十次到海南岛调查日本侵琼史，通过口述方式搜寻相关证据。

口述史研究被运用到战争索赔时所存在的一个严重的问题是，声音正在消失。2012 年 10 月 12 日，山西太原阳曲县郑家寨村，曾经两次前往日本诉讼、中国最年长慰安妇尹玉林的葬礼在村中举行，数十位乡亲送别老人最后一程，多家日本民间组织也在葬礼当日发来唁电，向老人敬献花圈。尹玉林生前最大的心愿就是让日本政府道歉和赔偿，但她苦等了 20 年也没有任何结果。老人的去世，宣示了口述史研究中一个非常重要的问题，即这些事件的亲历者或者目击者将去世，他们的声音将

"消失"，所以，相关口述史工作必须抓紧时间，积极抢救这些即将"消失"的"声音"。

7. 电影中口述史的运用

电影《南京》（*Nanking*）中采访的23位全部都是南京大屠杀的亲历者。这些当事人的名字几乎不见于任何历史文献中。对他们的采访和口述记录，为后人研究南京大屠杀的历史提供了鲜活的素材和资料。

对这些当事人进行采访，搜集口述资料时的整个进程如下：其一，在与被访者的接触过程中，要先问对方的生活经验，从最简单、直观的问题问起，建立感情。这样做可以让受访者放下戒心，以放松的状态进入访谈环节。其二，逐渐进入正题后在掌握背景的情况下启发式地提问。采访者需要对事情的背景有充分地了解，才能对受访者进行启发式提问，提问的目的是得到细节性的描述。其三，最后需要受访者的总结。受访者在引导之下，会慢慢对相关事实展开回忆，复苏相关回忆，最后需要对相关回忆予以确认和总结。

在影片中，可以看到受访者被问及的问题。对于中方当事人的问题是：南京以前是什么样的？在日军攻破南京之前，是否经历了轰炸？得知上海沦陷后是否想过离开南京？听说有外国人要建保护区吗？是否曾经投奔？南京攻陷时的情景，是否目睹了亲人遭遇烧杀抢掠？是否目睹或经历日军的奸淫？安全区内的情况如何？是否知道建立安全区的外国人并跟他们接触？对建立安全区的外国人印象如何，怎样评价他们？其中，对于当时参战的中国士兵设计了专门的问题：从上海向南京撤退的经过是怎样的？被日本人抓住后的经历是什么？日本人是怎么进行屠杀的？在安全区如何得到保护？对建立安全区的外国人印象如何？怎样评价他们？

影片通过每个当事人的口述还原历史的原貌，且将纪录片影像与口述结合起来，口述与文献资料以及纪录片影像互相印证，从整个电影的编排中可以体会到导演的匠心独具。观众透过这些事件亲历者的口述，能够真切地感受到他们的经历和悲痛，从而很好地达到了电影的目的。

导演将散乱的口述材料组织起来，其工作就如同历史学家一样，根据纷繁的资料，厘清历史的逻辑和线索，讲述一个主题。

四 本讲扩展阅读

(一)《拉贝日记》节选①

12 月 12 日

我原来以为日本人可以在平静中接管城市,但这种想法没有得到证实。在安全区内仍然可以不断地看见佩戴黄袖标的中国军人,他们全副武装,带着步枪、手枪和手榴弹,就连警察佩带的也不再是手枪,而是违反规定地带上了步枪。看来不论是士兵还是警察都没人遵守唐将军的命令。在这种情形下清理安全区已经是不可能的了。早晨 8 时,炮击再度开始。

中午 11 时,龙和周奉唐将军之命来请我们做最后一次努力,签订停火 3 天的协议。在这 3 天内,守城部队撤退,然后将城市交给日本人(和原先的想法一样)。我们起草了一份新的致美国大使的电报、一封在电报发出前应由唐将军先行寄给我们的信件以及一份和谈代表应遵守的行为规则,规则的内容是:和谈代表在白旗的保护下,在阵地前沿向日军最高指挥官递交有关停火协议的信件。施佩林毛遂自荐充当和谈代表。整个一个中午,我们都在等待着回唐将军那儿取那封必要的信件的龙和周。到了晚上快 6 时的时候,龙来了。他说,我们的努力已经没有用处了;对停火来讲,一切已经太晚了,日本人已经到了城门边上了。对这件事我并不感到悲哀,对这种结局我也从来没有悲哀过,因为我从一开始就不喜欢这种最后努力的做法。事情很明显,唐将军想不经过最高统帅的批准便签订停火协议。在通知日本人时,"投降交城"这四个字是无论

---

① 拉贝:《拉贝日记》,刘海宁、郑寿康、杨建明等译,江苏人民出版社、凤凰出版社,2006,第 130~136 页。

如何不能提到的。在起草停火的申请或请求时，一定要让人觉得这个动议仿佛是由国际委员会提出的。换句话说，唐将军打算躲在我们的身后，因为他预料到最高统帅和在汉口的外交部会有严厉的指责，他害怕受到这个指责。他想把全部的责任都推到委员会及其主席拉贝的身上。这是我很不喜欢的！

下午 6 时 30 分，紫金山上的火炮在不停地轰击着，山的周围都处在电闪雷鸣之中。整座山骤然间置身火海，不知哪里的房子和弹药库被点着了。（这是一个古老的有关南京陷落的象征。有句民谚说："紫金山焚则金陵灭。"）可以看见中国平民从南面逃过来，他们沿着安全区的街道奔向他们的容身之处。跟在他们后面的好几支中国部队声称日本人已经跟着他们进来了。但是这条消息不准确！从逃跑的部队的步态来看，最后几支部队是在悠闲地穿街走巷。由此可以判断，他们没有受到敌人的追赶。我们断定，这些部队肯定是在南城门或光华门遭到了敌人炮兵的猛烈轰击，惊慌之下四散逃走了。越接近内城，他们就越镇定。原先的狂奔乱跑现在变成了逍遥的进军。当然有一点是不容怀疑的，日本人已经兵临城下，总攻即将开始。我告诉韩先生和总部的其他工作人员，我们得提前回去，免得中国委员的家人为他们在外的丈夫或亲人担忧。我自己和韩先生开始往回走，到家做些准备，以免我们因为炮击或轰炸而陷入困境。我在手提箱里放进了必要的洗漱用具，在必不可少的药箱里放进胰岛素、包扎用纱布等等。随后我让人把这些东西送进新挖的防空洞里，我觉得现在的这个防空洞比原来的要安全一些。我在皮大衣里又塞进了必要剂量的药品和医疗器械，以备我在必须离家时用得上。我装满了东西，看上去像个圣诞老人，觉得行走很不方便，但是又没有别的办法，因为我是依赖胰岛素的。有一小段时间我有点忧虑，我还能带点什么走呢？我再一次走过所有的房间，又仔细看了一遍，好像要和家里那些破烂东西告别似的。那儿还有几张孙辈们的照片，这得放进口袋。这下我装备完了。我很清楚，此时此刻是没有什么好笑的，但是临刑前的幽默毕竟还是占了上风——小丑,你笑吧!表演还在继续!快到晚上 8 时的时候,龙、周两位先生(林已经撤退了)到我这儿请求在我的住房里得到保护。我同意了。在我们回家前,两位先生在委员会的钱柜里寄存了 3 万元。

晚 8 时,全剧的最后一幕开始了——猛烈的炮击!火光映红了整个南面的天空。院子内的难民一直挤到了防空洞的边上。有人在用力地拍打着两扇院门,妇女和儿童哀求我们放他们进来。一些大胆的男人从德国学校后面翻过院墙,想进入我的院内寻求保护。这种苦苦哀求我实在听不下去,于是我把两扇大门全打开,把想进来的人全放了进来。防空洞里已经没有地方,我便将人们安置在房子之间以及房屋的旮旯里。大部分人带来了自己的被褥,在露天席地而卧。一些机灵鬼把他们的床安置在水平悬挂的德国国旗下面,德国国旗是为防日本轰炸而备的,这个地方被看作是"防弹地带"!炮弹和炸弹在不停地呼啸着,越来越密集,越来越接近。南面的整个地平线变成了火的海洋,到处是山崩地裂的声响。我戴上了钢盔,给我的中国助手、好心的韩先生也戴上了一顶,因为我们两人是不进防空洞的,再说那里面也已经没有地方了。我像只猎犬一样在院子里跑来跑去,在人群之间穿梭,在这儿训斥两句,在那儿安抚一下,最后大家都乖乖地听我的话了。快到半夜的时候,我的院门前发出了一种可怕的沉闷的响声。我的朋友、礼和洋行的克里斯蒂安·克勒格尔(我们的财务主管,安全区的财政部长)来了。"克里杉(对克勒格尔先生的昵称——译者),我的天,你来这儿干什么?""只是来看看你怎么样!"他告诉我,主要街道中山路遍地是逃跑的中国军队扔下的军服、手榴弹和各种各样的军用物资。"还有一件事,"克里斯蒂安说,"刚才有人愿意出手一辆尚能使用的公共汽车,只要 20 元,您说要不要?""克里斯蒂安,都什么时候了!"克里斯蒂安接着说:"我已经和他约好,让他明天到我们办公室来。"半夜时分,炮火声有所减弱,于是我便躺下来睡了。在北面,漂亮的交通部大楼正在熊熊燃烧。我感到浑身的筋骨都在疼痛，我已经有 48 小时没合眼了。我的客人们也都睡觉了，办公室安置了 30 人睡觉，储藏煤的地下室安置了 3 个人，有 8 个妇女和孩子睡在佣人的厕所里，剩下的 100 多人分别在防空洞里，在露天，在院子里，在石子路上！

晚上 9 时，龙先生秘密告诉我，根据唐将军的命令，中国军队在晚上 9 时~10 时撤退。后来我听说，唐将军实际上在晚上 8 时就已经脱离了自己的部队，乘船到浦口去了。同时我还听龙先生讲，他和周奉命留下来负责照顾伤员。他恳切地请我在这方面提供帮助。存放在我这里的 3 万元只能用于此目的。我非常乐意接受这笔捐赠，并答应提供帮助，因为那些急需各种医疗救护的伤员们的苦痛是语言所无法形容的！！

我入睡前的最后一个念头是：谢天谢地，最困难的时刻过去了！

12 月 13 日

大清早，当我再次被空袭惊醒时，心里感到很失望。炸弹又一次冰雹般地落下。日本人在昨天晚上只攻占了几座城门，他们还没有推进到城内。

到达委员会总部后，我们在 10 分钟内便建立了一个国际红十字会，我成为该组织的理事会成员。约翰·马吉担任红十字会主席，数周以来他一直计划成立一个红十字会。委员会的 3 个成员乘车前往设立在外交部、军政部和铁道部的几所军医院。通过他们的巡视，我们确信了这几所医院的悲惨状况，医院的医护人员在猛烈交火的时候撇下无人照看的病人逃走了。于是我们迅速弄来了一面红十字旗挂在外交部的上空，并召回了相当数量的人员，他们在看见外交部上空飘扬的红十字会旗后才敢回到军医院。外交部的进出口道路上横七竖八地躺着伤亡人员。院内和整个中山路一样满地抛撒着丢弃的武器装备。大门口停放的一辆手推车上摆放着一堆不成形的东西，仿佛是具尸体，露出的双脚表明他还没有断气。我们小心翼翼地沿着大街往前开，时时刻刻都有碾过散落在地的手榴弹而被炸飞上天的危险。我们转弯开进上海路，街道上到处躺着死亡的平民，再往前开迎面碰上了向前推进的日本兵。这支分队通过一名会讲德语的医生告诉我们，日本军队的指挥官要过两天才能到达。见日本人是经新街口向北挺进，所以我们的车就绕过日本人的部队，快速地开了过去。沿途我们通过缴械救下了 3 个分队约 600 名中国士兵。有些士兵不愿意执行放下武器的要求，但当他们看到不远处日本人已经逼近时，最终还是决定放下武器。我们将这批人安置在外交部和最高法院。我们委员会的另外两名成员则继续往前行驶，在铁道部碰到了另外一支约 400 人的中国部队。我们的人同样也要求他们放下武器。这时不知从什么地方有人朝我们射击。我们只听见子弹呼啸而过，但是不知是从哪儿射来的。最后我们终于发现，是一名中国军官骑在马上拿着一枝卡宾枪四处扫射，可能是他不同意我们的做法。必须承认，从他的立场出发，他这样做不是完全没有道理。但是尽管如此，我们经过考虑仍然坚持我们的做法，我们别无选择！如果在安全区的边上发生了巷战，那么逃跑的中国士兵毫无疑问会撤进安全区，这样安全区就不是一个非军事化的区域。它即使不被日本人摧毁，也会遭到日本人的猛烈射击。因此我们一直希望这些完全解除武装的中国士兵除了被日本人当作战俘之外，不会有其他危险。那个朝我们射击的中国军官后来怎么样，我们无从得知，我只看见了我们的汽车专家哈茨先生夺下了他的枪。

回到总部后，我发现大门口非常拥挤，这里也涌来了一大批无法渡江撤退的中国士兵。他们都接受了我们缴械的要求，然后被安置到了安全区的各个地方。施佩林站在大门口，脸色非常严峻，他手里拿着毛瑟手枪，当然子弹没有上膛。他监督武器是否排放整齐，并清点数目，因为我们打算过后将武器移交给日本人。

我们担心日本人会驱散或者以其他的方式袭扰或惩罚难民区内聚集的人群，因此发布了如下公告：

致难民收容所难民的重要通知

1. 紧急呼吁所有的人尽可能不要在街上逗留。

2. 在最危险的时候，建议躲在房子里或不会被看见的地方为好。

3. 我们提请注意，难民区是专为难民设立。我们不得不遗憾地指出，难民区无权为中国士兵提供保护。

4. 如果日本人来难民区检查或巡视，必须予以通行，不得向他们实施任何抵抗。

（二）《魏特琳日记》节选①

12月12日，星期天

晚上8时30分。我在写这些日记的时候，城市西南部又响起了激烈的枪炮声。窗户被震得摇撼。为慎重起见，我离开了窗户。一整天轰炸不断，有人说，日军已进城了，但我无法证实。一个士兵告诉我们的守门人，日军曾数次突破光华门，但都被赶了回去。我们还听说，87师正在接替88师。但很遗憾，整天都有中国军队从安全区经过。

在今晚的新闻发布会上，听说卫戍司令唐生智已无法指挥自己的部队。除了安全区以外，城里的许多地方都发生了抢劫（从可怕的爆炸声来看，我想那古老而美丽的城墙恐怕所剩无几了）。现在日本飞机可以自由出入，投下大批炸弹，他们既没有遇到高射炮火的阻挡，也没有中国飞机的拦截。

我认为，把城墙外面所有的房屋以及城墙内的部分房屋烧毁是个严重的错误，这种牺牲没有多少价值。谁遭受破坏的痛苦？还不

---

① 魏特琳：《魏特琳日记》，张连红、杨夏鸣、王卫星等编译，江苏人民出版社、凤凰出版社，2006，第144～147页。

是中国的穷人！为什么不把城市完好的交出？今天上午 10 时 30 分，我去了鼓楼教堂，那儿大约有六十人。教会紧急委员会的一名成员做了很好的布道。教堂院落里住了许多难民（现在在枪炮声实际上已经停了下来，我不知道这是否意味着城墙已被突破，日军进了城）。

难民继续涌入校园，三幢大楼已住满了难民，现在，艺术楼也开始接纳难民。不幸的是，由红十字会管理的粥厂仍未开张，因此，对没有带食物的难民来说，日子非常艰难。在我们的一再催促下，粥厂可能明天上午 9 时开张，但如果今夜城市陷落，恐怕连这也做不到了。

在危难和恐怖之际，也发生了一些有趣的事。我们东门街对面的那个姓管的裁缝，傻乎乎地让"新生活运动委员会"的工作人员在撤离南京前，将他们的一些物品存放在他家的一间屋子里。随着日军的临近，他开始担心起来。今天，我打电话叫来了菲奇先生，我俩叫他把所有的文字材料都销毁，并由我们来承担销毁的责任。整个下午，他和他的妻子以及所有的亲戚，把一堆堆材料搬到我们的焚化炉里烧掉。他们一趟趟地搬着，累得满头大汗，及时销毁了所有的材料（从枪声可以听出，日本人已经进城了）。

一向精干的中央楼林管理员，由于竭力要这些难民保持地面整洁，今晚嗓子都喊哑了。下午他对看门人说，要孩子不在地板上小便比登天还难。看门人说："你为什么不阻止他们？叫他们不要随地小便？"林用沙哑的声音说："我哪能不说?! 但我一回头，他们又尿了。"

今天下午 5 时。在我去英语部时，看见紫金山上有一条着火带，环绕在山顶部的 1/3 处。我不知道火是怎样烧起来的，但这意味着许多松树被毁了。

今晚 9 时～10 时。我和陈先生巡视了校园，洗衣房姓胡的工人和他的邻居都来了。他们担心今晚有撤退的士兵过来，因为他们家有年轻的姑娘。今晚，城里是不会有多少人睡觉的。从南山公寓，我们可以看见城南仍在燃烧，下关也一样。今夜我得和衣而睡，以便在需要时随时起床。但愿黑夜快点结束。

刚好一年前的今天，蒋将军在西安事变中被拘留。

12 月 13 日，星期一

（听说凌晨 4 时，日本人已从光华门入城了）。重炮彻夜轰击着城门，据说是在城南，而我听起来却像在城西。城内枪声也很激烈。一夜我都没怎么睡。在半睡半醒的状态下，我感到日军似乎在追逐撤退的中国士兵，并向他们射击。由于担心出事，我们没有一个人是脱了衣服睡觉的。

5 时过后，我起床到学校前门，那儿一切都很平静，但看门人说，大批撤退的士兵从门前经过，有些人还乞求给他们一些老百姓的衣服。今晨，在校园里也发现了不少军装，我们的邻居也想进来，但我们试图说服他们，如果他们在安全区内就和我们一样安全，安全区任何地方应该都一样安全。

今天早上，我们学校门前的那个粥厂终于开张了，我们根据难民们到校园来的先后次序，依次向各幢宿舍楼发送早饭。这顿饭到 10 时 30 分结束。下午我们将再开一次饭。

贝茨大约在 11 时过来。他说国际红十字会已经得到了 5 万美元，用以建立伤兵医院，第一所医院将设在外交部。已经组建了一个 17 人的委员会。

下午 4 时。有人告诉我们，西面山头上有好几个日本兵。我去南山公寓察看，在我们的"西山"顶上果然站着几个日本兵。不久，另一名工人叫我，说有一个日本兵进了我们的家禽实验场，索要鸡和鹅。我立刻赶到那儿，我打手势告诉他，这里的鸡不是出售的，他很快就走了。碰巧，他是一个有礼貌的人。

在经历了猛烈的炮击与轰炸后，城市异常平静。三种危险已经过去——士兵的抢劫、飞机的轰炸和大炮的轰击，但我们还面临着第四种危险——我们的命运掌握在取得胜利的军队手中。今晚人们都十分焦虑，因为不知道未来会怎样。米尔斯说，到目前为止，和日本人打交道还算愉快，但是，毕竟接触还很少。

下午 7 时 30 分。食堂负责人报告说，日本兵正在强占我们校门对面存有大米的房子。F. 陈和我试图同这批日本兵的头目取得联系，但是没有结果。门口的卫兵凶神恶煞，我真不愿意看到他。后来，我为此事见了安全区委员会主席，他们说明天来解决这个问题，但所有的人都一致认为，在处理这个问题时必须谨慎从事。

今晚，南京没有电灯，没有水，不通电话和电报，没有报纸，没有广播。我们与你们所有的人确实被一个无法穿透的区域隔开了。明天，我将通过美国军舰"帕奈号"，向吴博士和纽约发一个电报。迄今为止，金陵女子文理学院的员工及建筑物均安然无恙，但我们对今后几天的命运毫无把握。大家都疲倦到了极点。几乎在所有场合，我们都发出低沉疲倦的呻吟——周身的疲惫（今晚安全区内有许多放下武器的士兵，我还没有听说城里是否有其他士兵被捕）。

（三）日本天皇颁布的"停战诏书"（1945 年 8 月 14 日）①

朕深鉴于世界大势及帝国之现状，欲采取非常之措施，以收拾时局，兹告尔等臣民，朕已饬令帝国政府通告美英中苏四国愿接受其联合公告。

盖谋求帝国臣民之康宁，同享万邦共荣之乐，斯乃皇祖皇宗之遗范，亦为朕所拳拳服膺者；前者，帝国所以向美英两国宣战，实亦为希求帝国之自存与东亚之安定而出此，至如排斥他国主权，侵犯其领土，固非朕之本志。然自交战以来，已阅四载。虽陆海将兵

---

① 复旦大学历史系日本史组编译《日本帝国主义对外侵略史料选编（1931-1945）》，上海人民出版社，1985，第 551~552 页。

勇敢善战，百官有司励精图治，一亿众庶之奉公，各尽所能，而战局并未好转，世界大势亦不利于我。加之，敌方最近使用残酷之炸弹，频杀无辜，惨害所及，真未可逆料。如仍继续交战，则不仅导致我民族之灭亡，并将破坏人类之文明。如此，则朕将何以保全亿兆之赤子，陈谢于皇祖皇宗之神灵。此朕所以饬帝国政府接受联合公告者也。

朕对于始终与帝国同为东亚解放而努力之诸盟邦，不得不深表遗憾；念及帝国臣民之死于战阵、殉于职守、毙于非命者及其遗属，则五脏为之俱裂；至于负战伤、蒙战祸、损失家业者之生计，亦朕所深为轸念者也。今后帝国所受之苦难固非寻常，朕亦深知尔等臣民之衷情，然时运之所趋，朕欲忍其所难忍，堪其所难堪，以为万世开太平。

朕于兹得以维护国体，信倚尔等忠良臣民之赤诚，并常与尔等臣民同在。如情之所激，妄滋事端，或者同胞互相排挤，扰乱时局，因而迷误大道，失信义于世界，此朕所深戒。宜举国一致，子孙相传，确信神州之不灭，念任重而道远，倾全力于将来之建设，笃守道义，坚定志操，誓必发扬国体之精华，不致落后于世界之进化。尔等臣民其克体朕意。

御名 御玺

昭和二十年八月十四日

各国务大臣副署

结　语

　　整个的中国近代史（或者更确切地说是近代中外关系史）内容十分丰富，相关影视作品也非常多，由于课程容量的限制，本课程只设计了上述几讲内容。

　　这门课的讲授已经有 10 多年的历史，讲授超过了 30 多次。在课程讲授过程中，我们会根据学生的情况、课时量等进行相应的调整，也会考虑如何将新式的教学方法运用进来。

　　讲授过程中，我们遇到了几个问题。首先，如何把影视内容与专业知识更好地结合在一起。经过多年的构思、设计与修整，本课程的内容越来越丰富，同时注意将新的研究成果与课程讲授结合起来。在教学过程中，如何将趣味性和专业性更好地统一在一起，还需要不断地进行探索。其次，新式教学法与课堂人数过多的矛盾。课程开设过程中，受到学生的广泛欢迎，人数往往达到课程的最大容量。在这么多学生的情况之下，如何有效地让学生参与课程，将新式教学法的以学生为中心的上课方式运用到课程教学中，调动每一个学生的积极性参与课程的学习和讨论，也是需要继续探索的问题。本教材的出版，在一定程度上可以让学生提前做知识的预备，从而有助于提升教学的效果。

图书在版编目（CIP）数据

影视中的近代中国与世界／陈丹编著. -- 北京：
社会科学文献出版社，2020.11
ISBN 978 - 7 - 5201 - 7453 - 4

Ⅰ.①影… Ⅱ.①陈… Ⅲ.①世界史 - 近代史 - 高等
学校 - 教学参考资料 Ⅳ.①K14

中国版本图书馆 CIP 数据核字（2020）第 199969 号

影视中的近代中国与世界

编　　著／陈　丹

出 版 人／谢寿光
责任编辑／刘　丹

出　　版／社会科学文献出版社·人文分社（010）59367215
　　　　　　地址：北京市北三环中路甲 29 号院华龙大厦　邮编：100029
　　　　　　网址：www. ssap. com. cn
发　　行／市场营销中心（010）59367081　59367083
印　　装／三河市尚艺印装有限公司

规　　格／开 本：787mm × 1092mm　1/16
　　　　　　印 张：15　字 数：221 千字
版　　次／2020 年 11 月第 1 版　2020 年 11 月第 1 次印刷
书　　号／ISBN 978 - 7 - 5201 - 7453 - 4
定　　价／128. 00 元

本书如有印装质量问题，请与读者服务中心（010 - 59367028）联系